GANGKOU NIANJIAN

2018

防城港市港口区地方志编纂委员会　编

国家图书馆出版社

图书在版编目(CIP)数据

港口年鉴.2018 / 防城港市港口区地方志编纂委员
会编 . — 北京：国家图书馆出版社，2018.12
ISBN 978-7-5013-6874-7

Ⅰ.①港… Ⅱ.①防… Ⅲ.①区(城市)—防城港—
2018—年鉴 Ⅳ.① Z526.74

中国版本图书馆 CIP 数据核字(2018)第 302242 号

国家图书馆出版社官方微信

书　　名　港口年鉴(2018)
著　　者　防城港市港口区地方志编纂委员会　编
责任编辑　潘肖蔷
设　　计　南宁市佳彩广告设计有限公司

出版发行　国家图书馆出版社(北京市西城区文津街 7 号　100034)
　　　　　(原书目文献出版社　北京图书馆出版社)
　　　　　010-66114536　63802249　nlcpress@nlc.cn(邮购)
网　　址　http://www.nlcpress.com
印　　装　深圳市精一瑞兰印刷有限公司
版次印次　2018 年 12 月第 1 版　2018 年 12 月第 1 次印刷

开　　本　889×1194(毫米)　1/16
印　　张　13.5
字　　数　340 千字
书　　号　ISBN 978-7-5013-6874-7
定　　价　198.00 元

防城港市港口区地图
（2016年）

图　例

◎ 地级行政中心		高速公路
⊘ 县级行政中心		省道
✛ 乡、镇、街道办		县道
◦ 行政村		乡道
· 自然村		村道
─·─ 地级界		小路
─··─ 县级界		街道
─···─ 乡镇级界		航海线
高速铁路	✳ 景点
普通铁路	✕ 桥梁
▫ 火车站	⚓ 港口
(G7511) 国道编号	河流及水库
(S218) 省道编号	峒口大岭▲69 山峰及高程

比例尺 1：165000
注：图上境界不作划界依据

广西壮族自治区地图院编制　　　　审图号：桂S（2017）35号　　　　2017年4月

数说 港口

SHUSHUO GANGKOU *2017*

- 行政区域面积：409.95 平方千米
- 大陆海岸线：342.83 千米
- 年平均气温：23.20℃
- 年平均日照时数：1499.00 小时
- 年平均降雨量：3181.50 毫米
- 耕地面积：2861.85 公顷
- 林地面积：10943.33 公顷
- 森林面积：9618.50 公顷
- 森林覆盖率：32.10%
- 草地面积：687 公顷

- 世居民族：4 个
- 户籍人口：13.97 万
- 常住人口：17.49 万
- 人口自然增长率：9.90‰
- 乡镇：2 个
- 街道：4 个
- 村民委员会：21 个
- 居民委员会：20 个
- 地区生产总值（大港口）：415.31 亿元
- 人均地区生产总值（大港口）：23.94 万元

- 三次产业比重：4.3：66.8：28.9
- 财政收入：15.09 亿元
- 公共财政预算收入：6.39 亿元
- 公共财政预算支出：11.06 亿元
- 农林牧渔业总产值（大港口）：31.51 亿元
- 规模以上工业产值（大港口）：1287.99 亿元
- 全社会固定资产投资完成（大港口）：348.80 亿元
- 房地产投资完成（大港口）：45.14 亿元
- 商品房销售面积（大港口）：181.70 万平方米
- 港口货物吞吐量（大港口）：802.47 万吨

- 社会消费品零售总额（大港口）：24.72 亿元
- 进出口总额（大港口）：67.13 亿美元
- 实际利用外资额（招商口径）：0.40 亿美元
- 邮电业务总量（大港口）：9.08 亿元
- 金融机构人民币存款余额（市辖区）：411.01 亿元
- 农村居民人均可支配收入（大港口）：14310 元
- 城镇居民人均可支配收入（大港口）：34137 元
- 城镇居民人均生活消费性支出（大港口）：20757 元
- 城镇登记失业率：1.19%

年度 要闻

NIANDU YAOWEN *2017*

皇城坳考古

4月，广西文物保护与考古研究所公布港口区皇城坳遗址考古调查试掘工作的报告，称皇城坳遗址属于南宋城址，具有重要的学术研究价值。该遗址位于企沙半岛北部，行政隶属王府街道的新丰屯和东风屯（原沙港村的新丰组和东风组），已发现十数个略呈众星拱月式布列的岭坡遗址点，其核心区域是一个名为城顶岭的遗址点。

港口区法学会

6月15日，港口区法学会成立大会暨第一次会员代表大会召开。会议选举产生港口区法学会第一届理事会理事、会长、副会长及秘书长。

海水"渔光互补"光伏发电项目

6月30日，广西首个海水"渔光互补"光伏发电项目在光坡镇正式并网发电。该项目占地面积66.67公顷，总投资7.6亿元，规划建设总装机容量80兆瓦的光伏发电站和55公顷的水产养殖基地。

盛隆公司入选民营企业500强

8月24日，广西盛隆冶金有限公司（驻港口区）入选全国工商联发布的2017年中国民营企业500强榜单，以营收总额285.95亿元排列第192位。

港口区村（社区）"两委"换届完成

5月，完成渔洲坪街道桃花湾社区"两委"试点换届工作后，至9月20日，全区41个村（社区）"两委"全部完成换届选举工作。新一届村（社区）"两委"班子成员平均年龄41岁，大学专科及以上学历有122人。

港口区政协五届三次会议

10月15日至16日，政协第五届防城港市港口区委员会第三次会议在区政府七楼会议室召开。会议补选蔡硕为政协第五届防城港市港口区委员会副主席。

港口区六届人大三次会议

10月16日至17日在区政府七楼会议室召开港口区第六届人民代表大会第三次会议，会议依法选举黄国庆、简崇成为港口区人大常委会副主任。

企沙镇行政管理体制改革试点工作

2017年，防城港市将港口区企沙镇行政管理体制改革试点列入年度市委重点改革任务。港口区机构编制委员会办公室对企沙镇开展机构人员基本情况调查、梳理和分析工作。

招商引资

2017年，港口区签订12个项目投资协议和战略合作协议，总投资规模78.26亿元人民币。其中广西川金诺化工有限公司签订的湿法磷酸净化及精细磷酸盐项目，投资金额24亿元人民币。

图片专辑

TUPIAN ZHUANJI

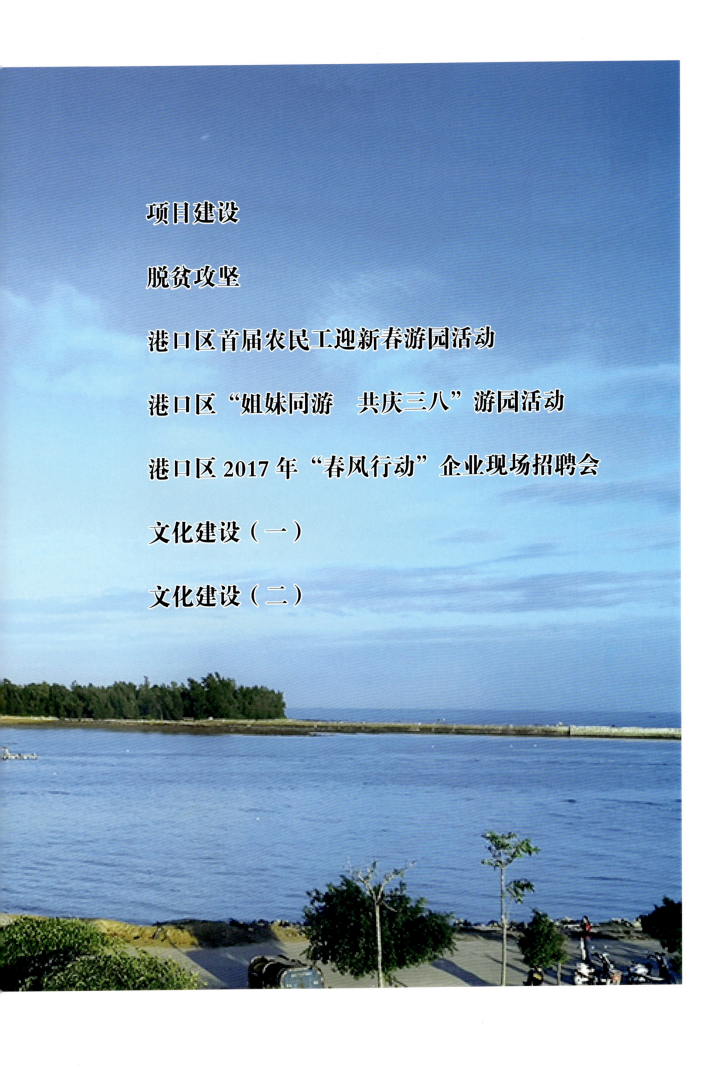

项　　目

2017 年 6 月 23 日，港口区盛隆码头等 6 个项目集中开工仪式在企沙镇德城码头举行

（港口区发改局　供稿）

2017 年 6 月 30 日，广西首个海水"渔光互补"光伏发电项目在防城港市港口区光坡镇正式并网发电

建　　　　　设

2017 年 3 月签约落户在企沙镇的广西生态铝防城港项目　　（2017 年 7 月摄　中共港口区委宣传部　供稿）

（李林霞　供稿）

脱　　　　　　　贫

脱贫攻坚基础设施项目之一——王府街道白沙村牛栏棚道路硬化工
程施工　　　　　　　　　　　　　　（港口区交通运输局　供稿）

光坡鸡饲养为港口区产业扶贫主打产业之一　　　　（李林霞　供稿）

光坡镇栏冲村雁鹅脱贫项目　　　　　　　　（李林霞　供稿）

规模种植红衣花生

2017 年 11 月 2 日，港口区 2017 年脱贫攻坚冲刺大会在区政府七楼会议室召开　　　　　　　　　　　（郭　琰　供稿）

企沙镇山新村贫困户饲养五黑鸡　　　（蒋竞娆　供稿）

企沙镇山新绿壳海鸡蛋　　　（蒋竞娆　供稿）

港口区首届农民工

活动现场

"极速前进"游戏

表彰创业先锋

击鼓迎春

套得活鸭喜笑颜开

迎新春游园活动

2017年1月17日，港口区首届农民工迎新春游园活动在企沙北港农民工创业园举行　　　　　（韦庆禄　供稿）

夹球比赛

抛圈游戏

港口区"姐妹同游

庆三八" 游 园 活 动

2017年3月3日,港口区"姐妹同游　共庆三八"游园活动在桃花湾体育馆举行　　　　　　　　　（郭　琰　供稿）

港口区2017年"春风行动"企业现场招聘会

2017年2月7日,港口区2017年"春风行动"企业现场招聘会
(企沙专场)在企沙镇举行 　　　　　　　　　(李林霞　供稿)

文 化 建 设（一）

2017 年 5 月 19 日，港口区图书馆开馆 　　　（蒙丽燕　供稿）

文 化 建 设（二）

2017 年 5 月 22 日，港口区档案馆展厅正式对外开放　　（李林霞　供稿）

编 辑 说 明

一、《港口年鉴》是防城港市港口区地方志编纂委员会组织编纂的地方综合性年刊。《港口年鉴》的编纂始终坚持以马列主义、毛泽东思想、邓小平理论、"三个代表"重要思想、科学发展观和习近平新时代中国特色社会主义思想为指导，坚决贯彻中国共产党和国家的各项方针政策，以《地方志工作条例》为依据，按照"实事求是，严谨办鉴"的要求，全面反映港口区各族人民在中国共产党的领导下建设中国特色社会主义小康社会的伟大实践。

二、《港口年鉴》自2012年创刊后，每年出版一卷。2018年卷全面、系统地记录2017年港口区经济和社会发展的基本情况、重大成就和深刻变化，旨在为社会各界了解和研究港口区提供权威的基本资料。

三、本年鉴的基本内容为综合情况、动态信息、辅助资料3大部分。综合情况部分设特载、概况2个专栏。动态信息部分设政治、法制、国防建设、经济、产业、资源·建设·环保、教育·科学、文化·体育、医疗卫生·计划生育、社会生活、镇（街道）概况等11个部类。辅助资料有大事记、先进集体和先进个人、统计资料。概况及动态信息各部类的内容均作条目化处理，以方便读者检索。部类和条目之间均设有分目层次，部分分目下面还设次分目层次。内容层次的设置，完全是为便于读者分类系统阅读和检索，并表示部类与条目之间的层次关系，但不反映严格的科学分类体系，机构单位排序和层次一般亦不表示其地位和规模。

四、本年鉴在书前设有数说港口、年度要闻和图片专辑，为读者提供关注度较高的资料信息。图片专辑刊载项目建设、脱贫攻坚、文化建设等内容。本年鉴的统计资料数据均使用法定计量单位。价值指标的绝对值未加注明的，均按当年价格计算，增减百分比除注明外均按可比口径计算。某些对应指标数据在上年卷刊出后作了调整的，一般不予说明，以本年卷刊出为准。由于数据小数位四舍五入，某些指标分项合计数据与总计项数据尾数略有出入。大港口指标数为属地统计数，小港口指标数为行政统计数，凡不特别注明的均为小港口数据。

五、本年鉴采用的文稿均由各镇（街道）、区直和驻港口区各有关单位提供，并经单位领导审核，各相应条目文末署供稿人姓名。个别资料漏缺系相关部门或单位没有提供所致。

六、本年鉴有电子版（光盘）。光盘采用多媒体和全文检索技术，方便读者使用。

港口区地方志编纂委员会

（2017年12月）

主　任　　朱　靓
副主任　　钱天鹏　韦　龙　魏月星　黄国庆　蔡　硕
　　　　　邱　宽　严　恩　苏链辉　莫玉梅
成　员　　朱　健　江　源　闭　利　冯信初　戚汝波
　　　　　李科君　钟海德　黄岸柳　吴乃华　邓创造
　　　　　吴钱仁　钟伟年　黄　媚　陈佳佳　韦清洁
　　　　　庞兴就　谭美文　张守闽　谭国权

港口年鉴编辑部

主　　编　　莫玉梅
副主编　　张守闽　谭国权
责任主编　　骆振慧
排版设计　　李雪琼

港口年鉴编写组

区委办	何畅	黄琛	张伟	
政府办	覃颖	黄英伦		
政务服务管理办	戚汝梅	许睿翔	杨健	
党史研究室	莫玉梅	骆振慧		
组织部	韦龙	钟幸束	林广莉	左将
	肖超	苏树人	毛志雄	刘文镇
	刘格	李宾	刘阳	冼锦霞
宣传部	阮一峰	许玮	蒙祥洋	黄鸿燕
	陈雪莲	周国伟	张志铭	
统战部	黄健			
编办	江源	黄怀谷	林培驷	廖培伶
	罗艳芳			
直属机关工委	黄海燕	蔡涛	洪泽丽	
	邓敏丽	农永琪		
人大办	黄国庆	苏武	张振锦	
机关后勤服务中心	冯云峰	黄国欢		
政协办	刘明奕	项麟	钟凉德	黄艳珍
	沈晶鑫	吴季霖		
纪委、监察局	班克海	李兴智	张璐	
	刘小菲			
绩效办	陈莉	吴肖绮	王晶	黄洁
民革港口区支部	凌瑞敏	杨勇		
民盟港口区支部	蔡硕	唐国团		
民建港口区支部	邓春莲			
民进港口区支部	杨纯环			
农工党港口区支部	周国伟			
致公党港口区支部	黄雯婷			

工商联	毛玉虹	韦洪海	蒋群军	
总工会	高波	刘素菊	黄兰媚	张子烨
	李嘉	林锦霞	韦克芳	
共青团	宋为熹	黄君欢		
妇联	刘爱玲	卢少丽	陈晓红	
科协	唐子惠	叶春秀	韦雨欣	
文联	张永志	邓立进		
社科联	李学英	吴艳	周小燕	黄薇瑜
残联	沈如毅	潘思华	骆芳芳	
侨联	杨孙艳	傅春坚		
红十字会	蔡玉镇	王廷喜	梁文梅	
人社局	办公室			
民政局	钟海德	韦辰霖	兰伟	张化忠
	卢皆池			
扶贫办	梁满	钟馥蔚		
民宗局	庞兴就	黄春宇	陈俊任	
外侨办	覃颖			
台办	禤继兴			
信访局	沈奕权	苏姗		
法制办	韦金和	唐寅虎		
政法委	唐创	赵小瑶		
法院	钟健	李飞	林芳羽	
检察院	苏恒	莫秦	孙钦海	
公安分局	杨伟来	覃俞盛	陈俊文	
	米姗			
交警大队	钟汝敏	吴远锋	陈乐洋	龙裕艳
司法局	邓钧译	周规松	李娟娟	黄文冰

打私办　韦信钦　汪　杰　陈　术

武装部　办公室

边防大队　何立新　蓝侃侃　肖基明

消防大队　曾海亮　梁仔裕

人防办　冯科跃　赵丽梅

海防办　谢乃庆　陈畅生　吴善鉴　赵满荣

招商促进局　彭　莲　凌瑞敏　段伟峰
　　　　　黄莉莉

财政局　苏链辉　刘　静　项慧玲　梁　雪
　　　禤力文　苏兴金

国税局　伍　浩　李妙蓉　谭俊军　刘建军

地税局　办公室

发改局　凌　源　陆　雷　陈艳宁　陈晓婷
　　　李代博

物价局　禤达周　王晓雪　陈晓鸿　杨发艳

工商局　韦克斌

审计局　姚　文　凌　兵　陈姿求

统计局　黄　媚　钟云珍　唐　昕　江　蔓

食药监局　黄广平　骆艺华　谭　梦
　　　谭韩柳　戴文龙　李博文
　　　马创淼

安监局　苏桂新　傅以托　骆相任

农业局　邓创造　磨静岚　梅　花

农机管理中心　卢立本　许建林　郑振国
　　　　李建国　姚艳萍

林业局　张坤胜　林培霖　黄林春　林叶春
　　　黄柏铭　张常敏

水产畜牧兽医局　林明滨　苏祥秀　江文书

工信局　冯信初　黄　尹　胡亚平

交通局　吴尚贵　吴乃育　韦宇晖

商务局　吕文平　张忠明

粮食局　朱扬光　曾　妍

旅游局　陈佳佳　林爱兵

国土分局　黄兴杰　黄鸿霖　朱权武
　　　葛植陆　黄晓翠　韦才培
　　　戚日锋　梁　勇　骆万章

征地拆迁办　甘文堂　温　媚　唐叶青
　　　　黄月锋

海洋分局　陈　雄　黄梅霞　郑　喆
　　　卢诗怡　廖家巍　黄克松

水利局　张　进　梁佳力

住建局　钟震宇　巫　彬　刘明阳

环保局　吴宇运　赵同珍　任文婷　杨育新
　　　罗江虹　张　霄　万思斯

教育局　李飘彰　吴丽平　刘文满

科技局　李科君　梁妍新　彭世钦

地震局　吴岸信　邓朝兴　成诗阳　罗　丽
　　　郑斯华　黄宝莲

文体广电局　吴钱仁　陈从刚　潘　雷
　　　　蒙丽燕

档案局　韦清洁　骆泽生　陈思艳

卫计局　梁巧琦　严芝霞　张晓霞

房改办　刘　锦　江朝永　黄晓城

企沙镇　赖胜鑫　李秋莹　黄秋霞

光坡镇　唐　鹏　刘　静　高诗雅

渔洲坪街道　钟志杰　韦雪雯　王日晟
　　　　陈李凤

白沙沥街道　周志成　陈　欣　苏帝文
　　　　罗钰彬　卢　丝

沙潭江街道　邓珊珊　庞敏燕　蒙　燕

王府街道　盘恒星　黄　腾　陆光辉
　　　　徐艳璘　陆绍军

目　　录

法 制

国防建设

经　济

产　　业

资源・建设・环保

医疗卫生·计划生育

社会生活

镇(街道)概况

大 事 记

先进集体和先进个人

统计资料

索 引

特　载

政府工作报告

——2018年2月5日在防城港市港口区
第六届人民代表大会第四次会议上

区长　朱　靓

各位代表：

现在，我代表区人民政府向大会报告工作，请予审议，并请各位政协委员和其他列席会议的同志提出意见。

2017年工作回顾

2017年，在市委、市政府和区委的坚强领导下，在区人大、区政协的监督支持下，区人民政府深入学习贯彻党的十九大精神和习近平总书记视察广西的重要讲话精神，认真落实市委、市政府和区委的决策部署，围绕打造广西一流经济强区目标任务，坚定不移贯彻新发展理念，全面履行政府职责，奋力完成各项目标任务，全区经济呈现"稳中有进、质量提升、总体向好"的发展态势，人民群众获得感、幸福感普遍增强，社会和谐稳定。

——经济实力明显提升。预计完成地区生产总值415.3亿元，增长6.8%；固定资产投资完成348.8亿元，增长11.9%；规上工业总产值完成1288亿元，增长24.2%；社会消费品零售总额完成24.7亿元，增长11.2%；区本级财政收入完成15.1亿元，增长11.3%；外

贸进出口额完成67.1亿美元，增长69.3%；城镇居民人均可支配收入34137元，增长8%；农村居民人均可支配收入14310元，增长10.4%。规上工业总产值、规上工业增加值、固定资产投资、社会消费品零售总额、外贸进出口、财政收入等主要经济指标总量或增速排名全市第一。县域经济实力不断增强，成为广西县域经济发展大会现场会考察点之一，得到了自治区领导好评。

——产业转型明显加速。三次产业结构优化为4.3∶66.8∶28.9，第三产业对经济增长贡献率提升18.3个百分点。规上企业总数54家，其中产值超10亿元17家、产值超100亿元4家，粮油产业产值达363.1亿元，钢铁产业产值达296.5亿元，有色金属产业产值达296.2亿元。新增盛农磷化、金川新锐气体等5家高新技术企业，每万人口发明专利拥有量8.4件，名列广西第一。金川公司成为广西4家获得首批全国"绿色工厂"称号的企业之一。新业态新模式不断涌现，北部湾明华创业梦工厂、榕华创业之家等众创空间获得自治区认定。

——动力活力明显增强。企沙行政体制改革稳步推进，改革方案获得市委常委会审核通过。取消或调整行政审批事项200多项，编制和优化行政权力运行流程2707项。率先推行"多证合一、一照一码"商事登记模式，平均每个工作日新增市场主体27户。农村金融信用体制改革、医疗卫生一体化改革加快推进。

——征地搬迁明显增效。完成土地征收1.1万亩，交地施工1.5万亩，签订房屋搬迁协议1815户。统筹推进12个棚户区项目全面开工建设，园博园、玉石滩大道等一批项目顺利推进，防城港生态铝项目仅用34天就完成征地任务，创造了防城港新速度。

——脱贫攻坚明显提质。统筹扶贫资金2100多万元，实施产业发展、人饮灌溉、村容村貌等扶贫产业项目56个，改造农村危旧房66户、修建道路24条、改

厨改厕1102个,竣工率均达100%;贫困人口医疗保险、养老保险参保率100%,贫困人口住院费用报销比例达91.8%,特色产业覆盖贫困户比例达87.6%;扶贫资金拨付率96.6%,名列全市第一;预计完成脱贫摘帽268户982人,超过计划任务数209人。在广西扶贫成效"四合一"实地核查中获自治区核查组高度赞扬。

——民生福祉明显增进。在全市率先实施农村籍学生高中阶段免费教育;义务教育均衡发展在钦北防县(市、区)中第一个通过国家级评估认定,是广西唯一被确定为全国第二批义务教育教师队伍"县管校聘"管理体制改革的示范区,是广西首批学前教育改革发展试验区。桃花湾社区、金湾小学被评为自治区第二批民族团结进步创建活动示范单位。牛路、山新村荣获"全国文明村"称号。工商联荣获全国"五好"县级工商联。在广西率先打造由工会组织构建的农民工创业创新服务平台,在全市率先完成村级综合服务中心建设,实现服务惠民全覆盖。集中式饮用水源地水质达标率100%,空气和水环境质量指数名列广西前茅。群众安全感稳步提升,名列广西第一方阵。

一年来,我们凝心聚力、开拓创新、砥砺前行,主要抓了以下工作:

(一)突出破瓶颈解难题,为跨越发展创造条件

探索完善征迁体制机制,优化精简流程,减少了12个环节,实行"点将法",赋予工作组组长更多权限,大幅提升了征迁效率。全力破解征迁历史遗留问题150多个,落实中心区、防城港生态铝等项目发展留用地1800多亩,分配安置宅基地987户,公寓房125套。大力保障干部群众的切身利益,基本完成了盼望已久的江滨小区建设。实行土地增减挂钩,新增用地指标1129亩,供应土地2737亩。争取市将税收财力基数调整提高到4.3亿元,每年按5%核定增量,采取贷款、融资、出让土地等方式筹措整合资金4亿多元,发展环境进一步优化。

(二)突出抓引资促落地,全力推进项目建设

开展项目建设"百日攻坚"活动,形成"一个项目、一名处级领导、一套方案"的"三个一"机制,推进项目开工建设,开展招商引资年活动,引进内资到位资金108亿元,实际利用外资4100多万美元。争取中央预算资金4200多万元,落实中小企业信贷资金4300多万元。全球首家以微藻为原料生产藻油EPA的小藻科技项目、国内家居建材龙头企业居然之家、广西首家义乌中国小商品防城港分市场等顺利落户。

统筹推进153个边海经济带项目,完成投资74.5亿元,完成年度投资任务107.7%,其中新开工49个,竣工23个。蓝色海湾、企沙城北区路网、盛隆技改、中电新灰场等项目开工建设,呈现"开工一批、在建一批、投产一批、储备一批"的良好态势。

(三)突出抓创新优结构,全力推进产业转型升级

落实自治区出台创新驱动发展"1+8"系列政策措施,实施粮油、新材料等重大科技专项创新。推动钢铁、有色金属、粮油食品、能源化工等重大支柱产业集群化、循环化发展。推进新一代信息技术、智能装备制造、节能环保、新材料等战略性新兴产业发展。完成工业增加值251.7亿元,增长6.3%。落实粮食安全行政首长责任制,抓好自治区级红树林海洋核心示范区建设,重点发展"特、优、精"现代特色农业,有序发展家庭农场、农民专业合作社等新型农业经营主体。基本完成农村土地承包经营权确权登记试点,可颁证率达98%。农林牧渔业实现增加值17.8亿元,增长3.9%。发展现代服务业,推动以矿产、煤炭、建材等为主的大宗物流形成规模,推进东湾物流园"散改集",辖区重点物流企业300多家,累计纳税1亿多元。培育新增限上商贸企业10家。打造红沙群岛、簕山古渔村等滨海休闲旅游点,全年接待游客突破300万人次,增长81.7%。第三产业实现增加值120.2亿元,增长9.3%。

(四)突出抓基础利长远,全力推进城乡协调发展

着力完善桃花湾、行政中心区等美丽新区建设,海湾绿道、城市沙滩等环西湾景观带项目建成使用。推进企沙、光坡、沙潭江、王府四个城镇组团建设,德城大道、北港大道改造提升等项目全面竣工。不断拓展城镇空间格局,城区面积达43平方公里,城镇化率达84.4%。制定"1+10"工作模式,打造大龙口、红沙新村等宜居乡村示范点。创建"幸福社区",新开工5个,投入使用6个。推进农村危房改造、一村一镇建设,开展市容市貌、村容村貌综合整治及大街小巷美化绿化亮化,城镇生活垃圾无害化处理率100%,城乡环境明显改观。

(五)突出抓民生攻扶贫,全力推进社会事业

把保障和改善民生作为政府工作的出发点和落脚点,财政民生支出8.8亿元,占总支出的79.2%。全力打好脱贫攻坚战,出台《港口区脱贫攻坚产业项目以奖代补实施方案》,实施"八个一批""十大行动",千名干部"联村联户连心",形成政策引领、各方联动、精准发力的脱贫攻坚大格局。优先发展教育,新建明天

小学综合楼、沙港新区小学教学楼等项目。实施基层医疗卫生机构能力建设行动计划，投入3400多万元提升区镇村级卫生服务能力。加强文化体育建设，推进国家公共文化示范区创建，区图书馆投入使用；协助市成功举办2017年中国－东盟国际马拉松大赛、国际龙舟赛和中华泰山号开航等，城市知名度、美誉度大幅提升。巩固社保扩面成果，城乡居民基本医疗保险、养老保险参保率分别达98.3%、92.3%。严格落实安全生产责任制，连续10年没有发生较大以上安全生产事故，防灾减灾救灾能力不断提升。加强食品药品安全监管力度，保障公众饮食用药安全。强化社会治安防控，加大打击违法犯罪力度，群众安全感大幅提升。

（六）突出抓环保增绿色，全力推进碧海蓝天生态建设

完善环境监管，严格执行"大气十条""水十条"和"土十条"，强化林地、湿地和野生动植物保护，抓好农村污水集中处理。落实河长制，实行最严格的水资源管理。加强海洋生态环境保护，稳步推进东西湾海域水质整治，完成54个入海直排口截污。大力治理东湾物流园区、城区道路等重点区域粉尘污染，空气优良率达93.2%。抓好中央环保督察组反馈问题整改，推进蓝色海湾整治工程，修复红树林及沿海生态环境，人居环境明显改善。

（七）突出抓制度严纪律，全力推进政府自身建设

加强法治政府建设，建立政府法律顾问、重大事项新闻发布、政府班子AB岗等制度，强化行政执法监督，严格执行权力清单和责任清单制度，在全市四个县（市、区）率先推行使用电子OA办公系统，行政效率明显提升。自觉接受人大和政协监督，办理人大建议62件，政协提案85件，答复率均100%。认真履行"一岗双责"，严格落实中央"八项规定"精神，深入推进"两学一做"学习教育常态化、制度化，扎实开展党风廉政建设，加快向更加廉洁、透明、高效的政府转变。

同时，司法、侨务、人防、消防、保密、统计、审计、监察、工商、信访、税务、粮食、地震、水库移民、农机、宗教民族、社会科学、地方志、档案、法制、妇女儿童、老龄、残疾人、红十字、文学、双拥、国防、机关事务等取得新进步，工会、共青团、妇联、工商联等群团组织在经济社会发展中发挥了重要作用。

各位代表！过去的一年，我们坚决贯彻落实上级的决策部署，坚持稳中求进工作总基调，推动了经济社会事业持续健康发展。这是市委、市政府和区委正确领导的结果，是区人大、区政协监督支持的结果，是全区人民团结奋斗的结果。在此，我代表区人民政府，向全区广大干部群众、各民主党派、工商联和人民团体，向驻地部队广大指战员、武警官兵、公安民警和自治区、市驻地单位，向所有关心、支持、参与港口区改革发展的各界人士，表示崇高的敬意和衷心的感谢！

当前，我区正进入提质发展、率先发展的新阶段，但仍然面临一些突出问题，主要是：一是征地搬迁任务重，历史遗留问题多，处理难度大；二是产业结构不合理，工业特别是重工业占比大，第三产业发展水平不高；三是经济增长后劲不足与创新能力不足并存，新旧动能转换不明显；四是在财政体制、城市管理体制、工业园区管理体制等方面仍需进一步理顺；五是财政收支矛盾仍未得到根本解决。这些我们将在今后的工作中努力加以改进。

2018年工作安排

2018年，是贯彻落实党的十九大精神的开局之年，是改革开放40周年、自治区建区60周年，是决胜全面建成小康社会、实施"十三五"规划承上启下的关键一年，经济社会发展面临的挑战和机遇前所未有。

从国家宏观形势看，经济回暖复苏将继续保持。中央已经明确，积极的财政政策取向不变，西部大开发的力度将进一步增强，新增财力和地方政府专项债券总体向西部地区倾斜，大幅增加对老少边穷地区的财政转移支付，继续大力实施守边固防工程。习近平总书记出访越南签署中越备忘录，重视加强与越南等东盟国家的经济文化合作交往，加快推进"两廊一圈"建设形成共识。这些对我们来说都是重大利好，我们要及时准确把握中央宏观政策导向，找准自身定位，抓住机遇，积极落实。

从广西形势看，经济企稳向好基础已经具备。今年是广西60周年大庆，自治区已经明确要以大庆为契机，全面提升基础设施建设水平，这有利于我们进一步夯实发展基础。自治区还将深入实施新一轮"加工贸易倍增计划"，加强与粤港澳大湾区的合作，围绕中新互联互通南向通道建设加强与沿线甘肃、重庆等省份合作，打造中国西部地区通往新加坡等东盟地区最便捷、最顺畅、最有吸引力的国际陆海贸易新通道，这对于与东盟海域相连的我区发展而言极为有利。我们要坚定信心，加强与上级的协调对接，抓好有关

政策落实,我区的未来必将大有可为。

从防城港市形势看,经济发展基础持续向好。防城港市经济形势在未来一个时期内,机遇大于挑战,希望大于压力,上升的趋势很好、动力很足,防城港经开区和高新区产业项目纷纷落户,企茅一级公路、钦防高速公路扩建和防东高铁开工建设等,为货物交易和人员往来创造便利条件。千亿元产业园区、广西新兴工业基地等加快布局建设,为我区经济社会发展创造了极为有利的条件。

从我区形势看,具备保持较好发展的条件。我区作为防城港市改革开放的排头兵、边海经济带主战场,一大批重大产业项目布局我区,临海工业产业链条不断延伸和完善,为我区经济增长和提质增效提供强劲动力。我们要抓住当前的有利形势,把握好重大机遇,因势而谋、顺势而为,牢牢把握主动权,在各种不利因素中寻找积极因素,努力化挑战为机遇,变压力为动力,我区经济社会发展必将大踏步前进。

2018年政府工作的总体要求是:以习近平新时代中国特色社会主义思想为指导,坚持稳中求进工作总基调,坚持新发展理念,紧扣我国社会主要矛盾变化,按照高质量发展的要求,统筹推进"五位一体"总体布局和协调推进"四个全面"战略布局,坚持以供给侧结构性改革为主线,全面做好稳增长、促改革、调结构、惠民生、防风险各项工作,大力推进改革开放,落实国家、自治区和市宏观调控政策,推动质量变革、效率变革、动力变革,打好防范化解重大风险、精准脱贫、污染防治三大攻坚战,加强和改善民生,促进经济社会持续健康发展,为着力营造"三大生态"、率先实现"两个建成""建设广西一流经济强区、争创科学发展先进城区,率先全面建成小康社会"、奋力谱写新时代港口区发展新篇章奠定坚实基础。

2018年我区经济社会发展的预期目标:全区生产总值增长9%;财政收入增长6%;固定资产投资增长10%;规模以上工业总产值增长13%;社会消费品零售总额增长10%;外贸进出口额增长12%;中小港口货物吞吐量增长5%;实际利用外资增长11%;引进区外境内资金增长11%;城镇居民人均可支配收入增长9%;农村居民人均可支配收入增长10%;居民消费价格涨幅控制在3%以下;城镇新增就业人数、城镇登记失业率、万元地区生产总值能耗、各项污染物减排指标控制在市要求范围内。

各位代表!党的十九大吹响了决胜全面建成小康社会、夺取新时代中国特色社会主义伟大胜利的前进号角,我区进入了加快打造广西一流经济强区的新阶段。新时代要有新气象,更要有新作为——在新发展理念上有新作为,努力实现发展动力更足;在深化改革扩大开放上有新作为,努力实现发展活力更强;在满足人民美好生活需求上有新作为,努力实现民生更实;在生态文明建设上有新作为,努力实现环境更美。我们要以更加昂扬的斗志、更加务实的作风,担负起新时代赋予的历史使命,要牢牢把握高质量发展的根本要求,加快动能转换,提升质量效益,大力实施"产业提升年""项目提速年""城乡提质年",着力补齐民生短板,奋力谱写新时代港口区发展新篇章。重点抓好以下工作:

(一)做大做强县域经济,争创广西科学发展先进城区

发挥沿海临港优势,大力实施"产业提升年",不断提升产业发展活力和综合竞争力,做大做强县域经济。

推动临港工业再上新台阶。开展"降成本政策落实年"活动,深入落实"41条"、新"28条",降低企业税收、涉企收费。继续实施工业项目"百日攻坚"行动,加快重大工业产业项目建设,支持新产业、新技术、新项目落地,围绕钢铁、有色金属、粮油、能源、石化等支柱产业,推动产业发展精深加工及延伸产业链条,形成产业聚集发展。重点加快柳钢防城港钢铁基地、盛隆冶金升级改造、红沙核电3号、4号机组等项目建设;推动盛隆石墨烯基生产线、中海油LNG等16个项目投产。力推敬业钢铁、胜宝钢铁等15个项目落户,引进钢铁上下游配套产业,加快大数据与实体经济、信息化与工业化深度融合,提升传统优势产业竞争力。在新材料、节能环保、现代海洋产业等领域加快培育一批产业集群和龙头企业,加快金川镍钴新材料、年产30万吨麦芽生产线等项目建设。力争新增5家规上企业、工业增加值增长10%。

提升发展现代服务业。积极培育以"互联网+"和大数据为载体的技术服务、物流等现代服务业。推进百胜农产品城市配送中心、铁路冷链集散交易基地等一批项目规划建设,配合市推进防城港40万吨矿石码头及进港航道等项目前期工作,推进企沙冷链物流中心、东湾片区物流基地、防城港国际集装箱物流中心等项目建设。以防城港保税物流中心、防城港小商品专业市场建设为契机,开工建设投资15亿元的义乌中国小商品城防城港分市场,打造成西南地区及东盟区域内小商品流

通领域的交易中心、仓储中心和物流中心。

发展壮大滨海旅游业。谋划开发山新、红沙群岛旅游，开工建设天堂滩海洋度假公园、大龙口乡村旅游二期等项目，力争把天堂滩建设成为最具北部湾特色的滨海公园旅游休闲度假区。建设完善沿海乡村旅游景点基础设施，打造农家乐、渔家乐、民宿为一体的农业农村休闲旅游格局。谋划"开海节"等旅游文化活动，加强冬季旅游宣传推介力度，加快打造边海风貌风情街，力争旅游消费增长27%。

（二）大力实施"乡村振兴战略"，推动农业农村现代化建设

坚持农业农村优先发展，深化农村改革，突出绿色生态导向，争创自治区田园综合体，推动农业农村可持续发展。

实施乡村振兴三年行动计划。提升基础设施能力，实施交通、水利、城镇、能源、信息网络、园区六大工程，围绕村村通硬化路实施一批项目，推进光坡至中间坪、水井龙至勒山古渔村等公路提升工程，建设"四好农村路"，推动企沙镇申报自治区第一批特色小镇；抓好农田水利、安全饮水等，提升农村公共服务基础设施能力。实施教育、卫生服务、文化体育、社会服务、就业服务五大工程，增加基层公共服务资源，打牢乡村振兴战略基础。

发展现代特色农业。推进红树林海洋渔业（核心）示范区建设，以鑫润工厂化养殖基地、万亩大蚝养殖为龙头，建设虾光一体工厂化养殖二期、桂海深海大蚝养殖、红沙深水抗风浪网箱养殖等项目，加快海洋微藻科技一期投产，启动二期建设，争创自治区5星级示范区。启动企沙渔港经济区规划建设，改造提升渔业码头，疏浚港口航道等，完成渔港古镇风貌改造，创建自治区田园综合体。力争农林牧渔业产值增长5%。

加快农业农村改革。抓好农村集体产权制度改革，完成农村土地确权，争取通过自治区验收。全面推进农村金融改革，推广"农金村办"模式，完善村级金融服务体系。谋划成立农业投资公司和设立农业投资发展基金。加快企沙行政体制改革，赋予企沙镇部分县级经济社会管理权限，力争纳入自治区10个试点镇之一。抓好农村电商，完成海产品电子商务平台、4个镇级电商服务站、4个村级服务点建设，实现线上线下融合发展。

（三）大力实施"项目提速年"，不断扩大有效投资

把项目工作作为经济发展的切入点和基础平台，加快推进征地搬迁安置，抓好项目储备、招商、推进、落地，统筹推进基础设施、产业、民生、旅游等一批项目，不断增强经济活力和动力。

突出抓好征地搬迁。继续实施处级领导挂点征地搬迁责任制，优化征迁工作人员的配置和安排，加强对重点项目征迁问题的梳理分析，突出抓好防城港经开区、高新区统征统迁，重点推进中越防东铁路、敬业钢铁、胜百钢铁、滨海公路茅企段、生态铝赤泥堆场等项目征迁，力争完成园博园、川金诺精细磷酸盐等重大项目交地。完善和推行以购代建等临时安置新模式，完成企沙华侨渔民上岸工程、冲孔安置区等12个棚户区改造项目，新开工光坡等3个安置区建设。积极落实被征地群众的发展留用地，严厉打击各种抢建抢种行为，努力解决历史遗留问题。争取完成征地1.2万亩，交地1.6万亩。

大力抓好项目工作。健全处级领导联系重大项目机制，完善项目周例会、项目联合审批等6项制度，统筹解决项目征迁、融资、审批等问题，提高项目开工率、竣工率和达产率。抓好149项投资430亿元"边海经济带"项目建设，完成64亿元年度投资任务。力争盛鑫物流等28个在建产业项目建成投产，加快公车大街延长线、企沙城北区路网工程、光坡路网等20多个在建基础设施项目建设，推动东兴大道改造、北部湾海洋书院等28个总投资48.5亿元项目开工建设。形成"谋划一批、储备一批、开工一批、投产一批"的项目梯次推进格局，再掀项目建设新热潮。

持续扩大招商引资。抓住国内产业发展转型机遇，围绕重点园区、重点产业、重点企业，精心筹备谋划包装一批项目，积极主动对接华北地区、珠三角地区相关产业，通过产业链项目、同类项目集群化引进方式，加快上下游配套项目引进，营造良好的投资环境。加强基础设施和产业配套建设，有计划重点建设一批标准产房，加快企业落户生产，为企业提供"保姆式""一站式"服务，确保项目招得来、落得下、留得住。力争引进区外境内资金110亿元。

（四）大力实施"城乡提质年"，建设美丽滨海城市

推进海湾新区建设，抓好"七城同创"，围绕"组团"发展思路，持续优化城乡环境，加大城市推广力度，塑造滨海城市品牌形象，打造美丽港口。

加快完善城乡基础设施。大力推进城乡风貌改造，实施珍珠路、桃源路等道路"白改黑"，抓好城区永福

路、灵秀路等道路路灯改造、人行道提升工程,提高城市道路标准,完善公园绿化、文化休闲、示范街道等配套。开展农村人居环境整治三年行动,全面推进农村"厕所革命",抓好改厨、改畜圈等,实现农村无害化卫生厕所、清洁厨房普及率分别达90%、60%以上。启动幸福乡村建设,打造2个以上市级精品"宜居示范村",示范引领乡村建设从"盆景"向"风景"的美丽转变。

提升城市综合管理水平。建设城市数字化管理平台,打造高效城市运作管理体系。持续开展市容市貌整治工程,突出重点区域、时段、路段的综合执法管理,持续开展环境卫生、建筑工地等专项整治行动,严厉打击"两违""五乱"现象,持续开展违法建设整治行动,全面提升公共服务能力。加快推进企沙、光坡、沙潭江、王府四个镇(街道)与市经开区融合发展,推动城区与园区的功能契合、空间融合。

(五)大力实施"南向通道"建设,形成对外开放新格局

深度融入国家"一带一路"建设,形成全方位多层次对外开放新格局,不断增强经济社会发展新活力。

融入政策盘子。南向通道是提升西部地区与东南亚地区互联互通水平的重要举措,是有机衔接"一带一路"的国际陆海贸易新通道。加强与上级沟通对接,依托临海临港区位优势,积极争取纳入广西乃至全国"南向通道"盘子,特别是主动参与制定"防城港市南向陆海通道建设三年行动计划",争取在交通基础设施、产业转型升级、提升通关水平等方面获得上级更多支持。

建设向海通道。把港口经济放在发展的重要位置,着眼向海经济建设,探索从"产业驱动物流发展"到"物流驱动产业发展"新模式,采取"园区+产业+港航"运输新模式,积极参与广西南向通道的海铁联运、公海联运。持续增强口岸开放能力,深化口岸通关便利化改革,拓展防城港口岸、云约江南作业区、中电码头、企沙口岸等开放范围。积极参与中国-东盟、中国—越南国际商贸旅游等博览会,组织金川、大海粮油、益海大豆、富味乡等一批企业参与加工贸易倍增计划,不断拓宽开放发展空间。

(六)大力补齐民生短板,满足人民群众美好生活需要

加大民生领域投入力度,坚决打赢脱贫攻坚战,着力改善教育、医疗水平,丰富群众文化生活,切实满足人民群众对美好生活的需要。

打赢脱贫攻坚战。以提高脱贫攻坚实效为导向,巩固脱贫成果,提高脱贫质量,不断完善"以奖代补"等激励机制,助推贫困群众扩大生产。实施"5+2"扶贫产业,加大财政扶持力度,确保每个脱贫村和面上村都有一个以上特色农业产业,形成"一村一品""一镇一业"扶贫产业格局,提高特色产业覆盖率。以抓好白沙、山新、栏冲村集体经济发展为带动,统筹推进全区村级集体经济发展,确保3个贫困村集体经济年收入3万元以上。落实学生资助政策,降低义务教育辍学率,确保贫困家庭学生不因经济困难失学;对因病致贫的贫困人口实施大病集中专项救治,推行贫困家庭医生签约服务,让贫困人口住院报销比例达80%以上;争取资金加大投入,完成贫困户危房改造。加强对脱贫人口跟踪扶持,全面开展退出户结对帮扶,持续巩固扶贫成果。

优先发展教育事业。巩固提高义务教育均衡发展成果,全面实施"县(区)管校聘"管理体制改革。规划建设渔洲坪中学,开工建设第四小学教学楼、第三小学运动场、公车中学教学综合楼等项目,加快光坡中学扩建、企沙中学迁建、和平新区小学等项目建设,力争建设3—5个幼儿园,满足适龄儿童的入学需求。加强特色学校和名校工程建设,提升"一校一品"建设水平,打造一批区域名校,不断提升教育教学质量。

着力发展科技文化。深入落实创业创新、科技成果转化等政策措施,加快科技企业孵化平台建设,重点支持新能源、新技术等产业成果转化。引进和培育一批从事技术创业、成果转化、产业促进、知识产权的服务机构。完善公共文化服务设施,持续推进村(社区)室外健身场所等文体设施建设,创建业余体校。抓好图书馆评估定级,加快创建国家公共文化服务体系示范区,争取通过国家验收。谋划北部湾"开海节"活动,协助办好国际海上龙舟节、壮族"三月三"嘉年华等文化节庆活动。

扎实推进医疗卫生事业。统筹推进医疗卫生服务城乡一体化改革,加快区疾病预防控制中心、公车卫生院和企沙卫生院业务用房及公租房附属工程建设。充实妇幼保健、产科技术力量,抓好家庭医生签约服务,签约率达30%以上,不断提升医疗卫生服务水平。积极稳妥实施全面两孩政策,促进人口长期均衡发展。深入实施第二轮防治艾滋病攻坚工程,全面提高居民健康水平。

持续加强社会保障。推进城乡基本医疗保险改革，降低个人医保自费比例，实施全民参保计划，实现城乡基本医疗保险全覆盖。实施更加积极的就业政策，加快农民工创业园二期等平台建设，统筹做好城镇就业困难人员、失地失海农民、农村劳动力的就业。抓好城镇保障性住房建设和农村旧危房改造，提高城乡居民住房保障水平。加强基层社会救助能力建设，完善城乡居民最低生活保障机制和社会救助制度，推进社会养老服务，做好优抚安置，保障妇女儿童合法权益，发展残疾人和老龄事业。

（七）大力推进社会综合治理，筑牢和谐稳定基石

加强和创新社会治理，完善基层社会治理体系，建设平安港口区，不断增强人民群众安全感。

加强综合治理。深入推进天网工程、网格化管理等建设，争取完成综治信息系统、综治视联网、公共安全视频监控系统服务建设；加大幸福社区创建力度，推动居民自治管理，形成共治共管格局；健全社区文化、医疗、法律援助等服务网络，鼓励社会资本参与商业性便民利民服务，支持专业社会工作和志愿服务，推进社区服务提档升级。

建设平安港口。健全落实安全生产责任制，增强安全防范治理能力，重点抓好安全风险管控和隐患排查治理，坚决防范遏制重特大安全事故发生。强化食品药品监管，保障群众饮食用药安全。加强矛盾纠纷源头排查，注重涉稳涉恐信息收集、分析和研判，深化社会治安综合治理，开展"扫黑除恶"专项斗争，积极预防和依法打击暴力恐怖、毒品犯罪、"两抢一盗"、非法传销等违法犯罪活动，坚决严惩企沙、光坡、沙潭江、王府等征地主战场出现的征迁领域涉黑涉恶违法犯罪活动，确保人民群众生命和财产安全，巩固提升人民群众安全感。强化边海防及应急能力建设，支持国防和军队建设，做好优抚安置和双拥工作。

（八）大力实施绿色发展工程，优化城乡生态环境

牢固树立保护生态环境就是保护生产力、绿水青山就是金山银山的理念，推进资源节约集约利用，打好污染防治攻坚战，加强生态环境建设，让蓝天常驻、青山常在、碧水常流。抓好环境保护治理，全面落实中央环保督察反馈问题整改，持续实施好大气、水、土壤污染防治行动计划。严查各类生态环境违法行为，持续整治餐饮油烟、建筑施工、道路扬尘等环境污染问题。继续开展海洋生态文明建设，加强海洋资源监管，加大沿海滩涂垃圾、违法用海等处理力度，抓好港

口码头粉尘治理。严格落实排污许可制度，推进东西湾海域整治行动，严防工业园区污水废水未经处理直排海洋。全面落实河长制，推行湖长制，加快生态环境损害赔偿制度改革。

各位代表，我们还要统筹做好国防动员与教育、双拥、优抚安置工作，巩固军政军民团结。充分发挥工会、共青团、妇联、红十字会等群团组织的作用，依法保障公民特别是妇女、未成年人、老龄人和残疾人的合法权益。继续做好调处、侨务、宗教、人防、地震、消防、地方志、档案等工作。

创新工作机制，提升政府执行力

加强政府自身建设，创新政府管理机制，强化班子建设，不断提升政府服务效能。

加强政府制度建设。实行"区长碰头会"制度，认真落实市委、市政府和区委常委会、书记专题会精神。开展"学文件懂业务用政策"活动，实行"项目储备演示汇报""人大议案、政协提议、党派重点课题项目化实施"制度。完善政府办文制度，深入推行OA办公自动化。实行"部门首问制""限时办结制"等制度，提升服务效能。改进征求意见方式，拓展建言献策渠道。

提高行政执行力。把"落实"作为一种责任、一种担当，强化学习，勤政廉政，依法行政，狠抓落实，强化绩效考评考核，不断提高政府工作执行力。深入推进"放管服"改革，加大行政审批事项清理规范力度，优化审批流程，提升行政效率。

加强法治廉洁建设。坚持依宪施政、依法行政，把政府活动全面纳入法治轨道，自觉运用法治思维和法治方式推动工作。依法接受人大及其常委会的监督，自觉接受人民政协的民主监督，主动接受社会和舆论监督。把纪律和规矩挺在前面，持之以恒落实中央八项规定精神，坚决反对"四风"，加强对公共资金、公共资源、国有资产的使用监管，深入推进党风廉政建设，营造风清气正、干事创业的良好氛围。

各位代表，新时代谋划新蓝图，新征程更需新作为。当前，我区经济社会事业发展正处在关键期，任务艰巨，责任重大。让我们在市委、市政府和区委坚强领导下，不忘初心，牢记使命，奋发有为，为实现建设广西一流经济强区，争创广西科学发展先进城区，率先全面建成小康社会的宏伟目标而努力奋斗！

概　　况

港口区概貌

【历史】 距今6000—7000年前，港口区境域就有人类活动的足迹，约4000—5000年前，步入新石器时代，3000年前，学会垦荒，种植水稻。

秦始皇统一岭南之前，今港口区为百越之地，属岭南骆越文化圈，境内人不仅从事农渔生产，还利用舟楫通过海上交通进行商品交易。

秦始皇统一岭南后，设桂林郡、南海郡、象郡，今港口区属象郡。

秦末汉初，约公元前204—111年，代行南越尉赵佗趁秦乱之际，攻占桂林郡和象郡，自立为南越武帝。今港口区属南越国地。西汉元鼎六年（前111），汉武帝平定南越国，将南越原桂林、南海、象3郡划为交趾刺史部，下设苍梧、郁林、合浦、南海、交趾、九真、日南7郡，今港口区属交趾郡西于县。东汉建武十九年（43），改交趾刺史部为交州，并析西于县置封溪、望海2县，今港口区属交趾郡封溪县。建安八年（203），今港口区属交州交趾郡封溪县。

三国，属吴国。吴国设荆、扬、交3州，今港口区属交州交趾郡封溪县。

晋，今港口区属交州武平郡封溪县。

南北朝，属南朝。梁大同元年（535），析封溪县地置黄州，同时置辖宁海郡。宁海郡辖安平、海平（治所在今东兴市西南）、玉山（治所在今钦州市钦南区大翻坡镇）3县，今港口区属黄州宁海郡安平县，治所在今东兴市东兴镇。

隋，开皇十七年（597），改黄州为峰州；十八年（598），改峰州为玉州；二十年（600），安平县改名为海安县。大业三年（607），海安县更名为安海县；同时废玉州，海平、玉山2县并入安海县；今港口区属宁越郡安海县，治所不变。

唐，武德四年（621），析安海县置海平县，仍属安海县，治所不变；唐，武德五年（622），海安改为安海县。今港口区境属钦州总管府玉山州安海县地。贞观元年（627），废钦州都督府；二年废玉山州，安海县改属钦州，今港口区境属钦州安海县地。总章元年（668），分出安海县东部（即旧玉山县地）置乌雷县，今港口区境属钦州乌雷县地。上元二年（675），分乌雷县西北部复置玉山县，今港口区境属陆州玉山县地。天宝元年（742），玉山县改为华清县，今港口区境属玉山郡华清县地。乾元元年（758）玉山郡复改为陆州。大历三年（768），省华清、乌雷2县，以其地入宁海县，今港口区境属陆州宁海县地。

五代，今港口区境属南汉宁海县地。

宋初，今港口区境属广南路。开宝五年（972），废宁海县，以其地入安京县，今港口区境属钦州安京县地。至通三年（997），广南路析为广南东路和广南西路，今港口区境属广南西路。景德三年（1006），安京改名为安远县。今港口区境属钦州安远县地。

元，至元十四年（1277），安远、灵山县隶属钦州路安抚司，至元十七年（1280）安抚司升为总管府。

明，洪武七年（1374），废安远县，以其地直属钦州，九年四月，降钦州为钦县。今港口区境属广东布政司雷州府廉州钦县地。洪武十四年（1381）五月，钦县复升为钦州。

明末清初（1644—1652），开凿"皇帝沟"。相传明将杨义被清兵追赶南逃，至钦防自立为皇，驻今王府街道沙港社区庞屋组附近（皇城坳），自称杨王，建王城、王殿，并开凿运河，后人称"皇帝沟"，东起钦州龙门生牛岭，西至光坡芒萁涡。全长 12 千米，面宽 18 至 20 米，底宽 8 米，深约 4 米。因清兵追击，运河约差 500 米尚未凿通。历经沧桑，迄今只留痕迹而已。

清，光绪十四年(1888)，钦州升为直隶州，分前州防城、如昔二司地置防城县，隶属钦州直隶州。防城县境为典史、县丞、如昔巡检司分治之地。今港口区属防城县地，防城县典史治地。

民国 28 年(1939)11 月 15 日晨，侵华日军由企沙疏鲁登陆，企沙守军奋力抵抗不敌，企沙失守，侵华日军 16 日经企沙抵防城。

民国 36 年(1947)，防城县分为 23 个乡镇，今港口区分属三波乡、光坡乡、企沙镇辖地。抗日战争胜利后，内战爆发。5 月 14 日上午 8 时，中共防城县委为响应中共中央发出《迎接中国革命的新高潮》的号召，带领当地工人、农民、渔民和革命师生 200 余人，策反三波乡、光坡乡、企沙镇国民党军政人员 50 余人参加"三光企"武装起义，成立"农民翻身独立大队"，投入解放战争为武装夺取政权而斗争。

中华人民共和国，1949 年 12 月，防城县解放。防城县 1951 年 2 月前隶属广东省，1951 年 3 月—1955 年 6 月划归广西省，1955 年 7 月—1965 年 7 月复归广东省，1965 年 8 月再次划归广西至今。1949—1952 年，防城县分为东、西、南、北 4 个行政区，港口区境域属东区辖地。1952—1956 年，防城县分为 11 个行政区，境域属第二(企沙)行政区辖地。1957 年，将防城县分为十万山僮族瑶族自治县和防城县，境域仍属防城县地。1958 年 5 月，十万山僮族瑶

族自治县更名为东兴各族自治县；12 月，防城县并入东兴各族自治县。1978 年 11 月，国务院批准把县治从东兴镇迁至防城镇，并将东兴各族自治县改名为防城各族自治县。1980 年 10 月，防城港镇成立，原防城公社的白沙沥、渔洲坪 2 个大队划归防城港镇管辖。1985 年 5 月，防城港区成立，防城港镇划归防城港区管辖。1985 年 5 月—1993 年 5 月，境域的光坡、公车、企沙 3 个镇属防城各族自治县辖地；白沙沥、渔洲坪 2 个街道属防城港区防城港镇辖地。1993 年 5 月，设立防城港市港口区，同时撤销防城港区和防城各族自治县，港口区辖原防城港区的防城港镇和原防城各族自治县的企沙镇、光坡乡以及附城乡的白沙、公车、垭港、冲孔 4 个行政村。

港口区设立后，同时成立公车镇(由原光坡乡沙港村、原附城乡白沙、公车、垭港、冲孔村，以及由东兰县移民组成的王府村组成)和白沙沥、渔洲坪 2 个街道(原防城港镇分设)。2015 年 11 月，撤销公车镇，设立沙潭江和王府 2 个街道。至此，港口区辖企沙、光坡 2 个镇和白沙沥、渔洲坪、沙潭江、王府 4 个街道。

至 2017 年底，港口区境域不变。

【地理】

位置与面积　港口区位于防城港市东南部，北纬 21°32′45″—21°44′59″，东经 108°19′32″—108°35′42″。东邻钦州市钦南区，南濒北部湾，西、北与防城区相连。南北最大纵距 20.92 千米，东西最大横距 21.49 千米，行政区域总面积 409.95 平方千米。

地形地貌　港口区东南西三面临海，地势西北高东南低。地貌以低山丘陵为主，山峦高多在 20~25 米之间，最高峰为海拔 103.7 米的仙人山；沿海为海岸地貌，以海积地貌为主，有零星海蚀地貌。

【环境】 2017 年港口区环境质量总体保持良好。港口区城区空气质量优良率为 93.2%，城市环境质量优良天数 340 天，PM10 日均浓度为 45 微克／立方米，PM2.5 日均浓度为 29 微克／立方米。城市环境空气质量持续保持优良。

【气候】 港口区属亚热带海洋性季风气候区。四季不明显，春秋相连，夏无酷暑，冬无严寒，降水丰沛，气候宜人。2017 年平均温度 23.2℃，全年十二月份最冷，月平均气温 13.9℃；六月份最热，月平均气温 29.3℃。全年降雨量 3181.5 毫米；全年日照时数 1499.0 小时。

【水文】 港口区地表水不发育，溪流短小且季节性明显。境内最大河流有防城江和沙潭江。过境河流防城江流域面积 750 平方千米，年均流量每秒 58.70 立方米，年平均径流量 21.05 亿立方米，河长约 90 千米，过境河段长 10 千米。沙潭江流域面积 46.40 平方千米，年均流量每秒 17.86 立方米，年平均径流量 17.86 亿立方米，河长约 14.70 千米，境内河段长 8 千米。2017 年，港口区各地降雨量分别为：港口 2869.50 毫米、企沙 2439.50 毫米、光坡 2365.60 毫米、沙潭江 3221 毫米(去年同期港口 1520.20 毫米、企沙 1128 毫米、光

坡 1169.60 毫米、沙潭江 1087.80 毫米）。其中主要降雨在 6—8 月份，最大日降雨量为 7 月 19 日，港口 184.70 毫米。

【土地资源】 2017 年，港口区土地面积 40982.36 公顷，耕地实有面积 2861.85 公顷（基本农田面积 1023.24 公顷），园地面积 95.76 公顷，林地面积 1005 公顷，草地面积 660.74 公顷，城镇及工矿用地 9428.50 公顷，交通运输用地 1271.25 公顷，水域及水利设施用地 14849.50 公顷，其他土地 777.73 公顷。

【矿产资源】 港口区矿产资源主要有石英砂、铁矿、钛矿和砖用页岩 4 种。石英砂主要分布于企沙镇山新村、坳顶村和光坡镇沙螺寮村一带，可露天开采，储量约 80 万吨。铁矿主要分布于光坡镇茅坪一带，品位、储量不详。钛铁矿分布于防城港（港口）西海湾，储量不详，被设为禁采区。砖用页岩分布较广，企沙镇、光坡镇、王府街道均有分布，储量不详。

【水利资源】 2017 年，全区有各类水库 4 座，其中小（一）型水库 1 座，为官山辽水库，小（二）型水库 3 座，分别为南蛇山水库、栏冲水库、三沟水库，水库设计总库存 717 万立方米，有效库容 525 万立方米。山塘 188 座，坡坝 6 座，灌渠 222 千米，登记在册的水利部门直接和协助管护的海堤防总长 36.13 千米，堤围内保护耕地 4.71 万亩，保护人口 3.30 万。港口区自来水厂日供能力为 2 万立方米，农村饮水安全工程 37 处，7.20 万名群众饮水问题得到改善。

【海洋资源】 港口区三面环海，海域面积辽阔，渔业资源丰富。海岸线长达 351.13 公里，辖区有企沙渔港、渔汀渔港、红沙港、潭油港、独山港等渔港，其中企沙渔港是广西第二大渔港，也是农业部重点建设的中心渔港之一。全区海水养殖的水域和滩涂面积 5452 公顷，其中，浅水养殖 2527 公顷、滩涂养殖 1475 公顷、海水池塘养殖 1450 公顷。

【旅游资源】 2017 年，港口区有西湾旅游景区（AAAA）、火山岛旅游风景区（AA）2 个 A 级旅游景区；簕山古渔村是全国休闲农业与乡村旅游点、广西特色旅游名村；小八黑生态家庭农场为广西三星级农家乐；乡村旅游点一处，为红沙渔鹭园；广西二星级农家乐 13 家，分别为：簕山古村渔府、揽月居海鲜大排档、品海阁酒楼、红沙蚝排、红沙渔猎人部落、醉月堂海鲜大排档、海角七号度假小旅馆、红沙海逸蚝庭、凤英客栈、相思客栈、大龙口生态乡村、山新海边故事、山新农家小院。

【土特产品】 有沙虫、鱿鱼、青蟹、石斑鱼、大蚝、海蜇等特色海产品，光坡鸡、海鸭蛋禽类产品，红衣花生、红香薯等农产品。

【人口】 2017 年末常住人口 17.49 万人，比上年末增加 0.29 万人，其中城镇人口 14.93 万人，比上年末增加 0.54 万人。据公安部门统计，年末全区户籍人口 13.97 万人，比上年末增加 0.17 万人。据计生部门统计，全年出生人口 2028 人，出生率为 12.0‰；死亡人口 359 人，死亡率为 2.10‰；自然增长率为 9.90‰。

【行政区划】 2017 年港口区行政区划为企沙、光坡 2 个镇，白沙沥、渔洲坪、沙潭江、王府 4 个街道，下设 20 个村委会和 21 个社区。

【民族】 年末，全区户籍人口 13.97 万，其中汉族 11.12 万，少数民族 2.85 万，占总人口的 20.39%；共有 28 个少数民族（壮族为主）。

【语言】 港口区的 4 个世居民族（汉族、壮族、瑶族、京族）均使用汉语方言，即粤语、廉州语、客家话和山瑶以及正字（龙门话），多

港口区行政村、社区名称一览表

2 镇 4 街道	20 村 21 社区
企沙镇	社区：南港、东港、兴企、乐业
	村：牛路、北港、山新、坳顶、板寮、赤沙、虾箩、华侨渔业、企英渔业、向阳渔业、大船渔业
光坡镇	社区：大坡、龙兴
	村：光坡、大龙、潭油、中间坪、新兴、栏冲、红沙、沙螺寮
白沙沥街道	社区：仙人湾、沙沥、插排尾、兴港
渔洲坪街道	社区：渔洲、珠砂港、车辽、桃花湾
沙潭江街道	社区：冲孔、金海湾、沙潭江、和平
王府街道	村：白沙
	社区：公车、沙港、王府

数使用粤语，外来语言以桂柳话汉语方言和壮语为主。普通话为国家推广语言，学校、机关及正规场合、场面较大的公众场合使用较多。　　　　（区地方志办）

经济和社会发展

【经济发展概况】 2017年，港口区实现地区生产总值415.31亿元，增长6.80%。规模以上工业累计完成产值1287.99亿元，增长24.20%；其中，区本级规模以上工业累计完成产值220.28亿元，增长25.60%；规模以上工业增加值同比增长6.40%。固定资产投资完成348.80亿元，增长11.90%。全区资质等级建筑企业完成产值32.67亿元，增长80.70%；实现建筑业增加值25.72亿元，增长3.30%。全年实现社会消费品零售总额24.72亿元，增长11.20%。区本级财政总收入15.09亿元，增长11.30%。城镇居民人均可支配收入完成34137元，增长8%；农村居民人均可支配收入完成14310元，增长10.40%。　　（唐　昕）

【重大项目建设】 全力推进项目153项，完成投资74.50亿元，完成年度任务的107.70%。大沥渔业码头、企沙城北区路网工程、光坡路网工程等49个项目实现开工，车坡岭绿化景观及配套工程、老干部活动中心、晟宇通物流二期等23个项目实现竣工，聚馨麦芽、氧化铝、景昇隆新材料等市重大项目有序推进。破解征迁瓶颈，努力解决临时安置、永久安置

和集体留用地等一系列历史遗留问题，征迁机制体制进一步完善。完成土地征收1.10万亩，交地施工1.50万亩，签订房屋搬迁协议1815户，拆除房屋1708户。落实中心区、中铝等项目发展留用地1800多亩，分配安置宅基地987户，公寓房125套。园博园、玉石滩大道等一批项目顺利推进，防城港生态铝项目仅用34天就完成征地任务。年内争取到中央预算内投资支持项目6个，获得中央资金4215万元，全年完成投资10311万元，完成市下达年度任务的223.50%。　　　　（陈艳宁）

【社会民生事业】 全年民生社会事业支出累计达8.80亿元，占总支出的79.20%，有力保障教育、卫生医疗、社会保障等事业的深入开展。落实教育优先战略：新建明天小学综合楼、沙港新区小学教学楼等一批项目，逐步实施农村学生十五年免费教育义务，教育均衡发展工作在钦北防所有县（市、区）中第一个通过国家级评估认定，也是广西唯一被确定为全国第二批义务教育教师队伍"县管校聘"管理体制改革的示范区。健全医疗服务体系：稳步推进医改各项工作，城乡居民基本医疗保险、养老保险参保率分别达98.30%、92.30%。参保人数达到93846人，新农合村镇覆盖率100%。投入3400多万元，进一步提升社区、镇村级卫生服务水平。基本实现基本医疗保险异地就医医疗费用结算，以"医联体"模式进一步推进分级诊疗制度改革，形成了以港口区人民医院等为医联体试点，构建医疗卫生服务城乡一体化管理模式。　　（陈艳宁）

政治文明建设

【中共党组织民主制度建设】 "两学一做"学习教育　拓宽学习渠道，丰富学习形式，夯实学习根基。建立微学习平台，通过八桂先锋APP、微信公众号、远程教育终端站点等网络平台，拓宽党员干部的学习渠道。集中编印2000多本应知应会小册子，发放给党员领导干部学习。开展"争当八桂先锋、争做合格党员"行动，扎实抓好"两学一做"学习教育常态化制度化工作。持续开展基层党组织软弱涣散整顿，把"两学一做"融入软弱涣散党组织整顿及精准扶贫工作当中，引导驻村"第一书记"和驻村帮扶干部制定带学计划，把基层党组织学习抓活、抓实、抓好。

"两新"党建工作　认真开展"'两新'组织党建巩固年"活动，以"两新"组织党组织规范化建设为重点，及时跟进党组织组建工作；通过围绕产业特点、企业文化、发展方向等实际情况打造盛隆、钱锦、北港农民工创业园三个党支部示范点，形成一级带一级、一级促一级，以点带面促进整体提升。严格落实"两新"组织党建工作经费保障制度。

基层党组织建设　全面推行农村基层党组织"星级化"管理工作，以整顿软弱涣散村党组织为契机，开展村级党组织评星评级活动。严格对照软弱涣散12种情形，对倒排出来的软弱涣散村（社区）党组织，采取落实处级领导挂

点制度、机关单位包村帮扶、工作组综合指导、镇（街道）干部包村整顿、第一书记驻村协助的整顿措施，加强帮扶、重点攻坚、督促转化。加强村级干部队伍建设，实施"成事·成长"激励工程，积极探索建立村（社区）"两委"干部激励机制，拓宽村级"两委"干部上升渠道。抓好驻村工作队管理，严格执行考勤和请销假制度，确保第一书记、工作队员在岗在位开展驻村工作。

（肖　超　毛志雄）

【政务公开】 2017年港口区政务服务中心窗口共收到申请件14275件，受理件数14184件，办结件数14166件。月办结率达98.63%，评议率99.66%，满意率100%，办理提速达82.77%%，无超时办结现象发生，实现零超时零投诉的目标。

行政权力流程编制及公开　组织编制和优化单位行政权力运行流程，形成权责清晰、程序严密、运行公开、监督有效的行政权力公开透明运行机制，解决权力运行中存在的不作为、乱作为、权责交叉、多头执法、相互推诿、监管缺位、暗箱操作、权力寻租等突出问题，对港口区具有行政权力单位的行政权力事项逐项编制权力运行流程图，以"流程最优、环节最少、时间最短、服务最佳"为目标，保证行政行为依法、透明、廉洁、高效。2017年编制公布的行政权力运行流程共41个部门2707项，其中行政许可252项，行政处罚1847项，行政强制117项，行政检查164项，行政征收28项，行政给付30项，行政确认52项，行政奖励26项，行政裁决5项，其

他行政权力185项，自治区委托事项1项。

政务公开　港口区各部门通过港口区政府门户网、自治区政府信息公开统一平台、微信公众号、电视、广播、报刊等渠道发布工作动态、财政预决算、本级文件、政策解读、环境保护、保障性住房、教育医疗、扶贫救助等各类政府信息8000多条。依法依规开展政府信息依申请公开工作，全年收到政府信息依申请公开3件，受理3件，答复3件。出台《港口区贯彻落实国务院办公厅2016年政务公开工作要点实施方案》，要求各部门根据实施方案，做好政策解读公开、文件类政府信息及时公开、依申请公开、重大决策预公开、政务舆情回应等重要事项公开工作。年内，在区政府门户网站、自治区政府信息公开统一平台共公开文件类信息200多条。建立完善舆情协调、回应机制，处理各种网络舆情60多件。推进监管信息公开工作。区工商分局、区食药监局、区水产畜牧兽医局、区卫计局等部门按时公开关于违法行为记录、行政处罚结果、产品检验报告、消费者诉求数据分析结果等信息；区发改局、区住建局、区水利局、区环保局、区教育局等部门围绕扶贫搬迁、水利工程、生态环保等重大建设项目，做好审批、核准、备案等结果信息和实施过程信息等重大建设项目信息公开。推进民生信息公开工作。区扶贫办、区民政局、区房改办、区住建局、国土分局、区环保局、区水利局、区教育局、区卫计局等部门按要求在港口区政府门户网站、自治区政府信息公开统一平台公开扶贫脱贫、社会救助、房地

产、环境保护、教育卫生等方面信息公开。2017年，全区共发布各类监管、民生信息400多条，各类动态信息3000多条。

推进政务公开，助力经济发展"公开日"活动　"政务公开日"活动以"推进政务公开，助力经济发展"为主题，以推进行政权力、财政资金等领域信息公开为重点，5月，组织区教育局、区扶贫办参加广播电台访谈活动和大篷车宣传活动，围绕招生入学和扶贫政策方面进行宣传。各镇（街道）通过摆放政务公开展板、发放宣传资料、接受群众咨询等形式在村（社区）开展政务公开日活动，共发放宣传资料1000多份，解答群众疑问70余次。5月22日—23日，与市行政审批局通过在大篷车悬挂政务公开日广告走街串巷两天，印发政务公开宣传资料，加大政务公开日宣传力度。与群众面对面沟通交流，认真听取意见建议。各部门也积极参加宣传活动，现场解答群众关心关注的问题，并对服务事项办理流程、收费标准、办理结果等工作要素进行公开，重点宣传行政审批制度改革成果。

（许睿翔　杨　健）

【村民自治】 健全村民代表会议制度，凡涉及全村和村民利益的重大事项，都必须提交村民代表会议讨论决定，取得大多数村民的同意和支持。同时，通过村"两委"联席会议制度，发挥党支部的领导核心作用。制定和完善村民自治章程、村规民约、村务管理公开制度、村民代表议事制度、财务管理制度等规章制度。加强服务，互相帮助，按章办事，依靠自

己,共建文明民主家园。成立村务监督委员会,实行村务公开制度。村设有固定的村务公开栏,村委会对村民会议决定的重大事项及实施情况、财务开支、计生政策落实情况、救灾救济款物发放、村干误工补贴等事项进行实事求是公开,同时设立意见箱,收集村民对公开事项的反映和意见,接受群众的民主监督。 (兰　伟)

【厂务公开】

规范厂务公开　全区已形成了党委统一领导,党政齐抓共管,纪委监督检查,工会组织实施,职能部门各负其责,职工群众积极参与的领导体制和工作格局,整体呈现出领导认识到位、组织运行机制健全、公开效果良好的发展态势。各级党政都能深刻认识到厂务公开工作的重要性,推行厂务公开的自觉性和责任意识明显增强,普遍纳入各级党政的重要议事日程和工作计划中,做到同布置、同落实、同检查。

厂务公开的覆盖面、内容和形式　在公开深度上,已向国有企业分厂、车间科室、班组延伸。如:自来水公司建立了分厂二级职代会、车间(分厂)民管会、班组民管小组的三级公开网络,形成"任务公开大家干,成本公开大家管,奖金公开大家看,评先公开大家选"的良好局面,从而提高企业管理的透明度,增强企业凝聚力。公开广度上,向非公企业进行了扩展。公开内容上,在坚持"三个重大"的同时,不断充实和丰富新的内容。即在企业重大决策方面,以企业的改制、物资采购和工程项目招投标为公开的"重点";在职工切身利益方面,以企业减员、

职工下岗分流和再就业为公开的"热点";在企业党风廉政建设方面,以领导干部个人收入为公开的"难点"。据调查统计,全区关于改革和生产经营重大决策的公开率占推行厂务公开制度企业的93%以上;涉及职工切身利益的重要问题公开率已接近100%;关于企业党风廉政建设的重要事项公开率达到91%。公开形式上,继续坚持以职工代表大会为主要公开载体,以职工代表团组长联席会、党政工联席会、职工代表恳谈会、厂情通报会以及各种企业报刊、公开栏、广播等为日常公开的基本形式,探索出更加切合实际的公开渠道,确保职工的知情权、参与权和监督权。此外,办公自动化和互联网的广泛使用为厂务公开提供更加广阔的发展空间。民主测评中职工对以职代会为主体采取多种形式公开的满意度达到了92.30%。

厂务公开成效　通过厂务公开,企业管理由封闭式转向为开放式,实现企业经营管理者和广大职工的良性互动,提高决策的民主性和科学性。维护职工的合法权益,保证职工队伍的稳定。据民主测评统计,广大职工对参与厂务公开情况的满意度为92.20%。厂务公开促进领导班子的党风廉政建设。厂务公开通过对企业领导干部工资奖金收入情况的公开,对领导干部进行民主评议,实行领导干部的公开选拔、竞争上岗及任前公示,完善监督制约机制。据调查,各个单位都普遍将企业领导班子建设和党风廉政建设纳入厂务公开制度中,职工群众对此项公开的满意度达到90.10%。 (港口区总工会)

精神文明建设

【文明道德风尚倡导】 开展星级文明户创建工作,各镇(街道)积极开展星级文明户评选,扎实推动群众性精神文明创建活动向纵深发展,助力"美丽广西·清洁乡村"活动,加快社会主义新农村建设。2017年向市文明办推荐10户星级文明户参加全市十星级文明户评选,通过评选活动,农户家庭关系更加和谐融洽,农民群众道德观念明显增强,崇尚文明、崇尚科学的良好社会风气逐步形成。

开展自治区文明家庭申报评选工作,陈伟材、巫丽丽等2户家庭获评为第一届防城港市文明家庭。良好家风推动良好社会风气的形成,不断提高市民素质和社会文明程度。在全区小学生中开展"家庭、家教、家风"征文比赛和演讲比赛。邀请广西科普演讲团老专家刘益阳教授到市第四中学、金湾小学和公车中学等5所学校开展"中国好家风"讲座巡讲。同时,也邀请本地的成功人士、离退休干部到辖区各学校宣讲"家庭、家教、家风"。在全社会形成"注重家庭、注重家教、注重家风"的良好氛围,让中华民族孝老爱亲、相敬如宾、兄友弟恭、妯娌和谐、克勤克俭、忠厚传家等传统家庭美德不断发扬光大。弘扬正风正气,传递正能量,引领文明风尚。

【思想道德建设】 2017年元旦、春节及重大节日期间,城乡公共

场所社会主义精神文明建设公益广告和标语宣传展示工作。利用电视滚动、微信微博、手机报、电子显示屏，宣传横幅等多种形式展示社会主义精神文明建设公益广告和标语，传播先进文化、引领文明风范，推进社会主义核心价值体系建设，培育知荣辱、讲正气、作奉献、促和谐的良好风尚。同时做好社会主义核心价值观榜样素材收集上报工作。

【道德模范学习宣传】 区委宣传部制定《2017年春节关爱慰问模范人物活动方案》，牵头联系各级文明单位，与区妇联、综治办、团区委等部门组织开展慰问港口区级以上（含区级）道德模范（含提名奖获得者）、爱心人士、星级文明户、巾帼文明岗、妇女儿童维权岗、见义勇为积极分子、"最美青春故事"典型团干、典型青年、优秀志愿者等各类模范人物60多人，慰问资金3万多元。

以创先争优评选工作为引领，积极组织相关单位参加第四届自治区道德模范评选表彰活动和自治区申报评选工作，港口工商所所长权卫军、凯乐路彩票店店主胡宁获评为自治区道德模范；光坡镇福和希望小学教师朱权力获自治区道德模范提名奖。

3月和6月，举办第一期（国税专场）和第二期（法院专场）道德讲堂总堂活动，以身边先进人物的事迹教育感染身边人，各镇（街道）、各文明单位干部近百人参加道德讲堂活动。

【未成年人思想道德建设】 港口区认真组织开展未成年人思想道德建设工作，各项主题教育活动有序推进。重抓乡村少年宫建设，企沙乡村少年宫利用原有校舍开设了舞蹈、科普、图书、书法、体育、美术、唱歌、美文朗诵等8类兴趣班，并开展感恩、爱国、环保等主题教育活动30多次，参加各项活动的学生累计3600人次。桃源小学乡村少年宫坚持一室多用，一地多用的原则对教学设施进行合理有效的改造整合，将已有场地设施投入少年儿童教育学习活动需要，增强乡村少年宫活力。全部围绕社会主义核心价值观的培育和践行，开展"我的中国梦""洒扫应对""认星争优""日行一善""网上祭英烈""学习雷锋，做美德少年"等主题活动。利用具有心理健康资格的老师，集中在各中小学校及青少年活动中心开展未成年人心理健康辅导工作。同时，建立学校、家庭、社会"三位一体"的德育网络，加强家校合作，协同有关部门齐抓共管，集中整治校园及周边环境，努力营造全社会共同关心未成年人健康成长的氛围。

4月起在全区组织开展"戏曲进校园"工作，争取达到"一年覆盖50%，两年全覆盖"目标。活动通过开设一堂戏曲教学课程，组织一批戏曲教学课件，举办一次戏曲知识讲座，组织一次戏曲师资业务培训，组织一场戏曲演出，组织一次全区校园戏曲展演活动，穿插一个戏曲节目于每次政府、学校文艺演出活动，打造戏曲校园示范点等八种方式组织开展，活动正有序推进，成效显著。

【文明单位、村镇创建】 根据防城港市文明办《关于做好第五届全国文明单位推荐工作的预通知》和《关于做好第五届全国文明村镇推荐工作的预通知》文件的要求，积极组织辖区符合条件的单位、企业进行申报工作，共推荐港口区人民法院等1个单位申报第五届全国文明单位；推荐企沙镇牛路村、山新村等2个村申报第五届全国文明村并获得批准表彰。

（蒙祥洋）

生态文明建设

【生态环境宣传教育】 港口区多角度全方位加强环境保护宣传工作，以世界地球日、消费者权益日、安全生产月等为契机，利用制作宣传栏、悬挂横幅、发放宣传手册以及安排业务人员等多种形式向群众宣传环保知识，不断提高群众环保意识，提高公众参与环境保护的自觉性和积极性。

（任文婷）

【工业节能减排】 实行环境保护常态化检查，抓好粉尘污染、磷化园污水、入海排污口污水等治理和整治，强化项目建设环评审批，高效完成农村水环境综合整治，全年环保投诉办结率达100%，完成区、镇（街道）、村三级"河长"全覆盖，基层监测能力得到进一步提升，集中式饮用水源地水质达标率100%，环境空气质量优良率达93.2%，万元GDP综合能耗、主要污染物排放量控制在市要求范围内。

（陈艳宁）

【环保产业发展】 从招商环节严格把关，严禁新增产能过剩项目，防止已经化解的过剩产能死灰复燃。坚决查处"地条钢"等违法违规生产建设及不符合环保、质量、安全等标准的企业。加快农业供给侧结构性改革，推进土地确权颁证，促进农村一、二、三产业融合发展，培育多个特色示范种养殖基地，红树林海洋渔业（核心）示范区和簕山古渔村休闲渔业示范区建设深入推进，岗松产业、小八黑休闲农业、大龙口休闲农业等5个示范区（园）列入广西县乡级现代特色农业示范区（园）入围名单。优势特色农业健康发展。"渔光互补"项目实现运营，"红黑"系列农产品、果蔬、中药材、光坡鸡、对虾、大蚝、海水网箱养殖等"特、优、精"现代特色农业种养规模不断扩大，农业总产值达28.90亿元、增长4.04%。休闲农业迅速兴起。观光休闲农业加快发展，通过"合作社＋基地＋农户"模式经营，持续打造簕山、大龙口、小八黑、红沙湾、榄埠、山新等乡村旅游与休闲农业点，带动农业增效、农民增收。　　（陈艳宁）

【领导机构党派团体及领导人】

中共防城港市港口区委员会
　　书　记：黄炳利（壮族）
　　副书记：朱　靓（女）　邱祖猛
　　常　委：黄炳利（壮族）　朱靓（女）　邱祖猛　陈　乐　班克海（壮族）　钱天鹏　韦　龙（壮族）　何　苗（女）　刘盛礼（任至5月）　王　华（5月任职）　何畅　吴俊凯（挂职）　魏月星（挂职，6月任职）
　　办公室主任：何　畅
　　副主任：钟恒清（任至9月）　沈奕权（瑶族，9月任职）　刘陶华

盘恒星（瑶族，1月任职，任至9月）　黄　琛（壮族，9月任职）　黄秋（壮族，1月任职）　王光杰（9月任职）
　　督查室主任：盘恒星（瑶族，1月任职，任至9月）　黄琛（壮族，9月任职）
　　接待办主任：陆丹丹（女，壮族）
　　副主任：吴狄蔓（女，任至6月）　杨　勇（7月任职）
　　机要局局长：邓全文
　　副局长：王光杰
　　保密办（局）主任（局长）：刘陶华
　　信访局局长：钟恒清（任至9月）　沈奕权（瑶族，9月任职）
　　党史研究室主任：莫玉梅（女）
　　副主任：张守闽（女，壮族，7月任职）

防城港市港口区
人民代表大会常务委员会
　　主　任：张新畅
　　副主任：卢建玲（女，瑶族）　沈爱东（瑶族）　黄国庆（10月任职）　简崇成（10月任职）　蔡硕（任至9月）　宋京洲（任至10月）
　　办公室主任：陈宪满（1月任职）
　　法制与内务司法委主任：龙钦（2月任职）
　　代表选举联络工委主任：苏武（2月任职）
　　财政经济委主任：吴雄章（2月任职）
　　科教文卫与民族工委主任：黄广尚（2月任职）
　　农业农村与环资城建工委主任：朱丽蓓（女，9月任职）

防城港市港口区人民政府
　　区　长：朱　靓（女）
　　副区长：陈　乐　钱天鹏　王

华（任至9月）　吴俊凯（挂职）　魏月星（挂职，9月任职）　刘晓红（女）　韦更望（壮族）　钟恒栋　刘　斌（9月任职）
　　办公室主任：邱　宽
　　副主任：毛玉虹（女，任至10月）　项　麟（任至1月）　陈曦（任至7月）　邓静娴（女，苗族，1月任职，任至9月）　戚汝梅（女，1月任职）　覃　颖（7月任职）　莫金龙（仫佬族，7月任职）　严　恩（挂职，6月任职）
　　应急管理办公室主任：陈　曦（兼，任至7月）　覃　颖（兼，7月任职）
　　政务服务管理办公室主任：陆丹丹（女，壮族，任至1月）　戚汝梅（女，1月任职）
　　副主任：李　玮（女，壮族，任至2月）
　　打击走私办公室主任：韦信钦（瑶族）
　　法制办公室主任：李　东（3月任职）
　　民族和宗教事务局局长：庞兴就

政协防城港市港口区委员会
　　主　席：刘明奕
　　副主席：王立强　蔡　硕（10月任职）　张显超（壮族）　林萍灼（女）　林翠菊（女，瑶族，任至6月）
　　办公室主任：吴宇运（任至1月）　项　麟（3月任职）
　　提案法制委主任：李少雄（壮族）
　　副主任：郑旭玲（女）
　　经济科教文卫体委主任：刘华新（壮族）
　　副主任：钟震宇
　　文史学习联谊委主任：钟凉德（壮族）
　　副主任：黄艳珍（女，壮族）

中共防城港市港口区
纪律检查委员会监察局
书　记:班克海(壮族)
副书记:王立进　黄荣
常　委:班克海(壮族)　徐和英(女)　刘付桂浪
监察局局长:王立进
副局长:徐和英(女)　李向旻(女)
绩效办主任:陈莉(女)
绩效评估中心主任:吴肖绮(女,瑶族)

党群团
组织部部长:韦龙(壮族)
副部长:钟幸束　林广莉(女)　李科君(壮族,任至9月)
老干部局局长:李科君(壮族,任至9月)　林广莉(女,9月任职)
宣传部部长:钱天鹏(壮族)
副部长:阮一峰(壮族)　韦庆禄(女,壮族,1月任职)
外宣办主任:韦庆禄(女,壮族,任至1月)　黄鸿燕(女,壮族,1月任职)
网管中心主任:黄鸿燕(女,壮族,任至1月)
统战部部长:何苗(女)
副部长:朱健
台办主任:李学英(女,瑶族)
政法委员会书记:刘盛礼(任至5月)　王华(5月任职)
副书记:唐创　邓坚和　曾兴荣　邓钧译(瑶族,任至1月)
国安办主任:李水平
副主任:刘开朝(壮族)
综治办主任:邓钧译(瑶族,任至1月)　唐创(瑶族,1月任职)
副主任:唐光云(壮族)
维稳办主任:邓坚和
防范办主任:兰虹(女,壮族)
机构编制委员会办公室主任:江源(9月任职)

副主任:林培驷(任至7月)　黄怀谷(7月任职)
事业单位登记管理局局长:邓春莲(女,壮族)
直属机关工作委员会书记:苏桂新(壮族,任至9月)　黄海燕(女,9月任职)
副书记:刘学明(任至6月)　蔡涛(7月任职)
直属机关纪律检查工作委员会书记:刘学明
港口区总工会主席:沈爱东(兼,瑶族,2月任职)
常务副主席:高波
副主席:钱进华(女,10月任职)
共青团防城港市港口区委员会书记:梁德勇
副书记:宋为熹(女)
妇女联合会主席:刘爱玲(女)
副主席:卢少丽(女)
科学技术协会主席:唐子惠(女,瑶族)
文学艺术界联合会主席:张永志(京族)
社会科学界联合会主席:谭美文(女,壮族)
副主席:吴艳(女,7月任职)　黄怀谷(女,任至7月)
归国华侨联合会主席:杨孙艳(女)
副主席:傅春坚(女)
残疾人联合会理事长:沈如毅
红十字会会长:吴俊凯(兼)
专职副会长:蔡玉镇
工商业联合会主席:彭莲(女,壮族,任至11月)　毛玉虹(女,11月任职)
专职副主席:韦洪海(壮族)

政法机关
港口区人民法院院长:张建民(壮族)

副院长:李飞(女,壮族)　皮祖昭(瑶族,11月任职)　兰继文(壮族,任至11月)
港口区人民检察院检察长:钟志海(黎族)
党组副书记:磨耀吉(壮族)
副检察长:苏恒　池国权　何培源
港口区公安边防大队大队长:何立新
政　委:王昌麒(8月任职)
副大队长:张洪　蓝侃侃(8月任职)

区政府部门
发展和改革局局长:闭利
副局长:黄政平(壮族)　凌源(女,京族,7月任职)　蔡涛(任至7月)
物价局局长:肖剑(任至1月)　禤达周(1月任职)
工业和信息化局局长:冯信初
副局长:唐振峰(壮族)
统计局局长:黄媚(女,壮族)
副局长:龙绍钦(任至7月)
商务局局长:吕文平
副局长:卢振洁　潘瑜(任至1月)　范志辉(京族)　骆晓明(女,3月任职)
教育局局长:戚汝波
副局长:宋庆伟　刘秀妍(女,土家族)
科学技术局局长:黄海燕(女,任至9月)　李科君(壮族,9月任职)
副局长:梁妍新(女,壮族)
知识产权局局长:梁妍新(兼,女,壮族)
民政局局长:钟海德(瑶族)
副局长:游振泉　韦翠霞(女,京族)
财政局局长:黄国庆(任至9月)
副局长:苏链辉　项慧玲(女)

刘　静(女,9月任职)

人力资源和社会保障局局长:黄岸柳(女,壮族)

副局长:黄　琛(壮族,任至9月)　陈燕婧(女,壮族)

住房和城乡建设局局长:苏兴富(任至6月)　吴乃华(9月任职)

副局长:吴健培　吴　勇　姚祥忠(3月任职)

房产管理局局长:吴　勇(兼)

交通运输局局长:邓创造(任至8月)　吴尚贵(9月任职)

副局长:吴乃育　黄　越

农业局局长:左　峰(瑶族,任至9月)　邓创造(9月任职)

副局长:磨静岚(女,7月任职)

林业局局长:钟　鹏(瑶族)

副局长:张坤胜(7月任职)

水产畜牧兽医局局长:简崇成(任至9月)　林明滨(9月任职)

副局长:陈开云

农机管理中心主任:杨正任(任至9月)　卢立本(9月任职)

副主任:张钱杰(任至8月)陈　曦(8月任职)

水利局局长:张　进(京族)

副局长:唐尚文

水库移民工作管理局局长:赖玉江(任至1月)　宋升文(1月任职)

卫计局局长:钟伟年

副局长:林培享　陈雪萍(女)廖树凤(女,壮族)

文体广电新闻出版局局长:吴钱仁(壮族)

副局长:覃万欢(壮族,任至11月)　龙喜云(任至1月)　陈从刚

审计局局长:姚　文

副局长:刘　静(女,任至9月)

司法局局长:李　东(任至6月)　邓钧译(壮族,7月任职)

副局长:周规松　沈奕权(瑶族,任至9月)　邓静娴(女,苗族,任至3月)

环境保护局局长:林明滨(任至11月)　吴宇运(11月任职)

副局长:罗江云(女)

安全生产监督管理局局长:吴尚贵(任至9月)　苏桂新(9月任职)

副局长:吴尚东　傅以托(1月任职)　黄广尚(任至2月)　许成智(壮族)

粮食局局长:朱扬光

地震局局长:吴岸信(壮族)

档案局局长:吴艳江(女,瑶族,任至7月)　韦清洁(女,壮族,7月任职)

副局长:骆泽生

招商促进局局长:冯科跃(任至10月)　彭　莲(女,10月任职)

副局长:骆晓明(女,任至3月)　杨有明(3月任职)　李晶晶(女,3月任职)

机关后勤服务中心主任:冯云峰(壮族)

副主任:吴雪松(毛南族)

住房制度改革委员会办公室主任:刘　锦

扶贫开发办公室主任:梁　满(壮族)

副主任:王冠学(京族,任至7月)

海防委员会办公室主任:谢乃庆

人民防空办公室主任:褟达周(任至1月)　吴宇运(1月任职,任至10月)　冯科跃(10月任职)

旅游局局长:陈佳佳(女,壮族)

副局长:林爱兵

征地拆迁办公室主任:甘文堂

副主任:卢成宝　卢立本(任至9月)　温　媚(女,9月任职)刘　渊

食品药品监督管理局局长:黄广平(女,壮族)

副局长:骆艺华(女)　邓俊殷(瑶族)

食品安全委员会办公室主任:黄广平(女,壮族)

副主任:覃　颖(任至6月)

驻港口区单位

防城港市国土资源局港口区分局局长:黄兴杰(4月任职)

副局长:黄　云　黄鸿霖

防城港市海洋局港口区分局局长:陈　雄(壮族)

港口区国税局局长:伍　浩

副局长:杨煜卿(瑶族)　李妙蓉(女)　段文国　陈　海

港口区地方税务局局长:廖树伟

副局长:林成武(壮族)　易向辉(壮族)　黄君炜

港口区工商分局局长:钟华杰

副局长:黄集良(壮族)　黄恒师(壮族)　江立贤

纪检组长:郑友强(瑶族)

防城港市公安局港口分局局长:韦更望(壮族)

政　委:吴永帅(壮族)

副局长:莫自华　杨伟来　李剑敏　宋　来(瑶族)

消防大队大队长:张志飞

教导员:曾海亮

防城港市公安局交通警察支队港口大队大队长:卢　军(任至2月)　钟汝敏(4月任职)

教导员:王红霞(女,4月任职)

副大队长:莫祖胜(壮族)　陈致平　粟智林(兼)

民主党派

民革防城港市委员会港口区总支部主委:凌瑞敏(女,壮族)

民盟防城港市委员会港口区支部主委:蔡　硕

17

民建防城港市委员会港口区支部主委:邓春莲(女,壮族)

民进防城港市委员会港口区支部主委:杨纯环(女)

农工党防城港市总支部港口区支部负责人:周国伟(壮族)

致公党防城港市委员会港口区支部主委:黄雯婷(女,壮族)

企沙镇

党委书记:黄日良(京族)

副书记:吴能文 陈滴(女,壮族) 侯洪波(挂职,土家族,9月任职)

人大主席:陈滴(女,壮族)

副主席:杨钦辉

镇 长:吴能文

副镇长:吴明泰 李就仪 赖胜鑫 孙健(挂职) 李飘彰(任至7月)

纪委书记:苏桂锋

光坡镇

党委书记:刘晓东

副书记:唐鹏(壮族) 蔡始兵 唐上武(兼) 徐瑞生(挂职)

人大主席:蔡始兵

副主席:黄举鹏

镇 长:唐鹏(壮族)

副镇长:夏如军 徐瑞峰 刘静(女) 李俊峰(壮族)

纪委书记:陈星池(壮族)

白沙沥街道

党工委书记:江源(任至9月) 唐时秀(女,壮族,9月任职)

副书记:周志成(壮族,9月任职) 何华东 龙绍钦(挂职) 庞则磊(兼)

人大工委主任:何华东

街道办事处主任:唐时秀(女,壮族,任至9月) 周志成(壮族,9月任职)

副主任:廖泊宇(任至2月) 凌源(女,京族,任至7月) 黄华宇(3月任职) 骆泽亮(7月任职) 陈欣(女,7月任职)

纪工委书记:郑通艺(1月任职)

渔洲坪街道

党工委书记:杨佰篙

副书记:宋升文(任至1月) 钟志杰(瑶族,1月任职) 龙喜云(1月任职)

人大工委主任:龙喜云(2月任职)

街道办事处主任:宋升文(任至1月) 钟志杰(瑶族,1月任职)

副主任:傅以托(任至1月) 吴爱物(任至7月) 吴艳(女,任至8月) 吴狄蔓(女,6月任职) 韦雪雯(女,7月任职)

纪工委书记:黄昌兴(壮族)

沙潭江街道

党工委书记:邓珊珊(女)

副书记:黄可 赖胜东(任至9月) 杨有明(挂职,任至3月) 邓静娴(女,苗族,9月任职)

人大工委主任:赖胜东(任至9月) 邓静娴(女,苗族,9月任职)

街道办事处主任:黄可

副主任:温媚(女,任至9月) 罗绍俊(壮族,任至8月)

纪工委书记:潘思源

王府街道

党工委书记:吴乃华(任至9月) 王廷峰(9月任职)

副书记:王廷峰 周志成(壮族,任至9月) 盘恒星(瑶族,9月任职) 冯明龙(京族,9月任职) 钟震宇(挂职) 李刚(兼)

人大工委主任:周志成(壮族,任至9月) 冯明龙(京族,9月任职)

街道办事处主任:王廷峰(任至9月) 盘恒星(瑶族,9月任职)

副主任:冯明龙(京族,任至9月) 李就仁 张振锦(7月任职)

纪工委书记:赖胜团

(相关部门提供资料)

政　　治

中国共产党防城港市港口区委员会

【概况】　中国共产党防城港市港口区第六届委员会设书记1名，副书记2名，常委12名，2017年有党（工）委8个。

【重要会议】

2016年度区委常委会民主生活会　2017年1月12日，召开2016年度区委常委会民主生活会，学习贯彻中央十八届五中、六中全会和自治区第十一次党代会、市第六次党代会精神，通报2015年度民主生活会整改措施落实情况，重点围绕"两学一做"学习教育要求，结合思想和工作实际，进行党性分析，开展批评和自我批评。

征地搬迁安置工作动员会　2月14日，召开2017年征地搬迁安置工作暨项目建设推进工作动员会，表彰奖励2016年征地先进现场指挥部和先进个人，部署2017年全区征地搬迁安置工作，推进各重点攻坚项目的征地拆迁安置工作，确保征地搬迁安置工作按照规定时间节点如期完成市委、市政府下达的目标任务。

组织宣传政法统战工作会议　2月28日，召开2017年港口区组织宣传政法统战工作会议，传达学习自治区及市组织、宣传、政法、统战工作会议精神，总结2016年港口区组织、宣传、政法、统战工作，研究部署下一步工作。各镇（街道）党（工）委主要领导向区委书记递呈提升群众安全感责任状。

部署全区农业农村工作暨"美丽港口·宜居乡村"工作会议　3月9日，召开2017年港口区农业农村工作暨"美丽港口·宜居乡村"会议，贯彻落实中央1号文件和中央、自治区、市农村工作会议精神，总结2016年全区农业农村及"美丽广西·清洁乡村"工作，分析形势，研究部署2017年全区农业及"美丽港口·宜居乡村"工作。

港口区委常委会巡视"回头看"民主生活会　3月23日，召开中共防城港市港口区委常委会巡视"回头看"专题民主生活会，认真贯彻落实党的十八大、十八届三中、四中、五中、六中全会精神和习近平总书记系列重要讲话特别是关于巡视工作的重要讲话精神，重点对照中央第三巡视组对广西巡视"回头看"反馈意见、自治区党委第二巡视组对防城港市巡视"回头看"反馈意见所提问题，结合思想和工作实际，进行党性分析，开展批评和自我批评，落实好"回头看"整改。

全区贯彻落实中央八项规定精神"回头看"工作再动员会议　4月17日，召开全区贯彻落实中央八项规定精神"回头看"工作再动员会议，贯彻落实自治区、市贯彻落实中央八项规定精神"回头看"再动员会议精神，对全区贯彻落实中央八项规定精神"回头看"工作进行再动员、再部署，统一思想，凝聚共识，鼓足干劲，全力推进，严防"四风"问题反弹回潮，迎接党的十九大胜利召开。

研究部署重点改革工作会议　4月20日，召开区委全面深化改革领导小组第六次全体会议，传达学习市委全面深化改革领导小组第十次会议精神，审议重点改革工作方案，听取区委全面深化改革领导小组各专项小组工作汇报，研究部署港口区下一步重点改革工作。

区委中心组学习会　5月8日，召开区委学习中心组第二次集中学习会，深入学习贯彻习近平总书记视察广西重要讲话精神。

研究推进"两学一做"学习教育常态化制度化暨基层党建工作会议　5月23日，召开推进"两学一做"学习教育常态化制度化暨基层党建工作会议,深入贯彻落实中央、自治区党委和市委关于推进"两学一做"学习教育常态化制度化和基层党建工作的部署要求,研究部署下一步港口区的"两学一做"学习教育和基层党建工作。

全区脱贫攻坚推进大会 5月23日,召开2017年全区脱贫攻坚推进大会,贯彻落实2017年自治区脱贫攻坚推进大会及防城港市脱贫攻坚现场推进会精神,对全区脱贫攻坚工作进行再动员、再部署,推进全年港口区脱贫攻坚工作全面开展。

港口区法学会成立大会 6月15日,港口区法学会成立大会暨第一次会员代表大会召开。会议选举产生港口区法学会第一届理事会常务理事、会长、副会长、秘书长。

全区棚户区改造工作会议 6月27日,召开全区棚户区改造项目征拆建设推进会,贯彻落实市委关于棚改工作指示精神,分析港口区棚改项目征拆和建设工作存在问题、查找原因,进一步夯实责任、传导压力、部署工作、解决问题,确保按时间节点完成棚改项目推进目标任务。

部署村(社区)"两委"换届选举工作会议 7月3日,召开2017年村(社区)"两委"换届选举工作动员部署暨业务培训会,动员部署港口区村(社区)"两委"换届选举工作。

教师专题培训大会 8月24日,召开2017年港口区教师培训大会,进一步拓展教师视野、提升师德,转变教师教育行为、提升教育品质。区委书记黄炳利作关

于"港口区经济社会发展和教育工作"的形势报告,区委常委、区纪委书记班克海作廉政教育报告讲座。

科级领导干部集体谈话会 9月7日,召开港口区科级领导干部集体谈话会,要求广大科级干部切实担当起责任,全力做好本职工作,为把港口区建设成为"广西一流经济强区,率先全面建成小康社会"奋斗目标努力工作。

举办港口区村(社区)"两委"干部培训班 9月25日,举办村(社区)"两委"干部培训班,主要是为加强新当选的村(社区)"两委"干部自身素质,推动其更快地进入角色,履职尽责。

项目工作会议 10月24日,召开项目工作会议,听取土地出让情况及棚户区改造计划汇报,研究部署下一步工作。

落实自治区脱贫攻坚大督查反馈问题整改会 11月2日,召开落实自治区脱贫攻坚大督查反馈问题整改暨2017年脱贫攻坚冲刺大会。会议的主要任务是通报自治区督查组反馈意见,部署整改及年终迎检工作,安排2014年、2015年退出户帮扶工作。

区委六届三次全会 11月17日,召开中共防城港市港口区第六届委员会第三次全体会议,深入学习贯彻党的十九大、十九届一中全会、自治区党委十一届三次全会和市委六届四次全会精神。全会审议通过《中国共产党防城港市港口区委员会关于深入学习宣传贯彻党的十九大精神的决定》《中国共产党防城港市港口区第六届委员会第三次全体会议公报》。

部署全区县域经济发展、项目推进工作会 12月6日,召开全区县域经济发展、项目推进暨工业产业百日攻坚动员会,主要目的是对年内港口区县域经济发展情况、项目推进工作,特别是工业项目的推进情况和处级领导干部包干联系项目的情况进行全面攻坚总动员,加快推进港口区重点工业项目建设。

学习贯彻党的十九大精神 12月15日,举办全区处级领导和区直单位主要领导学习贯彻党的十九大精神专题研讨班,主要任务是以领导干部的学习促进全区面上的学习,进一步把学习宣传贯彻党的十九大精神引向深入,带动引领全区广大党员干部以新的精神状态和奋斗姿态,全面贯彻落实党的十九大作出的战略部署。

区委六届四次全会 12月15日,召开中共防城港市港口区第六届委员会第四次全体会议,深入学习贯彻党的十九大、十九届一中全会、自治区党委十一届三次全会、市委六届四次全会精神,听取和讨论区委书记黄炳利受区委常委会委托所作的工作报告。全会审议通过《中国共产党防城港市港口区第六届委员会第四次全体会议公报》。

政党协商座谈会 12月27日,召开2017年政党协商座谈会,发挥党外人士参政议政、民主监督的作用,听取各民主党派、工商联工作和调研课题汇报,听取无党派人士、民营企业代表人士意见建议,通报换届以来港口区的经济社会发展情况,并就下一步各民主党派、工商联、无党派人士工作提出要求。 (张 伟)

组织

【概况】 2017年港口区基层党（工）委8个，党总支部7个，党支部340个。党员总数4238名，占港口区常住人口总数的2.42%，其中少数民族党员793名，占党员总数的18.71%；女党员1208，占28.50%；35岁以下党员1117名，占26.36%；具有大专以上学历的党员2255名，高中（含中专、中技）文化程度的党员1127名，初中及以下文化程度的党员856名，分别占53.21%、26.59%、20.20%。全年发展党员65名，其中女党员21名，占发展党员总数的32.30%；少数民族党员10名，占15.38%；35岁以下党员44名，占67.69%；高中以上文化程度的党员59名，占90.77%。 （毛志雄）

【干部人事制度改革】

推进党政人才锻炼机制 建立"上派下挂"锻炼机制，选派4名科级干部到市直单位及口岸部门跟班学习、挂职锻炼，推荐1名中青年专业技术人员参加"西部之光"学者访问。同时，选派7名科技特派员到贫困村开展驻村扶贫。利用广西干部学院、广西师范大学、广西民族大学、上海交通大学等区内外高校基地优质培训资源，开展5期专题培训。

加强干部日常管理监督 从严开展领导干部个人有关事项填报。将个人有关事项填报范围延伸至全体科级干部，对368名领导干部填报的有关事项报告进行规范审核，并根据工作需要，对42名领导干部个人有关事项进行核实。同时，加强干部因公因私出国（境）管理。把全区科级干部列为监督对象，及时向市公安局出入境管理处报备干部基本信息。对科级以上领导干部出国（境）证件进行集中登记保管，杜绝领导干部违规私自持有出国（境）证件的现象，从严审批领导干部因私出国（境）。

（刘文镇 刘 格 李 宾）

【领导班子和干部队伍建设】

干部选配工作 按照区委的统一部署，对各科级领导班子进行调整。2017年，共提拔科级领导干部55人，交流调整68人，对2名科级干部给予职级晋升。3名正科级领导干部参加全市中青年干部实践培训班，2名选调生到企业、园区进行挂职锻炼。

配合群团协会换届 认真配合区委政法委抓好区法学会的筹建工作，选举产生港口区第一届法学会理事会和领导班子。指导区残疾人联合会、区妇女联合会、区总工会、区工商业联合会、区社会科学联合会等完成换届、补选工作。

（刘文镇 刘 格 李 宾）

【人才工作】

落实党管人才责任 编制下发2017年区委人才工作要点，对全年工作任务目标细化，进一步压实各成员单位人才工作职责，推动全年人才工作目标任务。同时，不断探索人才工作项目化管理。通过科学立项、建立人才责任清单、强化督查问效等方式，进一步提升人才工作服务水平和推动人才项目落实。报送的《运用"项目化管理"提升人才工作水平的探索与实践》工作案例获2017年全国人才工作创新案例优秀案例奖。

深化招才引智模式 认真做好2017年"百名博士防城港行""广西财经学院选派在校学生下基层挂职"等活动的对接和服务，深化人才工作季。2017年，共有来自中国科技大学、中国海洋大学等重点高校的33名博士生、硕士生到辖区开展服务和挂职锻

11月12日，港口区新任科级干部培训班在广西干部学院开班

港口区委组织部供稿

炼,为港口区5个科技项目提供技术指导,提出建设性意见建议16条,形成专题调研报告7篇。通过这种柔性引智模式,避开刚性引才现实阻碍,推动各方人才为港口区提供智力服务。加大人才引进力度。利用公务员(选调生)考录、事业单位招聘、挂职锻炼等措施,不断引进、补缺各类人才。全年共引进或招录选调生2人、公务员8人、事业单位人员18人,进一步充实港口区党政人才队伍和专业技术人才队伍。

优化政策保障留人才 建立人才工作专项资金,对引进高层次人才,按政策发放安家费、租房等各类补贴,协调解决高层次人才的户籍、住房、家属就业、子女入学等实际问题。全年共向各类高层次人才发放安家、租房和交通等各项补贴9.90万元,解决高层次人才的后顾之忧。建立区领导联系人才工作制度,区领导不定期走访慰问,从生活上和情感上给予关爱,协调解决实际困难,优化政策保障留住人才。

(刘文镇 刘格 李宾)

【基层党组织建设】

推进"两学一做"学习教育常态化制度化 拓宽学习渠道,丰富学习形式,夯实学习根基。建立微学习平台,通过八桂先锋APP、微信公众号、远程教育终端站点等网络平台,拓宽党员干部的学习渠道。集中编印2000多本应知应会小册子,发放给党员领导干部学习。在"做"方面,开展"争当八桂先锋、争做合格党员"行动,扎实抓好"两学一做"学习教育常态化制度化工作。针对基层党建薄弱环节,结合"两学一做"学习教育真抓实改,对全区党支部落实"三会一课"、党费收缴和意识形态工作开展联合督查,发放整改清单62份,督促提醒8名主要领导,并通报一批问题单位。持续开展基层党组织软弱涣散整顿,把"两学一做"融入软弱涣散党组织整顿及精准扶贫工作当中,引导驻村"第一书记"和驻村帮扶干部制定带学计划,把基层党组织学习抓活、抓实、抓好。

提升"两新"党建工作水平 认真开展"'两新'组织党建巩固年"活动,以"两新"组织党组织规范化建设为重点,及时跟进党组织组建工作;通过围绕产业特点、企业文化、发展方向等实际情况打造盛隆、钱锦、北港农民工创业园三个党支部示范点,形成一级带一级、一级促一级,以点带面促进整体提升。严格落实"两新"组织党建工作经费保障制度,及时下拨2017年"两新"组织党建工作经费,共计24.30万元。

做好"一村一镇"和幸福社区创建工作 在乡村建设方面,印发《"一村一镇"暨宜居乡村示范点工作实施方案》,把"一村一镇"工作与宜居乡村示范点建设相结合,通过党建引领、示范带动,先后启动企沙渔港古镇4大项目(钟楼、立面改造、入城景观、北港大道绿化提升),对企沙镇的街道路边、沿街房屋、沿海堤岸、入城景观、渔业码头等进行整体改造升级;在示范村(屯)上,先后完成企沙镇山新村,光坡镇新兴村大龙口组、沙螺寮村榄埠屯的建设,并通过土地流转的形式,推动一批生态旅游项目的发展。在幸福社区创建方面,针对港口区土地资源紧缺、老城区无地可用等实际情况,及时落实5个社区建设用地,并协调市直相关部门利用旧办公楼解决3个社区业务用房。整合投入资金2500多万元,新建5个、改造提升5个社区业务用房,所有城区社区服务场所面积全部达到500平方米以上,并全部投入使用。按照"统一标识、统一设计、统一功能、统一服务"的原则,率先在6个新建社区推进社区党群服务中心、社区公共服务中心的建设,通过推行"一站式"服务、标准化服务等管理模式,推动各类

5月23日,港口区举办推进"两学一做"学习教育常态化制度化暨基层党建工作会议
港口区委组织部供稿

组织资源下沉、共享,社区服务功能得到明显增强。

完成村(社区)"两委"换届选举　5月完成渔洲坪街道桃花湾社区"两委"试点换届工作;9月20日,全区所有村(社区)选举出新一届村(社区)"两委"班子和监督委员会班子。通过本次换届选举,全区村(社区)"两委"班子成员文化结构、政治素质、管理能力相应提高,全区"两委"班子成员平均年龄41岁,大批年轻干部被选拔到"两委"中来;干部的文化素质取得新突破,本科以上学历有39名,占比12.1%;大专以上学历有122名,占比37.8%;中专及高中以上学历303名,占比93.8%;人员结构类别更多样化,一批致富带头人、复退军人及返乡农民工进入班子。

加强基层党组织建设　全面推行农村基层党组织"星级化"管理工作,以整顿软弱涣散村党组织为契机,开展村级党组织评星评级活动。光坡镇中间坪村、栏冲村党支部及光坡镇大坡社区、企沙镇南港社区党支部分别获得自治区党委组织部授予的五星、四星及三星级党组织。严格对照软弱涣散12种情形,对倒排出来的企沙镇赤沙村、光坡镇龙兴社区等4个软弱涣散村(社区)党组织,采取落实处级领导挂点制度、机关单位包村帮扶、工作组综合指导、镇(街道)干部包村整顿、第一书记驻村协助的整顿措施,加强帮扶、重点攻坚、督促转化。加强村级干部队伍建设实施"成事·成长"激励工程,积极探索建立村(社区)"两委"干部激励机制,拓宽村级"两委"干部上升渠道,面向全区村(社区)"两委"干部招聘5名优秀基层干部,充分调动村(社区)"两委"干部工作积极性。抓好驻村工作队管理,严格执行考勤和请销假制度,确保第一书记、工作队员在岗在位开展驻村工作。每月坚持对第一书记、工作队员驻村工作情况进行督查暗访,采取不定期电话抽查、现场核查及暗访贫困户的方式,了解第一书记和工作队员在岗和工作实际情况。2017年,先后开展督查12次,口头警告工作队员3人,未发现无故缺岗现象。

(肖　超　毛志雄)

宣　传

【概况】　2017年,中共防城港市港口区委员会宣传部(简称区委宣传部)内设办公室(含办公室、宣传股、理论教育股)、新闻出版办公室,挂港口区精神文明建设委员会办公室(简称港口区文明办)、中共港口区委员会对外宣传办公室(简称区委外宣办)牌子,辖二层单位港口区新闻中心、港口区互联网管理中心,其中港口区互联网管理中心为区委宣传部管理的副科级事业单位。至2017年底,区委宣传部有编制12名,其中行政编制3名,事业编制9名。实有工作人员23人。

港口区宣传工作紧紧围绕区委、区政府中心工作,唱响主旋律,打好主动仗,加强策划,突出重点,捕捉新闻点,展现闪光点。抓好党的十九大主题宣传,围绕港口区建设广西一流经济强区、临港工业、农业特色、海洋渔业、宜居乡村、脱贫攻坚等开展专题报道。2017年,港口区在中央、自治区、市等各级媒体刊载港口区新闻稿件(含网络媒体)共2626篇(条)。其中,在中央电视台、新华网、人民网等中央级媒体上稿309条;在《广西日报》《防城港日报》等市级以上报刊类媒体上稿数量1109篇(条);在广西电视台、防城港电视台等市级以上广电类媒体上稿数量1192篇(条)。

【理论宣传】　按照市、区两级党委部署,区委中心组理论学习有序开展,印发《全区理论学习的通知》,对全区各级理论学习、中心组学习作出明确计划和要求,引导广大党员干部坚持全面学、专题学。区委学习中心组围绕"深入学习领会以习近平同志为核心的党中央治国理政新理念新思想新战略""深入学习领会'四个全面'战略布局""深入学习领会《关于新形势下党内政治生活的若干准则》和《中国共产党党内监督条例》""深入学习领会《中国共产党党委(党组)理论学习中心组学习规则》""深入学习领会《关于县以上党和国家机关党员领导干部民主生活会的若干规定》""深入学习中央关于意识形态工作的重大部署和基本要求""深入学习领会党的十九大提出的重大战略思想、重大理论观点、重大工作部署"和"深入学习自治区第十一次党代会、市第六次党代会、区第六次党代会精神"开展集中学习;围绕习近平总书记在广西考察重要讲话精神和习近平总书记在省部级主要领导干部"学习习近平总书记重要讲话精神,迎接党的十九大"专题研讨班开班式上重要讲话精神进行专题学习研讨,大力营造"中心组引领,各单位跟进,全区全面学"的氛围。多措送学确保理论学习入脑入心,围绕党的十八届六中全会精神"两部党内法规"、习近平总书记视察广西重要讲话精神、自治区第十一次党代会精神、市第六次党代会精神等先后组织自治区宣讲团专家、市宣讲团成员等到机关、社区、企业、农村等开展对象化、分众化、互动化的大规模集中宣讲5次,确保广大党员干部对党的理论政策有更深刻更全面的认识。此外,组织港口区干部职工800多人参加黄永腾先进事迹报告会,引导广大干部群众以黄永腾为榜样,强信念、树新风、提能力,激发全区党员干部不忘初心、牢记使命、爱岗敬业、扎实工作。采取群众晚会送学、山歌会送学、采茶戏送学等群众喜闻乐见的形式,在群众中宣传党的新理论新政策,使广大干部群众对党的创新理论有更深刻更全面的认识。

【社会宣传】 港口区社会宣传工作以党的十八大,十八届三中、四中、五中、六中全会,十九大精神,以及习近平总书记系列重要讲话精神为指导,紧紧围绕区委、区政府的中心工作,按照市委、市政府《关于印发〈防城港市重点区域社会宣传活动管理工作分工方案〉的通知》(办发〔2017〕12号)精神,结合实际,突出主题,认真开展社会宣传工作,营造浓厚的社会氛围。在各村屯、社区以及城区人流量多的地方,继续深入推进社会主义核心价值观、"中国梦"、中国特色社会主义等社会宣传工作。按照市委宣传部的文件部署,积极配合做好市"两会"、中国-东盟国际马拉松赛、"七城同创""海上丝绸之路"等社会宣传工作,组织各镇(街道)各单位利用横幅、LED屏等方式张挂或滚动播放宣传标语。同时,以"三大生态"为内容制作高杆宣传牌1面;以"七城同创"为内容制作高杆宣传牌5面;在渔洲坪龙山南路、桃中路等处围墙制作"三大生态""两个建成"的宣传喷绘400多平方米。以"建设广西一流经济强区,率先全面建成小康社会""倾力打造广西新兴工业基地和城乡统筹发展示范区"为标语,在渔洲坪铁路口、企沙电厂红绿灯路口、中一重工路口、核电路口栏冲方向等处制作大型宣传牌8块,在龙门路口及大龙大桥制作高杆宣传牌3块。同时,在渔洲坪龙山南路及桃中路围墙制作宣传喷绘300多平方米。

开展专题性社会宣传工作 党的十九大召开后,区委宣传部迅速行动,发文要求各镇(街道)各单位运用公益广告牌、大型显示屏、楼宇电视等方式,在城市主要街道、重要公共活动场所、爱国主义教育基地等重点区域及时悬挂张贴、刊载刊播党的十九大精神宣传标语,利用微信、微博、手机短信以及有条件的单位在电子显示屏播放宣传内容,同时,组织浏览"砥砺奋进的五年"大型成就展网上展馆和宣传挂图的张贴工作,此外,在渔洲坪铁路桥、旧火车站、沙潭江旧公路桥、倒水坳大桥旁、沙潭江街道路口等处,以党的十九大精神为内容,制作大型宣传牌4面,高杆宣传牌3面,营造浓厚的学习宣传贯彻党的十九大精神的社会氛围。积极开展建军90周年征兵社会宣传、国防教育和拥军宣传,进一步增强广大干部群众的国防意识和爱国主义情感。

开展常规性社会宣传工作 2017年元旦、春节期间,区委宣传部发文到各镇(街道)以及区直有独立庭院的单位,组织各镇(街道)各单位通过设置宣传造型,张挂有社会主义核心价值观"24字""欢度春节"等字样的灯笼,通过拉挂横幅、LED电子屏滚动播放宣传标语等各种方式营造喜庆的氛围。各镇(街道)各单位按照文件要求开展宣传。春节、国庆期间区住建局在区政府大院门口、东兴大道和桃中路交叉路口、东湾大道水利局路口设置"鸡年吉祥"字样的新年造型,以社会主义核心价值观为主题的国庆造型,在渔洲坪建政路张挂灯笼;区机关后勤服务中心在区政府办公楼张挂"欢度春节""欢度国庆"字样的大灯笼,在政府大院挂红色小灯笼,营造浓厚的节日氛围。"三月三"各镇(街道)各单位通过拉挂横幅、利用电子显示屏滚动播放壮汉双文的宣传标语进行氛围营造,取得较好效果。

【网络宣传和管理】 2017年,利用微信微博公众号"港口区资讯"定时发布信息2000多条。组织开展网络主题宣传活动,主动设置网络议题,在网络空间唱响主旋律。3月中旬,印发《关于在全区开展网络主题宣传活动的通知》,切实让正面声音占领网络阵地。

依法依规管网治网,做好净化舆论整治。对辖区内的网站进行安全排查,要求各网站做好安全工作,组织港口区政府网和港口区党建网的负责人做好有关基础设施和重要系统进行安全检查和测评工作。对新开的港口区教育局网站进行备案和相关的安全检查。4月，下发《港口区关于开展净化舆情环境专项整治的工作方案》，对辖区网站和新媒体管理进行全面摸底排查，对缺少管理维护的港口区政府采购网、港口区残联网站进行关闭。严格落实24小时网络监管制度，确保及时发现、及时反馈、快速应对处置重大敏感网络舆情事件。通过开展净化舆情环境专项整治活动，对辖区网站和新媒体管理进行全面安全排查，对网站基础设施和重要系统进行安全检查和测评，对新开网站进行备案和相关的安全检查，积极清理有害信息，共清理有害信息50多条。

积极开展各种网评工作。2017年，区委宣传部开展30多项网评工作，在新浪网、凤凰网、网易、腾讯等各大媒体上开展各项网评工作，撰写网评文章，围绕习近平总书记4·19重要讲话精神1周年撰写网评文章，习近平来广西考察、党的十九大开幕和学习贯彻十九大精神等相关网评任务开展网评工作，还组织网评员积极参与中央电视台6月5日世界环境日网络直播评论活动，切实让正面声音占领网络主阵地。年内在红豆社区等论坛发表网评文章100多篇；网评跟帖300多条；共处理负面舆情10条。

（蒙祥洋）

统一战线

【概况】 中共防城港市港口区委员会统一战线工作部（简称区委统战部）内设1个职能股（秘书股），挂牌机构为区委台湾工作办公室（与区人民政府台湾事务办公室合署办公），行政编制3名。2017年，区委统战部深入学习党的十八大、十九大精神，以贯彻落实各级党委统战工作会议、《中国共产党统一战线工作条例》精神为主线，围绕"率先发展 富民强区"宏伟目标，以积极服务全区全面改革发展为重点，全面推进统战各项工作。

【经济领域统战工作】

提升非公有制经济发展水平 开展走访非公企业活动，区非公办、区工商联年内走访全部工商联会员企业，了解企业生产经营情况以及存在的问题和困难，为企业排忧解难。加强非公企业之间的沟通，举办港口区工商联会员企业及企业家协会会员产品展示及成功经验分享交流会，百位企业家齐聚一堂，分享创业经历，交流创业心得，为企业提供一个交流沟通、共谋发展的平台。加强区各级领导干部与非公有制企业联系支持和帮助，定期走访和征求意见，促进全区非公有制企业加快发展，完善处级领导扶持非公强优企业意见反馈和跟踪机制，每季度由非公办定期收集意见和建议，分别反馈交办到相关部门，定期跟踪督办。4月11日选派部分非公企业人士参加在南开大学和香港中文大学的全市非公企业高级人才培训班。5月16日，召开港口区非公经济工作领导小组会议，分析全区非公经济发展现状及形势，对全体成员单位要求健全非公企业联系帮扶机制，为非公企业提供全面、高效的服务，加强调研，主动服务，为企业排忧解难。5月19日，港口区工信局、工商联共同举办2017年港口区企业金融服务对接会，帮助企业解决融资难等问题搭建沟通平台。区非公办对非公企业反映的问题反馈部门落实，并每月跟踪督查，年内指导防城港市榕华创业孵化基地举办系列小微企业金融综合服务研讨会。

统一战线助力精准扶贫系列活动 加强对全区困难归侨侨眷、宗教界困难人士、原工商业者、社区老党员关心和帮助，通

9月11日，港口区委统战部、区工商联在王府街道白沙小学开展秋季捐资助学活动
港口区委统战部供稿

过开展春节慰问，发放生活补助（针对原工商业者）、不定期走访慰问等形式，帮助他们解决社保、医保、子女上学等问题，全年共发放生活补助、慰问金等折合人民币约3.5万元。根据港口区各个非公企业实际及自身意愿，分别采取就业扶贫、产业扶贫、教育扶贫等方式"民企助村"活动。活动开展以来，港口区民营企业积极参与，共有防城港市新皇冠大酒店、防城港外供免税有限公司、广西防城港锦航船务有限公司、广西龙正实业投资有限责任公司等20多家民营企业参与"民企助村"精准扶贫资助活动，资助总金额达20多万元。光坡、白沙冇等镇(街道)商会开展扶贫助学捐资活动，现场募集资助总金额30多万元，用于帮扶196户贫困户及部分贫困学生。大力发展岗松种植，发展光坡鸡、海鸭养殖等特色生态产业，助力贫困户早日脱贫致富。通过工商联会员企业微信平台向全区广大非公经济人士发出产业扶贫倡议，号召非公企业积极投身产业扶贫。引导非公企业开展正能量活动。5月27日，港口区女企业家协会前往防城港市福利院，开展送温暖、献爱心慰问活动，为福利院的老人和孩子送去约3万元慰问品、慰问金。桂海集团、锦航集团积极赞助学校开展"六一"活动资金近3万元。白沙冇街道商会走进仙人湾社区开展"六一"慰问活动，慰问16名青少年，发放慰问品、慰问金，并向仙人湾社区捐赠1000元。9月11日，广西盛鑫物流有限公司、卉艺公司等会员企业家到王府街道白沙小学开展秋季捐资助学活动，为白沙小学赠送体育用品，向19

名建档立卡贫困生、留守儿童发放慰问金。

【党外代表人士队伍建设】 发挥党外代表人士参政议政作用。7月5日，召开党外人士年中经济情况通报会暨"不忘合作初心，继续携手前进"专题教育会。9月26日，召开民主党派、工商联、无党派人士参政议政课题协调会，听取各民主党派、工商联、无党派人士上半年工作情况和各自领域调研课题汇报。每年安排一定的专题调研经费，港口区6个民主党派每年安排1.5万元的调研经费。协调民主党派和无党派人士参加由区纪委牵头组织前往王府街道开展扶贫领域监督执纪问责工作巡查调研活动。10月10日组织40多名党外干部参加2017年党外干部培训班。全力推进项目建设，全年参与重点项目建设的各级党外干部近60人，有近20名统战干部参加征地拆迁工作。

【民族宗教工作】 认真传达学习全国宗教工作会议精神，通过召开座谈会、协调会等形式组织港口区有关单位领导、统战干部认真学习会议精神；严厉打击非法宗教活动，年内启动宗教联席会议制度4次，依法取缔辖区内4起非法宗教聚会活动，促进港口区社会和谐稳定；加强调研，3月16日，在广西社会主义学院副院长梁经成带队下一行5人到港口区基督教聚会点开展调研暨召开防城港市宗教界代表人士座谈会。7月12日，自治区民宗委主任卢献匾一行4人到港口区基督教聚会点调研。在自治区开展以"教风""规范"为主题的创建和谐寺观教堂

活动中，港口区基督教聚会点被评为第三届创建和谐寺观教堂先进集体。

【统战宣传调研信息工作】 根据自治区党委统战部的要求，建立区、镇(街道)、村(社区)三级统战信息员队伍，出台统战信息调研考评管理办法，加强统战信息尤其是宗教方面信息的报送。明确各镇(街道)统战委员由组织委员兼任，强化基层统战工作领导力度。推进基层统战信息化工作建设，建立港口区新媒体平台，将各镇(街道)、区直各有关单位统战干部、党外代表人士纳入平台，进一步扩大统战工作的宣传覆盖面和影响力。全年报送各类信息24条，被采用10条，其中一条被《广西统战信息》采用。 （黄 健）

老干部工作

【概况】 2017年，港口区共有离退休干部641人。其中离休干部5人(平均年龄87.6岁)；处职(级)退休干部10人，科级120人，科级以下退休干部506人。

【文化建设】 2017年，港口区委老干部局结合"两学一做"学习教育，不断加强离退休干部思想文化建设。通过采取组织参与正能量活动、定期学习、座谈会、通报会和党支部学习活动以及将离退休党员纳入港口区"周末讲坛"培训范畴的方式，进一步增强老干部的学习意识。针对部分离退休党员身份意识淡薄的情况，依托老年大学、在职机关党支部结对宣教、"三会一课"等载体，邀请专家教授、

党务工作能手、先进离退休代表等为离退休党员开展专题辅导教育，从中引导离退休党员牢记党员身份，自觉遵守党章党纪党规，不断加强自我思想理论学习；针对年高体弱、行动不便的老干部，坚持开展"结对包户"亲老行动，做到"送学上门"。积极推进老干部"两个阵地"建设，老干部工作部门安排专人跟进"港口区老干部活动中心（老年大学）"项目建设，确保项目能持续不断推进。

【生活服务】 港口区委老干部局认真做好老干部服务管理工作。深入推进"1+1+个性化服务"管理，即一名工作人员＋一名离休干部＋老干部个性化服务需求。切实落实离休干部"三个机制"，通过与财政、社保部门沟通协调，确保区财政优先落实离休干部离休费、医药费等经费；全面推行"一卡通"离休干部医药费报销机制，实现离休干部看病就医过程中医药费"零垫付"的目标，解决离休干部医药费报销手续繁杂、报销周期长的难题。完善"六个坚持"工作制度，即坚持开展走访慰问，坚持老干部参加重要会议、听取汇报，坚持订阅各种报刊杂志、丰富老干部的文化生活，坚持开展老干部健康体检，坚持按时足额报销离休干部医药费，坚持做好老干部信息库常态化管理。4月，港口区委老干部局组织离休干部开展健康体检，为每位离休干部建立健康档案，掌握离休干部的身体健康状况；按季度组织开展离退休干部座谈会四次，参与人数120多人次；年内全区各单位为离退休干部订阅《老年知音》120多份。

【作用发挥】 围绕"为十八大发展成就点赞·为十九大胜利召开建言"的主题，部门联动，促进老干部发挥余热增添正能量。

以市举办的"多彩金秋"等系列活动为契机，联合老科协、老体协、关工委等部门组织老干部成立老年人健身操队、舞蹈队、门球队、太极拳队等，并积极开展各项文体活动，展现老干部精神风貌。

倾力服务关心下一代，积极组织引导老干部开展"家庭、家教、家风"主题教育实践、"关爱明天，普法先行"和"五老牵手红领巾·共圆美丽中国梦"主题教育、关爱帮扶、网吧监督等活动，切实发挥"五老"优势作用，从中帮助青少年学生扣好人生的"第一粒扣子"；联合司法、检察、法院等部门组成四个宣讲小组，积极组织"五老"网吧义务监督员深入各镇（街道）开展"净网"护苗活动。全区共有100多名"五老"人员投身关心教育下一代工作中。

组织离退休干部开展"为十八大发展成就点赞·为十九大胜利召开建言"的座谈会，离退休干部围绕全国、全自治区和全市政治、经济、外交、文化、生态文明建设等方面，畅谈十八大以来的新成就新气象新变化，同时在一带一路、精准扶贫、民族团结、依法治国、全面深化改革和全面从严治党等方面为十九大胜利召开建言献策。

【工作调研】 组织老科技工作者志愿活动，农村特色产业调研等，集聚老干部特殊能量，发挥老干部政治、经验、威望"三大优势"作用。9月组织21名老干部及老干部工作者赴崇左市、靖西市开展调研学习活动，老干部工作队伍的整体素质得到进一步提升。

（冼锦霞）

机构编制

【概况】 港口区机构编制委员会办公室（简称港口区编办）内设机构编制股和综合股，行政编制3名，实有工作人员4人；下辖事业单位登记管理局，编制5名，实有工作人员4人。年内，港口区党政群机关（含镇、街道）共56个。其中党委部门8个、人大机关1个、政府部门24个、派出机构（分局）2个、政协机关1个、群团机关12个、政法机关2个、镇（街道）机关6个。各级行政机关总编制425名（行政编制295名、政法专项编制107名、事业编制23名），实有在编434人（行政编制305人、政法专项编制99人、事业编制30人）；机关后勤服务聘用人员控制数37名，机关后勤服务聘用人员27人。全区各级事业单位155个（全额拨款事业单位139个、差额拨款事业单位8个、自收自支事业单位8个），事业编制2008名（全额拨款事业编制1732名、差额拨款事业编制240名、自收自支事业编制36名），实有在编1808人（全额拨款事业编制1571人、差额拨款事业编制188人、自收自支事业编制49人）；聘用人员控制数278名，实有聘用人员157人。

2017年，港口区编办积极配合区委、区政府各项中心工作，认真做好党建、双拥、保密、理论学习等各项工作，认真落实中央"八项规定"等党风廉政建设工作。完成机构编制年度统计报表的汇总、统计、上报工作;办理政协提案1件。

【行政审批制度改革】 2017年,为继续推进行政审批制度改革,深入推进简政放权、放管结合、优化服务改革,加快政府职能转变,根据国务院、自治区的统一部署,港口区决定取消和调整225项行政许可事项。其中,取消41项(涉及区直部门取消行政审批事项36项)、调整184项;公布行政许可目录245项,驻区单位行政许可事项目录15项;清理规范第三批行政审批中介服务事项2项,被清理规范的行政审批中介服务事项不再作为行政审批的受理条件。

【"两单融合"工作】 按照自治区、市的部署,港口区编办积极推进港口区政府部门权责清单"两单融合"工作。在区直和驻港口区各单位的积极配合下,7月27日在港口区政府门户网站对外公布港口区区级政府部门权责清单。其中,港口区部门行政权力事项2180项,共性权力事项11项,与权力事项对应的责任事项16537项,追责情形19574项,与2015年首次公布的权力清单相比,部门动态调整增加行政权力事项847项,调整减少行政权力事项565项。至此,港口区已完成推行政府部门权力清单和责任清单"两单融合"工作。通过推进"两单融合"工作,进一步促进政府依法行政,推动法治政府建设,进一步强化对行政权力的约束,推动责任政府建设,进一步优化对市场主体、基层群众的服务,推动服务型政府建设的工作目标。

【纪委派驻机构改革】 按照自治区、市的要求,港口区编办积极推进港口区纪委派驻机构改革,经区编委会批准,于6月28日印发《防城港市港口区机构编制委员会关于防城港市港口区纪委派驻纪检组(派出纪工委)机构设置和人员编制划转方案的通知》,港口区纪委设4个派驻纪检组和1个派出纪工委,各核定行政编制(政法专项编制)3名,共15名。健全纪委派驻纪检组(派出纪工委)机构设置,并完成人员编制划转等工作。至此,港口区已按时完成区纪委派驻机构改革工作。

【"四所合一"改革评估验收】 3月28日,自治区编办副巡视员苏文豪带领自治区调研组到港口区企沙镇,对港口区乡镇"四所合一"改革、深化乡镇机构改革、推进经济发达镇行政管理体制改革等工作进行评估调研。调研组对港口区"四所合一"改革工作取得的成绩表示肯定。至此,港口区"四所合一"改革工作已全面通过评估验收。

【企沙镇行政管理体制改革试点工作】 2017年,防城港市将港口区企沙镇行政管理体制改革试点列入年度市委重点改革任务。港口区编办对企沙镇进行摸底核实,并开展机构、人员基本情况的调查、梳理和分析工作,重点了解机构、队伍的数量、种类、人员编制、经费来源等,做到底数清、问题明。

【机构编制设立与调整】 根据防城港市机构编制委员会《关于设立防城港市港口区桃花湾社区卫生

服务中心等机构编制的批复》(防编发〔2016〕32号),设立港口区人民医院桃花湾分院(加挂"桃花湾社区卫生服务中心"牌子)、港口区人民医院金海湾分院(加挂"金海湾社区卫生服务中心"牌子)、港口区人民医院防钢分院(加挂"防钢社区卫生服务中心"牌子),并积极向市编委争取增加事业编制14名,增核聘用人员控制数39名,全部用于新设立的3个分院,充实完善基层卫生公共服务工作机构人员的配备,建立健全基层卫生公共服务体系的建设。

根据自治区编办、教育厅、财政厅、人社厅《关于统一城乡中小学教职工编制标准有关工作的通知》(桂编办发〔2015〕85号)和自治区编委《关于印发〈广西壮族自治区中小学教职工编制标准实施办法(修订)〉的通知》(桂编发〔2012〕5号)精神,重新核定全区中小学教职工编制数。根据防城港市编办《关于港口区中小学教职工编制总量控制数的通知》(防编办发〔2017〕4号),重新核定港口区中小学教职工总量控制数1054名(其中编制数922名,聘用教师控制数132名),港口区编办指导区教育局结合港口区中小学的师生实际情况拟出具体分配方案报区编委审定后,印发港口区中小学教职工编制总量控制数的通知,完成港口区中小学重新核编工作。

根据防城港市机构编制委员会《关于设立防城港市港口区图书馆的批复》(防编发〔2016〕40号)精神,设立港口区图书馆,为港口区文体广电新闻出版局管理的事业单位,定为公益一类事业单位,核定事业编制1名(区内事业编制总量调剂),人员经费财政全额拨款。

根据防城港市机构编制委员会《关于增加县(市、区)环境监察大队聘用人员控制数的通知》(防编发〔2016〕38号)精神,增加港口区环境监察大队聘用人员控制数1名。根据防城港市机构编制委员会《关于明确县(市、区)环境监测站机构级别的通知》(防编发〔2016〕26号)精神,将港口区环境监测站机构级别定为相当副科级,核定副科级领导职数1名。

根据防城港市机构编制委员会《关于县(市、区)老干部局领导职数的通知》(防编发〔2016〕45号)精神,核定港口区老干部局局长1名(正科长级),由区委组织部副部长兼任;专职副局长1名(副科长级)。

根据防城港市机构编制委员会《关于变更防城港市港口区储备粮管理中心人员经费形式的批复》(防编发〔2017〕15号)精神,将港口区储备粮管理中心人员经费形式由自收自支变更为财政全额拨款。

根据防城港市机构编制委员会《关于调整县(市、区)渔政管理机构编制事项的通知》(防编发〔2017〕17号)精神,港口区渔政大队(中华人民共和国企沙渔业船舶检验站)加挂"中华人民共和国港口区渔港监督站"牌子。维持原定的渔港监督执法职责不变。

【事业单位分类改革】 继续深化事业单位分类改革工作,做好事业单位分类"扫尾"及个别事业单位重新调整工作,稳步推进事业单位法人治理结构工作,参照研究制定事业单位分类相关工作方案。

【机构编制管理】 严格执行国务院"约法三章"和自治区、市有关减编控编工作要求,按照"控制总量,盘活存量,优化结构,有减有增"的原则,一律在核定的编制总量内调整,坚决守住机构编制"只减不增"的底线。2017年港口区行政编制未突破中央下达的总量控制数,事业编制总量基本达到中央要求控制水平。

根据防城港市机构编制委员会《关于设立防城港市港口区法学会的批复》(防编发〔2016〕42号)精神,设立防城港市港口区法学会,列入港口区群团组织序列,归口港口区委政法委管理,机构级别相当于副科级,核定事业编制1名(从港口区流动人口服务和管理工作办公室划转事业编制1名,划转后,港口区流动人口服务和管理工作办公室事业编制2名)。其中会长由港口区委政法委书记兼任,设专职副会长1名(副科长级),人员经费财政全额拨款。

根据防城港市机构编制委员会《关于县(市、区)绩效考评领导小组办公室机构调整的通知》(防编发〔2017〕60号)精神,对港口区绩效考评领导小组办公室机构进行调整。调整后,港口区绩效考评领导小组办公室由挂靠港口区纪委(监察局)调整为挂靠中共港口区委员会办公室,主任按正科长级配备。

【机构升级】 根据《自治区党委办公厅 自治区人民政府办公厅印发〈关于全面推进乡镇"四所合一"改革的指导意见〉通知》(桂办发〔2016〕20号)和防城港市机构编制委员会《关于乡镇国土规建环保安监(交通)站(所)机构级别的通知》(防编发〔2016〕19号)精神,将各镇(街道)"四所合一"改革设立的国土规建环保安监(交通)站(挂综合行政执法队牌子)机构级别定为相当副科级,核定副科级领导职数1名。

根据防城港市机构编制委员会《关于县(区)食品药品稽查执法大队机构级别的通知》(防编发〔2017〕66号)精神,将防城港市港口区食品药品稽查执法大队定为相当副科级事业单位,核定副科级领导职数1名。 (廖培伶)

机关党建

【概况】 2017年,港口区直属机关工委有编制3名,实有工作人员5人。下辖机关党组织94个,其中机关党总支2个、党支部92个,党员1221名。

2017年,港口区直属机关工委制定《中共港口区直属机关工作委员会2017年党建工作要点》,分类指导各部门机关及直属单位党的建设,结合中心工作和党建规划开展调查研究,对党员特别是党员领导干部实施监督。坚持按程序办理党员组织关系转接,做好有关信息的登记造册,全年办理党员组织关系转接250人次。严格党费管理制度,定期对党费收缴和使用情况进行通报。适时召开党员大会,对先进基层党组织、优秀共产党员和优秀党务工作者进行表彰。2017年慰问困难党员、群众共100余人次。

【机关组织建设】 2017年指导新成立党支部6个。严把党员"入口关",规范发展党员,指导和审批

6月5日—10日，港口区直属机关工委在贵州遵义举办党性教育培训班
港口区直属机关工委供稿

20个党支部的换届或补选，年内发展党员17名，批准预备党员转正12名。抓好党的思想、组织、作风、制度建设和党员管理教育以及干部的理论培训。举办1期港口区直机关入党积极分子培训班共培训90多人。6月5日—10日到贵州遵义等爱国主义传统教育基地举办党性教育培训班共培训50人。同时，向区直机关各党支部和党员赠送《全面从严治党常用文件选编》《习近平的七年知青岁月》、党的十九大精神学习用书及"两学一做"系列图书等书刊。

【机关作风建设】 2017年，港口区直属机关工委根据区委的工作安排，抽调3人参与上级安排的各项工作，其中2人参与征地拆迁工作，1人参与市、区纪委办案工作和巡察工作，抽调人员均能做到统筹兼顾，完成中心工作及自身业务工作。

【机关制度建设】 继续完善党代表工作室工作，充分调动各级党组织和广大党员的积极性、主动性、创造性，以党内民主带动人民民主。在制度建设中，紧密结合港口区直属机关工委的实际，对已有制度进行梳理，建立完善工委各项工作制度、管理制度等，认真提高制度的实效性，切实做到制度的可执行、可监督、可检查。

【机关反腐倡廉建设】 以认真落实好主体责任和监督责任为重点，加强对党员理想信念教育、党的宗旨教育、党性党风党纪和廉洁自律教育，以及廉政法规、从政道德和警示教育，做好信访举报和查办案件工作。深入开展群众身边"四风"问题和落实八项规定精神督查，对11名违纪党员干部向区纪委提出不同档次党纪处分意见。年内纪工委审核出具党员干部廉政证明30多份，查办案件1件。

【机关党建群团建设】 港口区直属机关工委积极探索建立"党建带三建"的新思路和新办法，积极联合共青团、妇联开展各种活动。

7月21日，组织团工委委员到芒箕涡阻击战遗址瞻仰，缅怀革命先烈活动。10月24日，联合团区委开展区直机关青年党员、团员集中开展《习近平的七年知青岁月》学习实践活动，新老党员重温入党誓词。11月23日，港口区直属机关工委联合团区委、民政局组织区直单位党员、团员干部进军营开展党员活动日活动，参观部队营房内务建设、武器装备、操课训练，零距离了解和感受军营。此外，港口区直属机关工委着力抓好党管武装工作，完成年度民兵组织整顿工作，完成上级兵役机关布置的征兵任务，积极组织区直机关民兵开展军事训练和业务培训，不断提高民兵抢险救灾、处置突发事件等方面的军事素质和业务水平。

（洪泽丽）

防城港市港口区人民代表大会

【概况】 2017年港口区有区、镇两级人民代表大会3个，其中区级人民代表大会1个，镇级人民代表大会2个。2017年港口区各级人大代表316人，其中自治区人大代表1人，市人大代表55人，区人大代表147人，镇人大代表113人。港口区第六届人大常委会组成人员25人，其中主任1人，副主任4人，委员20人，港口区人民代表大会常务委员会下设办公室和代表联络工作委员会、财政经济委员会、法制与内务司法委员会、科教文卫与民族工作委员会、农业农村与环资城建工作委员会6个工作机构。

11月23日,港口区机关党员、团员进军营开展"党员活动日"活动
港口区直属机关工委供稿

2017年,港口区人大共组织召开代表大会2次,常委会会议9次,主任会议16次,常委会作出决议决定5项,依法任免国家机关工作人员47人次,接受辞职10人次,补选区人大常委会副主任2名,补选市区六届人大代表10名。检查3部法律法规实施情况,开展调研10项,听取和审议专项工作报告17项,对10个政府组成部门开展工作评议,办理代表建议意见62件。

【港口区第六届人民代表大会第二次会议】 2月21日至24日在区政府七楼会议室召开。会议听取、审议和通过港口区人民政府、人大常委会、人民法院、人民检察院工作报告;审查和批准港口区人民政府2016年国民经济和社会发展计划执行情况与2017年国民经济和社会发展计划草案的报告,港口区人民政府2016年预算执行情况和2017年预算草案的报告;依法补选龙钦、龙喜云、苏武、吴雄章、黄广尚为港口区第六届人民代表大会常务委员会委员;依法表决设立港口区第六届人民代表大会法制与内务司法委员会、财政经济委员会2个专门委员会和通过专门委员会组成人员,法制与内务司法委员会主任委员龙钦,委员苏桂新、赖胜东、蔡始兵,财政经济委员会主任委员吴雄章,委员陈滴、周志成、黄荣;会议收到代表建议、批评和意见62件;举行新当选国家工作人员向宪法宣誓仪式。

【港口区第六届人民代表大会第三次会议】 10月16日—17日在区政府七楼会议室召开。会议依法选举黄国庆、简崇成为港口区人大常委会副主任;依法补选邓静娴、冯明龙、朱丽蓓、林广莉、黄海燕为港口区第六届人民代表大会常务委员会委员;依法表决通过王余、龙喜云为港口区第六届人民代表大会法制与内务司法委员会委员,通过邓静娴为港口区第六届人民代表大会财政经济委员会主任委员;举行新当选国家工作人员向宪法宣誓仪式。

【港口区第六届人大常委会会议】 2017年共召开九次,即区六届人大常委会第四次会议到第十二次会议。

第四次会议　1月23日召开。会议表决接受钟志杰、邬有聪、李夏莲辞去港口区第六届人民代表大会常务委员会委员职务,接受张炳强、邬有聪、李夏莲辞去港口区第六届人民代表大会代表职务;会议任命陈宪满为港口区人大常委会办公室主任,免去张炳强的港口区人大常委会办公室主任职务;举行新任国家工作人员向宪法宣誓仪式。

第五次会议　2月16日召开。会议听取区人民政府办公室关于区六届人大一次会议代表建议办理情况报告、区人大常委会代表选举联络工委关于区六届人大一次会议代表建议办理工作情况报告、区人大常委会办公室关于区六届人大二次会议筹备情况的说明;会议审议区人大常委会主任会议关于调整区六届人大常委会代表资格审查委员会成员的议案;会议表决通过区人大常委会代表资格审查委员会关于区第六届人民代表大会代表资格审查情况的报告、区人大常委会代表资格审查委员会关于区第六届人民代表大会个别代表变动情况的报告、区人大常委会关于调整区六届人大常委会代表资格审查委员会成员的决定草案、关于召开区六届人大二次会议的有关事项、人大常委会工作报告草案;会议任命龙喜云为港口区人大常委会渔洲坪街道工作委员会主任,任命黄广尚为港口区人大常委会科教文卫与民族工作委员会主任,任命苏武为港口区人大常委会代表选举联络工作委员会主任,免去钟志杰的港口区人大常委会渔洲坪街道工作委员会主任职务,免去苏武的港口区人大常委会办公室副主任职务。

第六次会议 3月9日召开。会议审查通过2017年港口区部门预算支出草案;审议通过区人大常委会2017年工作要点草案。

第七次会议 6月29日召开。会议听取和审议区人民政府关于贯彻实施《中华人民共和国道路交通安全法》情况的报告、区人民政府关于港口区电子商务工作情况的报告、区人民政府关于港口区教育工作情况的报告、区人民政府关于港口区精准扶贫工作情况的报告、港口区人民法院审判工作的报告。会议任命韦崇涛、何耀鹏等2人为港口区人民法院审判员;免去李东的港口区司法局局长职务,免去苏兴富的港口区住房和城乡建设局局长职务,免去邱静静的港口区人民法院立案庭副庭长、审判员职务,免去徐祖英的港口区人民法院民事审判庭副庭长、审判员职务,免去陈福河、林业就、覃江韬钟恒洲、李永文、韦德国、韦廷华等7人的港口区人民法院人民陪审员职务。

第八次会议 7月25日召开。会议听取和审议关于港口区2017年上半年国民经济和社会发展计划执行情况的报告、关于港口区2017年上半年预算执行情况的报告、关于2016年度港口区预算执行和其他财政收支情况的审计工作报告、听取和审议区人大财经委关于2016年港口区决算的审查报告、关于2016年港口区决算的报告,审查和批准2016年港口区决算;听取和审议区人民政府关于

贯彻实施《中华人民共和国海洋环境保护法》情况的报告、区人民法院2017年上半年工作报告、区人民检察院2017年上半年工作报告。会议任命邓钧译为港口区司法局局长,任命梁新栋、刘华君、杨珂等3人为港口区人民检察院检察委员会委员,任命韦家景为港口区人民检察院检察员,免去武显伟的港口区人民检察院检察委员会委员职务;举行新任国家工作人员向宪法宣誓仪式。

第九次会议 9月22日召开。会议审议区人民政府《关于提请审议批准港口区2016年政府债务限额公开相关事项的议案》;听取和审议区人民政府关于贯彻实施《中华人民共和国社会保险法》情况的报告、区人大财经委关于港口区贯彻实施《中华人民共和国社会保险法》情况的调查报告、区人民政府关于食品药品监督管理工作情况报告、区人大常委会科教文卫与民族工委关于港口区食品药品监督管理工作情况的调研报告。会议任命魏月星为港口区人民政府副区长(挂任期1年),任命刘斌为港口区人民政府副区长,任命朱丽蓓为港口区人大常委会农业农村与环资城建工作委员会主任,任命邓静娴为港口区人大常委会沙潭江街道工作委员会主任,任命冯明龙为港口区人大常委会王府街道工作委员会主任,任命吴乃华为港口区住房和城乡建设局局长,任命吴尚贵为港口区交通运输局局长,免去其港口区安全生产监督管理局局长职务,任命苏桂新为港口区安全生产监督管理局局长,免去赖胜东的港口区人大常委会沙潭江街道工作委员会主任职务,免去周

志成的港口区人大常委会王府街道工作委员会主任职务,免去黄海燕的港口区科学技术局局长职务,免去黄国庆的港口区财政局局长职务,免去左峰的港口区农业局局长职务,免去简崇成的港口区水产畜牧兽医局局长职务,免去蒋艳的港口区人民法院审判员职务;举行新任国家工作人员向宪法宣誓仪式。

第十次会议 10月10日召开。会议听取和审议区人大常委会代表资格审查委员会关于港口区第六届人民代表大会个别代表资格审查情况的报告、关于港口区第六届人民代表大会代表变动情况的报告,听取区人大常委会办公室关于港口区第六届人大三次会议筹备情况的说明,审议关于召开港口区第六届人民代表大会第三次会议的决定及有关事项;会议接受邱鹏辞去防城港市第六届人民代表大会代表职务的请求;会议任命李科君为港口区科学技术局局长,任命邓创造为港口区农业局局长。

第十一次会议 11月30日召开。会议审查关于港口区2017年度财政预算调整方案的议案、区人大财经委关于港口区2017年度财政预算调整方案的初审报告;听取和审议区人民政府关于港口区民政工作情况的报告、区人大法制与内务司法委关于港口区民政工作情况的调研报告、区人民政府关于港口区卫生与计划生育工作情况的报告、区人大常委会科教文卫与民族工委关于港口区卫生与计划生育工作情况的调研报告、区人民政府关于港口区环境保护工作情况的报告、区人大常委会农业农村与环资城建工委

关于港口区环境保护工作情况的调研报告、区人民政府关于工业和信息化工作情况的报告、区人大财经委关于港口区工业和信息化工作的调研报告、区人民检察院关于惩治和预防职务犯罪工作报告、区人大法制与内务司法委关于港口区人民检察院惩治和预防职务犯罪工作情况的调研报告；分别听取和审议区发改局、教育局、民政局、商务局、人社局、文体广电新局、卫计局、水利局、林业局、旅游局的履职工作报告，并对以上 10 个政府组成部门的履职情况开展民主测评。会议任命吴宇运为港口区环境保护局局长；任命皮祀昭为港口区人民法院审判委员会委员、副院长，免去其港口区人民法院审判监督庭庭长职务；任命李明娟为港口区人民法院审判委员会委员；任命余樊为港口区人民法院刑事审判庭庭长，免去其港口区人民法院刑事审判庭副庭长职务；免去林明滨的港口区环境保护局局长职务；免去兰继文的港口区审判委员会委员、副院长职务。举行新任国家工作人员向宪法宣誓仪式。

第十二次会议　12 月 13 日召开。会议依法选举廖立勇为防城港市第六届人民代表大会代表。

【审议决定重大事项】　作出关于批准 2017 年港口区部门预算的决议、关于批准港口区 2016 年财政决算的决议、关于批准港口区 2016 年政府债务限额公开相关事项的决议和港口区 2017 年财政收支预算调整方案的决议。

【专题调研】　年内区人大常委会组织委员、代表共开展 10 个调研活动：①关于港口区工业和信息化工作的调研；②关于全区环境保护工作的专项调研；③关于港口区民政工作的专题调研；④关于港口区教育工作的专题调研；⑤关于港口区卫生与计划生育工作的专题调研；⑥关于港口区电子商务工作的专题调研；⑦关于港口区精准扶贫工作的专题调研；⑧关于港口区司法体制改革工作调研；⑨关于港口区法院审判工作的专题调研；⑩关于港口区人民检察院惩治和预防职务犯罪工作情况的调研。每项调研活动都形成相应的调研报告，履行好人大机关的工作职能，监督"一府两院"的工作，为区政府决策提供参考意见。

【人大代表议案和建议办理】　六届人大二次会议代表提出建议、批评和意见共 62 件，涉及城建、环保、经济和农业发展各方面。在 62 件建议中所提出的问题年内得到解决或基本解决的 10 件，占建议总数 16.1%；正在解决或已列入计划解决的有 34 件，占建议总数的 54.9%；因受条件限制或其他原因暂不能解决的 14 件，占 22.6%；无法解决的 4 件，占 6.5%。人大代表提出的 62 件建议按有关规定办理完毕，并答复有关代表，办复率 100%。

【国家机关工作人员人事任免】　2017 年任免港口区国家机关工作人员 47 人，依法任命 25 人，免职 22 人，接受辞职 10 人。

【机关自身建设】　以学习贯彻习近平新时代中国特色社会主义思想和党的十九大精神为契机，强化"两学一做"常态化制度化建设，坚持中心组学习制度和机关党支部"三会一课"制度，加强代表和机关工作人员的学习培训，进一步加强对镇（街道）人大工作指导，扎实开展各项民生调研活动，坚持民主集中制，完善适合地方国家权力机关特点的工作制度和运行机制，推进常委会工作科学化、规范化、制度化，加强思想建设、作风建设、队伍建设，不断增强"四个意识"，坚定"四个自信"，强内功，树外形，重实干，提升自身建设。

【地方法规制定与审查】　年内区人民政府没有制定出台相关地方性法规。

（骆富城）

防城港市港口区人民政府

【概况】　防城港市港口区第六届人民政府核定领导职数 6 名，其中区长 1 名，副区长 5 名。

2017 年，区人民政府组成部门 24 个，派出机构 4 个，直属事业单位 8 个，挂牌机构 12 个，部门管理事业单位 82 个。区人民政府办公室内设机构 7 个，挂牌机构 4 个。

【政府常务会议】　2017 年召开 16 次常务会议（含 2016 年 12 月 29 日的第七次会议，该次会议在《港口年鉴·2017》中没有记述），即港口区六届人民政府第七次常务会议至第二十二次常务会议。

港口区六届人民政府第七次常务会议　2016 年 12 月 29 日由区长朱靓主持召开。审议区监察局《关于给予张某某行政记大过处分的请示》、审议市大西南工管委《关于继续将园区物业管理经费纳入港口区2017年部门预算的请示》、审议区机关后勤服务中心《关于请求印发〈港口区区直机关办公用房统一管理实施办法〉(送审稿)的请示》、审议区人社局《关于上报审批公务员职务与职级并行晋升人员名单的请示》。

港口区六届人民政府第八次常务会议　1月22日由区长朱靓主持召开。审议《港口区2017年政府工作报告(征求意见稿)》、审议《港口区2017年部门预算草案的报告》、传达学习市六届人大二次会议精神、审议《关于上报2016年度港口区机关绩效奖发放方案的请示》《关于上报2016年度港口区事业单位人员及相关人员绩效工资增量部分发放方案的请示》及《关于上报2016年度港口区不属于绩效考核相关人员慰问金发放方案的请示》。

港口区六届人民政府第九次常务会议　2月17日由区长朱靓主持召开。传达学习全市招商工作会议精神和海湾新区建设领导小组第一次会议精神并布置招商工作、传达学习区人大《关于开展第七个五年法治宣传教育的决议》、审议区财政局《关于要求审定防城港市港口区企沙片区棚户区改造(黄泥潭安置区)配套工程预算上限招标控制价评审结果的请示》、审议区财政局《关于请求审定〈关于港口区2016年预算执行情况和2017年预算草案的报告〉的请示》、审议区人社局《关于提高港口区临时聘用人员待遇的请示》、审议区发改局《关于港口区2016年国民经济和社会发展计划执行情况与2017年国民经济和社会发展计划草案的报告》。

港口区六届人民政府第十次常务会议　2月28日由区长朱靓主持召开。审议区人社局《关于请求审定〈防城港市港口区实行机关事业单位工作人员养老保险制度改革实施方案(代拟稿)〉的请示》、审议区人社局《关于审定港口区新型农村合作医疗管理中心向港口区社保局划转人员实施方案的请示》、审议区财政局《关于要求审定防城港市光坡路网－企光路工程预算上限招标控制价评审结果的请示》、审议区财政局《关于要求审定防城港市港口区旧公车安置区项目配套工程预算上限招标控制价评审结果的请示》、审议区财政局《关于要求审定防城港市港口区旧公车安置区302户桩基础工程预算上限招标控制价评审结果的请示》、审议区城投公司《关于审定防城港市港口区创业园电商平台打造项目实施方案的请示》。

港口区六届人民政府第十一次常务会议　3月11日由区长朱靓主持召开。审议区房改办《关于请求批准防城港市和平住宅区等五个项目采用政府购买服务模式建设有关事项的请示》、审议王府街道办《关于请求同意租用沙港住宅区公寓房作为办公用房的请示》、审议区住建局《关于请求解决港口区房屋产权登记中心人员工资、办公经费问题的请示》。

港口区六届人民政府第十二次常务会议　3月25日由区长朱靓主持召开。审议区委组织部、区民政局《关于请求审定〈关于提高港口区现(离)任村(社区)干部职务补贴和办公经费的方案〉的请示》、审议区人社局《关于上报港口区2017年"三支一扶"计划征集工作的请示》、审议区教育局《关于请求再次审定〈港口区农村籍普通高中学生免学费教育实施方案(试行)〉的请示》、审议区城投公司《关于调整和平安置区等五个棚户区改造项目融资合同年度利率的请示》、审议区财政局《关于要求审定防城港市港口区企沙片区棚户区改造(黄泥潭安置区)178户桩基础工程预算上限招标控制价评审结果的请示》、审议区财政局《关于要求审定防城港市港口区企沙城北区路网工程—大龙路预算上限招标控制价评审结果的请示》。

港口区六届人民政府第十三次常务会议　5月2日由常务副区长陈乐主持召开。审议区水产畜牧兽医局、区环保局《关于请求审定〈港口区畜禽规模养殖禁养区和限养区划定方案〉的请示》、审议区教育局《关于请求审定〈港口区乡村教师支持计划实施方案(2015—2020年)〉的请示》、审议区城投公司《关于防城港市北港安置住宅区四期(一组团)外墙需要增加两道腻子工艺的请示》、审议区财政局《关于要求审定防城港大西南临港工业园区公车大街延长线项目工程预算上限招标控制价评审结果的请示》。

港口区六届人民政府第十四次常务会议　6月5日由区长朱靓主持召开。审议区城投公司《关于广西西南边境城市亚行贷款项目防城港子项目公车片路网工程2、3、5号路及渔洲坪支路合同二次变更的请示》、审议区财政局《关于要求审定防城港市港口区企沙城北区路网工程—德城大道

1标段、2标段预算上限招标控制价评审结果的请示》、审议区财政局《关于要求审定防城港市和平安置住宅区三期(432户)超深基础工程预算上限招标控制价评审结果的请示》、审议区财政局《关于要求审定防城港市港口区企沙城北区路网工程—北城Ⅰ号、Ⅱ号、Ⅲ号路预算上限招标控制价评审结果的请示》、审议区财政局《关于要求审定防城港市沙港住宅区1-7#楼工程预算上限招标控制价评审结果的请示》、审议区人社局《关于请求审定〈防城港市港口区农民工创业园管理暂行办法(代拟稿)的请示〉》、审议区商务局《港口区关于实施开放带动战略全面提升开放发展水平的实施意见(代拟稿)》、审议区民政局《关于请求审议2017年港口区20条街道名称命名的请示》。

港口区六届人民政府第十五次常务会议　6月26日由区长朱靓主持召开。学习贯彻中央和自治区领导关于安全生产批示精神会议、审议区财政局《关于要求审定〈防城港市港口区财政专项扶贫资金管理办法〉的请示》、审议区财政投资评审中心《关于要求审定企沙渔港古镇风貌改造工程(第一期)预算上限招标控制价评审结果的请示》、审议区城投公司《关于广西西南边境城市亚行贷款项目防城港市Ⅰ号路建设工程合同变更增加造价的请示》、审议区人社局《关于审定港口区国家公务员医疗补助实施范围的请示》、审议区民政局《关于请求审定〈关于提高港口区现任社区干部职务补贴和办公经费的方案〉的请示》、审议区发改局《关于港口区政府投资项目管理办法(征求意见稿)

的请示》、审议区人社局《关于上报2016年度港口区机关绩效奖第二次发放方案的请示》。

港口区六届人民政府第十六次常务会议　7月31日由区长朱靓主持召开。审议区监察局《关于给予黄某某行政警告处分的请示》、审议区工商分局《关于请求印发防城港市港口区政府部门涉企信息统一归集公示工作实施方案(送审稿)的请示》、审议区财政投资评审中心《关于防城港市东湾红树林生态修复工程一期工程预算上限招标控制价的评审报告》、审议区委宣传部、区司法局《关于审定在公民中开展法治宣传教育第七个五年规划(2016—2020年)的请示》、研究《县域经济发展工作目标任务分解方案》。

港口区六届人民政府第十七次常务会议　8月28日由区长朱靓主持召开。审议区交通运输局《关于请求将我局二层机构事业单位在职在编人员纳入港口区机关事业单位工作人员养老保险制度改革的请示》、审议区城投公司《关于审定〈广西西南边境城市发展项目防城港市子项目亚行贷款结余资金使用方案〉的请示》、审议区城投公司《关于广西西南边境城市亚行贷款项目防城港市海岸保护与整治工程海堤建设合同变更的请示》。

港口区六届人民政府第十八次常务会议　9月4日由区长朱靓主持召开。学习习近平总书记关于建设海洋强国系列重要讲话精神、听取海洋分局《关于国家海洋专项督查整改落实情况的汇报》、听取区安监局《关于港口区2017年1月—8月安全生产工作情况的汇报》、听取区食药监局

《关于食品药品安全工作的汇报》、听取区环保局《关于港口区2017年环保工作的汇报》、听取区城投公司《关于港口区2013—2017年棚户区改造项目进展情况的汇报》、听取区扶贫办《关于港口区2017年脱贫攻坚工作的汇报》。

港口区六届人民政府第十九次常务会议　9月20日由区长朱靓主持召开。传达学习自治区党委主要领导对脱贫攻坚督查反映情况的批示精神和自治区产业扶贫暨贫困村村级集体经济发展工作现场会的精神、审议区人社局、区绩效办、区财政局《关于上报2016年度港口区机关绩效奖第三次发放方案的请示》《关于上报2016年度港口区事业单位人员绩效工资增量部分和相关人员绩效奖励第三次发放方案的请示》、审议区城投公司《关于申请利用亚行贷款资金建设防城港市东兴大道改造工程的请示》。

港口区六届人民政府第二十次常务会议　10月30日由区长朱靓主持召开。传达学习《自治区主席陈武在全区法治政府建设工作推进会上的讲话》精神、传达学习自治区和市关于公文处理的文件精神、传达学习全市绩效考评风险预警指标工作落实协调会精神、研究关于绩效考评工作事项、审议区农业局《关于审定2个创县级现代特色农业示范区建设规划的请示》、审议区林业局《关于请求审核〈防城港市港口区岗松产业(核心)示范区总体规划〉的请示》、审议区扶贫办《关于岗松种植加工扶贫产业项目扶持农户参股股金的请示》、审议区扶贫办《关于聘请扶贫信息员档案员的请示》、审议区人社局《关于实

施《港口区机关、事业单位工作人员调动管理办法(试行)》的请示》、审议区卫计局《关于要求审批〈港口区医疗卫生服务城乡一体化改革实施方案〉(试行)的请示》、审议区卫计局《关于请求尽快完成金海湾等社区卫生服务中心"连人带编划转"人员调入的请示》、研究防城港市企沙渔港经济区建设工作推进方案、审议区监察局《关于给予覃某某行政撤职处分的请示》《关于给予谭某某行政撤职处分的请示》、审议区财政局《关于要求审定港口区工人文化宫(二期)项目预算上限招标控制价评审结果的请示》、审议《关于要求审定防城港市港口区企沙片区棚户区改造项目(大板安置区)超深桩基础工程预算上限招标控制价评审结果的请示》、审议区财政局《关于要求审定防城港市港口区企沙片区棚户区改造项目–(大板安置区)1至3标工程预算上限招标控制价评审结果的请示》、审议区财政局《关于要求审定防城港市港口区企沙片区棚户区改造项目一(大船岭安置区)1–9号楼工程(含小区配套工程)预算上限招标控制价评审结果的请示》、审议区财政局《关于要求审定防城港市冲孔住宅区94户超深桩基础工程预算上限招标控制价评审结果的请示》、审议《关于要求审定防城港市港口区冲孔村上二组安置区配套及超深桩基础工程预算上限招标控制价评审结果的请示》、审议《关于要求审定防城港市港口区企沙片区棚户区改造项目—(大板安置区)小区配套工程预算上限招标控制价评审结果的请示》。

港口区六届人民政府第二十一次常务会议 12月11日由区长朱

靓主持召开。听取粮食安全工作汇报、听取河长制工作开展情况的汇报、审议区水产畜牧兽医局《关于请求审批颁布〈港口区养殖水域滩涂规划(2017—2030年)〉的请示》、听取法治建设工作汇报、审议区民政局《关于请求审定〈关于提高港口区现任行政村(镇社区)干部职务补贴和办公经费的方案〉的请示》、审议区监察局《关于给予钟某某行政记大过处分的请示》和《关于给予朱某某行政记过处分的请示》、审议区卫计局《关于印发〈防城港市港口区职业病防治"十三五"规划〉的请示》、审议区卫计局《关于要求审批〈防城港市港口区遏制与防治艾滋病"十三五"行动计划实施方案〉的请示》、审议区住建局《关于〈防城港市企沙镇城镇总体规划修编〉的请示》。

港口区六届人民政府第二十二次常务会议 12月25日由区长朱靓主持召开。审议区政务办《关于审定〈防城港市港口区人民政府关于公布港口区政府部门行政权力运行流程的通知(代拟稿)〉的请示》、学习研讨项目工作有关文件政策、研究全区项目工作六项制度、审议区法制办《关于审核印发〈防城港市港口区法治政府建设实施方案(2016—2020)〉的请示》、审议区水利局《关于港口区自来水厂整体划转市城投公司的相关情况报告》、听取禁毒工作情况的汇报、听取消防工作情况的汇报。

【政府重大决策及工作部署】

征地搬迁安置 继续理顺征地搬迁工作体制,采取以公寓加商铺、以购代建、宅基地等多种安

置模式,逐步解决历史遗留问题,抓好被征地群众社会保障及安置就业。加强项目用地保障,抓好土地整理,推进连片征地,努力化解征地搬迁瓶颈问题,加快征地搬迁安置。

重大项目建设 继续将"边海经济带"重大项目建设作为重要抓手,健全重大项目统筹推进机制,重点抓好150多项投资近500亿元的产业、基础设施等项目,年度投资任务为70亿元。加快晟宇通物流二期、企沙城北区路网工程、光坡路网等一批重大项目建设,抓好东兴大道改造提升工程、建筑工业化、星月博览城、密尔克卫危化品仓储物流等项目前期工作。

项目招商引资 抓好临港大工业招商,延伸上下游产业链。围绕重点产业、重点园区、重点项目、重点企业招商。以钢铁基地建设和中铝项目落户为契机,重点抓好钢铁、能源、有色金属、食品等支柱产业"上下游"配套项目招商,提升产品科技含量和附加值,加快产业转型升级。抓好一三产业招商,积极引进和扶持一批集产品深加工、冷链配送于一体的渔业产业项目,加快引进一批实力强的高端物流企业,推动生产性服务业、临港物流业与制造业互动融合发展,推动产业协调发展。采取组团招商、定向招商、定点招商、以商招商等多种方式实施精准招商,积极运用PPP合作模式招商,主动对接一批企业和项目,做到"洽谈一批、签约一批、落地一批"。

临港大工业 围绕基础产业,完善产业链,做大做强现有产业,鼓励扶持现有企业技术改造,

降低综合成本,扩大再生产,提升市场竞争力。不断壮大粮油食品、钢铁、有色金属、能源、石化、装备等六大支柱产业,加大对澳加粮油、盛隆冶金等重点企业的服务力度,着力培育一批产值超10亿元、超100亿元企业。落实中央、自治区、市各类帮扶、奖励政策,支持中小微企业,搭建大中小微企业配套互补合作平台。提升产业园区承载能力,完善污水处理、供水供电、公共交通等基础设施,进一步美化、绿化和亮化园区环境,加快形成千亿元产业园区。

商贸物流业　建设水果、海产品等集散交易中心,打造现代物流产业集群,促进物流企业由粗放型向集约型转变。加快东湾物流加工园和公车物流园发展,推进东湾智慧物流园区信息平台、防城港国际集装箱物流中心等项目建设;抓好广西运宇仓储码头等项目建设;健全和完善物流管理体系,培育物流需求市场。

滨海特色旅游　加快大东沙旅游、企沙渔港古镇和皇城坳古运河规划建设,大力发展滨海休闲度假、水上运动、健康养生、文化旅游、乡村旅游等特色品牌旅游。大东沙旅游以山新和天堂角旅游资源开发为重点,加快推进观音墩大桥、九龙寨大桥、凤凰路、山新沙岛礁修复、山新海岸线修复整治等一批基础设施建设,打造山新航空小镇、天堂角健康养老休闲基地。把企沙渔港古镇建设与渔业码头改造提升相融合,以德城大道、卫东路、朝阳路沿线为重点,加快大街小巷基础设施、美化绿化亮化工程、渔港沿岸环境整治、城乡风貌改造以及一批公园、文体中心建设,充分体现渔港古文化和海洋文化。以心仪旅行项目为标杆,继续培育"互联网＋旅游"产业,加强旅游文化招商。积极运用中国－东盟博览会旅游展、广西旅游形象展等平台,进一步加强旅游宣传推介,不断提升旅游知名度和美誉度。

特色农业　推进农业供给侧结构性改革,拓宽农业发展空间,提升农业竞争力。抓好农业产品经营组织化、生产标准化、产业特色化。抓好企沙渔港升级改造,发展远洋捕捞。抓好离岸深水抗风浪网箱养殖,打造北部湾最大的海产品交易集散中心。抓好以渔光互补、红沙湾万亩大蚝为核心的现代特色农业示范区,升级打造成自治区5星级示范区。全面完成土地确权登记颁证,有序推进土地流转,实现集约规模化。完善大龙口、小八黑农业休闲基地、松柏山果蔬种植基地、原种光坡鸡养殖基地等基础设施建设,加快农副产品品质和品牌打造。

电商产业　利用IT小镇门户等创新创业服务平台,推动北部湾明华创业梦工场、"创业小间"等示范项目建设。以阿里巴巴进口货源平台防城港站、南国优品等为引领,重点突破跨境电商、物流信息化、两化融合等领域,发展以"互联网、综合交通网络"两种网络为基础的新业态,构建电商产业链。加快创业园电商平台打造,发展海产品为重点的集散交易平台。助推桃花湖新业态孵化园建设,按照"众创、众扶、众筹"新模式,培育一批研发设计、检验检测、职教培训等服务业项目。继续大力发展新兴产业,探索推进"互联网＋工业",特别是围绕新一代信息技术、新材料、新能源、节能环保、先进装备制造、建筑工业化等重点产业,不断促进产业结构优化。

供给侧结构性改革　围绕去产能、去库存、去杠杆、降成本、补短板"五大重点任务",推动改革进展。推进"以购代建"和保障性安居工程货币化安置相结合模式,推进农民工市民化,促进存量商品房销售。强化政府债务规模控制和限额管理,应对和处置各类金融风险。落实自治区"41条"降成本政策措施,继续开展"惠企贷"融资服务,降低企业生产经营成本。增强科技创新能力,加强基础设施薄弱环节,缩小城乡、区域发展差距,补齐全面小康"短板"。

重点领域改革创新　深入推进行政审批制度改革,完善"前置改后审、串联改并联、零散改集中"行政审批模式,优化行政审批服务。深化财税体制改革,落实税收征管体制改革,健全全口径预算体系,优化财政支出结构。推进融资和政府购买服务管理,进一步完善诚信体系,探索建立应收账款债权流转平台,优化金融生态环境。抓好收入分配制度、农村金融、集体林权等方面改革,让人民群众获得更多改革红利,提升人民群众生活质量。

对外开放　加快打造开放平台,积极谋划推进以临港工业区、港口物流区和国际商务区为主体的东兴试验区空间功能区建设,提升国际航运和国际商务服务能力。推动口岸开放升级,深化口岸通关便利化改革,拓展防城港口岸、云约江南作业区、中电码头、企沙口岸开放范围。全力推进赤沙作业区码头、企沙南作业区40

万吨级码头和航道、防东铁路、钦防铁路扩能改造、企茅一级公路等重点枢纽工程建设。大力实施加工贸易倍增计划，重点配合市抓好金川、大海粮油、惠禹粮油等企业大宗商品进出口业务。加强对外合作，构建参与国内外合作新格局，充分运用中国－东盟博览会等重大展会平台做好宣传推介，加强与东盟国家、内陆地区等合作交流。

提升城市质量 以中心区、北部湾大道、兴港大道、东兴大道等商住密集区和城市主干道为重点，打造精细化管理示范点。大力实施城区市政道路路灯改造工程，完善公园绿化、文化休闲等公共配套，加快推进珠砂港、插排尾等"城中村"改造，改善提升城市形象。加大"平安社区""幸福社区"创建力度，促进居民自治管理，实现城市共治共管、共建共享。加强城市管理综合执法，开展市容市貌整治，改善居民小区物业管理，全面提升公共服务能力。

海湾新区建设 加快城市新区建设，构建城市发展新格局。开工建设园博园，加快冲孔安置区等项目建设。推进新区配水厂、10kv架空线路入地改造工程等基础项目，推行地下综合管廊建设，配套完善各类通讯管线。推进中央商务区(CBD)、中心区路网等重点项目的配套设施建设，优先建设教育、医疗、休闲娱乐等公共服务设施，引进培育金融、商务、旅游配套等产业，打造新兴现代化商圈，形成综合性购物文化娱乐商业区。推动产城深度融合，建设集生产、服务和消费于一体的经济综合体，齐力打造富有特色、最具幸福感的美丽宜居新区。

宜居乡村建设 围绕"产业富民、服务惠民、基础便民"三个专项活动，着力推进乡村产业结构调整和优化升级，推进乡村基础设施建设和城乡公共服务均等化，补齐乡村建设和发展突出短板，提升农民群众获得感和幸福指数。以创建广西"绿色村屯""生态宜居示范村屯"为抓手，打造山新、榄埠、新兴等一批生态示范乡村，营造山清水秀的自然生态，全面改善农村人居环境。

城镇化建设 按照"产城融合转化一批、项目搬迁安置一批、示范引领带动一批"的"三个一批"城镇化模式，着力改善公车产业新城交通路网、水、电等基础设施，带动商贸、物流、餐饮、住宅、金融服务等服务业大发展，增强产业新城对资源要素的集聚作用。着眼于服务大产业、大企业的新要求，推进企沙、光坡镇规划建设，着力打造产城一体化的新标杆。加快推进名镇名村、小街小巷提升改造工程，力争完成企沙镇百镇项目验收。加快推进光坡污水收集管网等工程建设，不断完善企沙、光坡城镇公共服务设施。

加大扶贫攻坚力度 抓好1620人建档立卡贫困人口脱贫摘帽，扎实推进"一帮一联""一户一册一卡"等工作，激发贫困户脱贫内生动力，建立完善"以奖代补"为主的产业发展和基础建设激励机制，注重增加财产性和资源性收益。加大教育帮扶力度，继续加强扶贫基础设施建设，进一步整合医疗、卫生、教育、社保等资源，对政策保障类贫困人口实行应保尽保。注重就业转移和创业，引导贫困户通过电商脱贫，不断促进贫困人口增收，实现贫困

人口整区脱贫。继续加强对脱贫人口的跟踪扶持，巩固扶贫成果，防止"返贫"现象发生。

推进教育事业发展 巩固提高义务教育均衡发展成果，进一步提高办学水平。继续实施好2017年全面改薄计划，提高薄弱学校办学条件，规划筹建区第五小学、渔洲坪龙山中学等教育基建项目，推进光坡中学扩建、企沙中学迁建。推进学前教育改革发展实验区建设，抓好初中阶段"防流控辍"，实施农村户籍学生高中阶段免学费教育，强化义务教育学校学区制管理。大力加强特色学校和名校工程建设，提升"一校一品"建设水平，打造一批教育理念先进、育人特色鲜明、办学效益突出的区域名校。

提升医疗卫生计生服务水平 继续深化医药卫生体制改革，完善城乡卫生一体化管理，加强医院能力建设，优化医疗服务流程，推进便民服务措施，提高区、镇、村三级医疗服务能力和保障水平。加强卫生人才队伍建设，进一步充实妇幼保健、产科技术力量。落实全面二孩政策，保持适度生育水平。加强重大疾病预防，继续实施第二轮防治艾滋病攻坚工程，加强公共卫生服务体系规范化建设，全面提高居民健康水平。

推动文体事业繁荣 加快推进国家公共文化服务体系示范区创建，争取早日通过验收。大力推动文化创意和设计服务与相关产业融合发展，积极扶持山歌、采茶等具有地方特色的优秀艺术，继续开展送戏下乡、送书下乡等公共文化活动，打造"欢乐海洋"等文化品牌。全面实施"全民健身"计划，积极参加广西全民健身

运动会、广西体育节等活动,继续提升打造海上"龙舟赛"等体育活动品牌。

完善社会保障体系　实施好城乡养老、城镇低保、残疾人救助等社保惠民项目,通过"全民登记"实现"全民参保",以非公有制经济组织从业人员、农民工、灵活就业人员等为重点,加快实现参保人员全覆盖,努力做到应保尽保、应收尽收。加强职业技能培训,以市场用工需求为导向,重点组织城镇失业人员和农村富余劳动力进行技能培训和创业培训,不断提高城乡劳动者创业就业能力。

抓好安全生产　完善"党政同责、一岗双责、齐抓共管、失职追责"的安全生产责任体系,继续推动安全风险预防控制和隐患排查治理,加强重点行业领域、重点场所的专项整治,抓好"五级"重大安全隐患排查治理,切实防范和遏制重特大事故发生。加强基础保障能力建设,进一步提升安全生产监管执法、应急救援能力和全民安全意识。

创新社会治理　重视生态环境保护,继续落实中央环保督察组交办的环境污染问题整改,以绿色理念推动经济发展。不断完善"天网""地网"工程及人脸识别系统,建立健全指挥、情报、行动一体化机制,加大社会治安防控力度,强化对各类违法犯罪打击力度,确保社会和谐稳定。

(黄英伦)

机关事务管理

【概况】　2017年,港口区机关后勤服务中心内设秘书股、机关事务股、车辆管理股和公共机构节能监督管理股4个股室,实有工作人员52人。

【卫生清洁和绿化工作】　采取非办公时间保洁和办公时间内不定时巡查保洁的方法,确保办公楼卫生清洁。年内更换被损坏的园林绿化器械2台。

【车辆管理和保卫工作】　做好车辆管理,统筹安排应急用车申请,临时租用社会车辆解决申请使用应急车辆不足问题,加强驾驶员的安全教育,做到文明行车,安全驾驶,全年完成用车申请3106次。大院安全保卫坚持24小时值班制度,杜绝无关人员随意进入办公大院,一年来,区政府大院没有发生过治安事件。

【房产和水电工作】　根据上级停止修建楼堂馆所和清理办公用房的部署和要求,开展2次机关办公用房督查,办公用房使用标准符合有关规定。年内水电维修206次。

【会务和饭堂工作】　全年会议服务389次。机关饭堂实行购买社会服务的方式运行管理,全年会议接待23次。

【公共机构节能】　完成数据报送、示范创建、计量、资源回收利用、新能源汽车推广及节能改造等常规工作,建设新能源汽车充电桩3个,通过群发短信、横幅、宣传板报等方式开展公共机构节能宣传,张贴宣传画49套,悬挂横幅12条,制作宣传板报8块。

(黄国欢)

中国人民政治协商会议防城港市港口区委员会

【概况】　2017年,政协第五届防城港市港口区委员会(以下称区政协)设主席1名、副主席4名(主席、副主席中中共党员3名,民主党派1名,无党派1名),常务委员18名,政协委员117名,区政协下设办公室和提案法制委员会、经济科教文卫体委员会、华侨民族宗教文史学习联谊委员会4个科级机构,在职在编机关工作人员24名。

2017年,区政协常委会深入贯彻落实中共十八届三中、四中、五中、六中全会精神和中共十九大精神以及习近平总书记系列重要讲话精神,把握团结和民主两大主题,围绕区委的决策部署,履行政治协商、民主监督、参政议政职能。

【政协全体会议】

五届二次会议　政协第五届防城港市港口区委员会第二次会议于2月20日—23日在区政府七楼会议室召开。出席会议的委员100人,列席会议74人。刘明奕主席代表区政协常委会作工作报告,张显超副主席作提案工作情况报告和提案审查情况报告,王立强副主席主持开幕会,刘明奕主席主持闭幕会。会议听取、学习中共港口区委书记黄炳利的讲话;听取、审议、通过政协常务委员会工作报告、五届一次会议以来提案工作情况报告、五届二次会议提案审查情况的报告和《政治决议》。补选政协第五届防城港市港口区委员会常务委员会委员。政协委员列席港口区第六届人民代表大会第二次会议,听取和讨论区人民政府工作报告和其他报告。会议共收到提案83件,立案70件,立案率84%。

五届三次会议 政协第五届防城港市港口区委员会第三次会议于10月15日—16日在区政府七楼会议室召开。出席会议的委员105人。王立强副主席主持开幕会,刘明奕主席主持闭幕会。会议补选蔡硕为政协第五届防城港市港口区委员会副主席。

【政协常委会议】

五届二次常委会议 2月15日在区政协会议室召开,刘明奕主席主持会议并作讲话。会议讨论区政协五届二次全体会议常委会工作报告(草案)、提案工作报告(草案);审议通过召开区政协五届二次全体会议的有关事项和"关于召开区政协五届二次全体会议的决定"。

五届三次常委会议第一次会议 2月21日在区委四楼政协会议室召开,刘明奕主席主持会议。会议协商讨论五届二次全体会议有关事项:听取各组召集人汇报委员讨论情况;审议选举办法(草案)及监票人建议名单;区委组织部领导对人事事项作说明;审议候选人建议名单、关于常务委员会工作报告的决议(草案)、政治决议(草案)。刘明奕主席部署五届二次全体会议相关工作。

五届三次常委会议第二次会议 2月22日在区委四楼政协会议室召开,刘明奕主席主持会议。会议协商讨论五届二次全体会议有关事项:听取各组召集人汇报委员讨论情况;审议通过选举办法(草案)、候选人名单、监票人建议名单(草案)、关于常委会工作报告的决议(草案)、提案审查情况的报告和政治决议(草案)。

五届四次常委会议 3月28日在区政协会议室召开,刘明奕主席主持会议并作讲话。会议学习全国政协十二届五次会议精神;审议通过常委会2017年度工作要点(草案)以及区政协2017年度重点调研课题(草案)和协商计划

(草案),有关人事事项、政协常委学习考察方案、撤销陈以贵委员资格等。

五届五次常委会议 6月29日在区政协会议室召开,刘明奕主席主持会议并作讲话。会议学习全国政协《关于加强和改进委员视察工作的意见》和《关于加强和改进人民政协民主监督工作的意见》;专题协商"港口区打造独具特色美丽乡村"议题,协商讨论有关人事事项,考察上思县美丽乡村建设和特色农业发展情况。

五届六次常委会议 8月25日在区政协会议室召开,刘明奕主席主持会议并作讲话。会议视察渔光互补项目、中铝项目,听取区人民政府关于上半年经济社会发展情况的通报、区人民法院关于法院工作情况的通报、区人民检察院关于检察院工作情况的通报和区政协各专委会上半年工作情况的报告(书面)。

五届七次常委会议 9月29日在区政协会议室召开,王立强副主席主持会议,区政府钱天鹏副区长、区政协刘明奕主席分别作讲话。会议专题协商"教育如何匹配经济发展"议题,通过"关于大力发展教育事业,使之匹配经济发展水平的建议案",审议通过区政协五届三次全体会议日程、议程。

五届八次常委会议 10月15日上午8:50—9:30,在防城港龙德大酒店三楼会议室召开,刘明奕主席主持会议并作讲话。会议通过《增补的政协委员名单》和《辞职的政协委员名单》。

五届九次常委会议第一次会议 10月15日上午,在防城港龙德大酒店三楼会议室召开,刘明

2月20日—23日,政协第五届防城港市港口区委员会第二次会议在区政府七楼会议室召开 钟凉德供稿

奕主席主持会议并作讲话。会议协商讨论五届三次全体会议有关事项:审议选举办法(草案)及监票人建议名单,区委组织部领导对人事事项作说明,审议候选人建议名单。

五届九次常委会议第二次会议　10月15日下午,在防城港龙德大酒店三楼会议室召开,刘明奕主席主持会议并作讲话。会议协商讨论五届三次全体会议的有关事项:听取各组召集人汇报委员讨论情况,审议通过选举办法(草案)、候选人名单和监票人名单(草案)。

【重大活动】

"两学一做"学习教育　区政协坚持把筑牢思想根基摆在首要位置,牢牢把握正确政治方向,深入开展"两学一做"学习教育。通过主席会议、常委会议、委员培训、委员视察、委员小组活动、"两学一做"学习教育等载体,引导委员深入学习党的十九大精神、习近平总书记视察广西时的重要讲话精神,全面准确把握中共十九大的主题和主要精神,深刻领会习近平新时代中国特色社会主义思想内涵和中国特色社会主义进入新时代的重要意义,统一认识,把思想、行动、智慧和力量汇聚到实现十九大确定的目标任务上来。重点学习中共中央和自治区党委、市委、区委重大决策部署以及中央和上级各级党委关于政协工作的指示精神,专题学习《中共中央关于加强社会主义协商民主建设的意见》等有关加强协商民主建设的文件精神,促使广大政协委员努力把握要义、学思践悟,毫不动摇地坚持中国共产党的领

导,毫不动摇地坚持中国共产党领导的多党合作和政治协商制度,始终在思想上政治上行动上同以习近平同志为核心的中共中央保持高度一致,不断增强政治意识、大局意识、核心意识、看齐意识,不断增强道路自信、理论自信、制度自信、文化自信。

协商民主　认真贯彻落实中共中央办公厅印发的《关于加强人民政协协商民主建设的实施意见》和自治区党委办公厅印发的《〈关于加强人民政协协商民主建设的实施意见〉的贯彻落实意见》,不断加强政协全委会集中协商、常委会专题协商、专委会对口协商、提案办理协商等多种协商形式的探索实践,推动协商议政全方位、多层次开展。年内共召开2次全会,7次常委会,9次主席会议,既形成集中建言的"大浪头"、又保证协商建言的"常流水"。全体会议协商民主活动:五届二次全体会议期间,全体委员就全区经济和社会发展的重要问题积极协商建言,围绕供给侧改革、教育医疗、乡村建设、精准扶贫、民生改善等领域建言献策80多条;区委区政府主要领导深入委员小组与委员零距离对话,面对面交流,共促协商民主建设。议政大会协商民主活动:2月21日在区政府七楼会议室举办五届区政协第一次议政大会,117名委员出席会议,8名委员就医疗体制改革、特色学校建设、新媒体发展、旅游路网建设、房地产健康发展、打造服务企业新平台等议题集中议政;委员们针对相关领域存在的问题提出解决的思路和对策,区委、区政府领导以及相关职能部门领导现场听取委员发言,区长朱靓对委员的

意见建议进行现场点评;会后,区政协按有关规定将部分议政发言转化为提案,其中"关于促进我区基层医疗机构持续健康发展的建议"和"关于推进港口区旅游路网建设的建议"2件提案得到落实。专项协商活动:围绕"打造一流经济强区,教育如何与之匹配"开展议政性常委会协商,区政府分管领导和教育、编制、财政等部门领导出席会议与政协常委、委员共商教育发展大计;围绕"打造独具滨海特色的美丽乡村"议题开展专题协商,区政府分管领导和有关部门领导与会听取政协领衔调研副主席的中心发言,与会委员还就美丽乡村建设相关问题提出意见和建议;选择《关于推进港口区旅游路网建设的建议》《关于加强我区农业科技扶贫工作的建议》等8件提案开展提案办理协商,促进提案办理工作。

【提案工作】　五届二次会议以来,共收集委员提案80件,立案70件。常委会召开会议专题研究,遴选重点提案,制定提案督办方案。区委书记、区长负责签阅重要提案、区政协领导领衔督办重点提案和区委、区政府督查部门联合督办提案,采取现场督办、会议督办等方式开展提案办理协商,对承办提案数量多的单位进行走访督办等多种方式,促进提案办理进度,一批反映群众关心的热点、难点问题的提案得到及时办理。如吴雪梅委员提出的25号提案《关于促进我区基层医疗卫生机构健康发展的建议》,区委、区政府主要领导阅批后,区直有关部门进一步加大工作力度,区财政拿出300多万元,解决了多年未解决

的历史遗留问题,并于12月出台《港口区医疗卫生城乡一体化改革实施方案(试行)》,该方案充分吸收提案建议,明确本区医疗卫生改革新一轮工作的目标任务和举措;张海波委员提出的《关于加强校园文化建设,打造特色学校的建议》,得到承办单位区教育局的高度重视,按照"一校一品牌、一班一特色"的目标,规范化、规模化地推行校园文化建设工程,打造金湾小学"崇文尚美、明德养正"主题文化,桃源小学"生态教育、生命教育"主题文化等校园文化品牌;刘陶华委员提出的《关于加强我区农业科技扶贫工作的建议》,承办单位区科技局高度重视,2017年聘请8名科技特派员,下达6个区本级科技扶贫项目,下发科技扶贫资金34万元,用科技推进扶贫产业可持续发展;民进港口区支部提出的《关于交通警察执行"车窗抛物"处罚的建议》,承办单位港口交警大队高度重视,于4月开展"车窗抛物"专项治理行动,增强广大交通参与者的文明意识、安全意识、法制意识,共同营造安全有序、文明和谐的交通环境。

【文史工作】 充分发挥政协文史功能,立足地方历史文化,讲好港口区的故事。以港口区企沙镇老船工伦世祥参加解放海南的英雄故事为题材,与广西作家签约,撰写超35万字的长篇历史革命题材小说《大英雄》(暂名),小说以弘扬红色革命基因为目的,同时大量挖掘本区深厚的疍家文化,为打造疍家文化品牌,促进本区民俗文化旅游业的发展呼吁造势。该书年内已经进入编审阶段。同时,完成《港口区政协年鉴》等资料收集、文字材料的撰写等工作;编印区政协五届一次、二次会议提案汇编;启动《港口区征地十年》历史资料收集工作。

【民主监督】 以视察评议为抓手,运用会议监督、提案监督、视察监督、评议监督等方式开展民主监督工作。政协委员主动围绕区委、区政府的中心工作,就群众关心的热点难点问题深入调研,积极动手撰写提案,反映社情民意,向党委、政府建言献策,其中《关于加强我区农业科技扶贫工作的建议》《关于加强城市人行道规范管理的建议》《关于加强校园文化建设,打造特色学校的建议》等5件事关经济社会发展和民生改善的提案被列为重点提案,由区政协领导领衔督办,加大协商办理力度,使提案所涉及的问题得到积极回应和有效解决,促进履职成果的转化。召开专题常委会,听取区人民政府、区人民法院和区人民检察院半年工作情况通报,对"一府两院"工作提出意见和建议。制定年度计划,分步实施,组织委员对区农业局和区科技局开展民主评议工作,实地视察区农业局和科技局,并在听取工作汇报的基础上进行评议,把民主监督寓于评议之中,推动部门工作。组织委员列席党委政府有关会议、参加区人民法院的旁听案件审理活动和区人民检察院的开放日活动,推荐委员担任政府职能部门、窗口服务单位的义务监督员和评议代表,担任党政机关、事业单位公开招聘人员考试面试监督员等,把民主监督寓于各个环节。

【联谊工作】 认真贯彻"长期共存、互相监督、肝胆相照、荣辱与共"十六字方针,支持和保障各民主党派、工商联、无党派人士积极参与政协履职活动,为党派团体参政议政提供平台。推荐民主党派委员参加各种政情通报会和监督评议活动10多次。走访本区各人民团体,围绕如何加强联合调研交流工作意见。通过大会发言、议政座谈等形式,为党派团体表达意见创造条件。全年各党派团体积极参政议政,共提交集体提案9件,其中2件被选为重点提案。重视发挥好政协团结统战功能。开展主席接待日活动,接待政协委员、基层群众来访,了解各界群众的愿望和诉求。联合区委统战部、区侨联、区侨办、企沙镇政府、致公党港口区支部、农工党等部门到企沙镇开展"港口区2017年为侨服务——侨法宣传暨送医上门"活动,加强与侨胞的联系交往,凝聚发展合力。围绕港口区产业布局,班子领导积极为本区招商引资牵线搭桥,致力于把更多的有志之士、有识之士、有为之士动员到港口区投资兴业、创办实体。年内,接待广西区内外各类调研组31批次300多人,组织常委、委员外出学习考察调研12次135人次,与其他兄弟单位互相交流工作经验,宣传本区改革发展新成效,扩大本区影响力、吸引力。

【服务征地搬迁】 根据区委的统一部署,区政协班子领导分别担任防东高铁、王府、中心区、渔洲坪、沙潭江、企沙等片区征地搬迁现场指挥部的指挥长或副指挥长,深入一线联系"百日攻坚"工业项目。此外，还有部分委员和政协机关干部也积极投身于征地搬迁一线，为项目建设和创造防城港市征地新速度出力。集智聚力，助推宜居乡村建设。强化绿水青山就是金山银山意识，参与"宜居乡村"示范点创建活动。班子领导分别带队深入榄埠、红沙、山新、牛路等村屯联系点开展调查研究、指导工作。聚焦精准脱贫，助力脱贫攻坚。坚持把助推精准扶贫、精准脱贫作为履职的重要内容，组织政协常委和委员视察，为打赢脱贫攻坚战献言献策。以"情系教育·成就梦想"活动为主要载体，组织委员为贫困学生和学校捐资助学11.80万元。区政协领导、机关干部结对帮扶企沙镇山新村等6个行政村共23户贫困户。围绕贫困户"八有一超"、脱贫户"两不愁三保障"等目标开展精准帮扶，全力参与脱贫攻坚，2017年全部实现预期目标。班子成员对口帮扶上思县平福乡13名困难群众，帮扶措施到位。

【惠民行动】　充分发挥委员根植群众的优势，引导委员勇担社会责任，为全区经济发展和社会公益事业办实事、做好事、作贡献。委员们弘扬真善美、传递正能量，开展结对帮扶、医疗义诊、捐资助学、敬老扶残等公益活动。全年委员或委员单位捐款金额累计达100多万元。委员们还在各条战线上发挥优势、施展本领。有委员带头创办实业，发展新型业态，成为"大众创业、万众创新"的积极参与者；有委员牵头领办农业龙头企业、家庭农场、农民专业合作社等，成为推动"精准扶贫、精准脱贫"的重要力量；有委员用乡情、

亲情、友情广泛宣传港口区创业环境，有力助推一批在外发展的游子回乡创业。组织开展"科技、医疗、文化"三下乡活动，把温暖送到农村、把欢乐送下基层、把健康送给农民、把技术送到田间地头。

（钟凉德）

纪律检查和行政监察

【概况】　中共防城港市港口区纪律检查委员会（简称港口区纪委）和港口区监察局合署办公，两块牌子一套人马，内设有办公室、党风政风监督室，纪检监察室3个科室，编制10名，实有工作人员18人，其中行政编制8名，实有7人，事业编制2名，实有1人，聘用人员1人，借调人员9人。区纪委常委5人、区纪委委员17人。各镇（街道）纪委各配备纪委书记1人，监察室主任（负责人）1人（王府和沙潭江两个街道空缺），纪委委员5人。

按照中央、自治区及市的部署与要求，结合港口区实际，区委办印发《关于加强区纪委派驻机构建设的意见》（港区办发〔2017〕19号）和《关于全面落实区纪委向区一级党和国家机关派驻纪检机构的方案》（港区办发〔2017〕20号），区纪委派驻（出）机构具体设置驻区委办纪检组、驻区政府办纪检组、驻区人民法院纪检组、驻区检察院纪检组和派出区直属纪工委。行政编制9名，政法编制6名，实有9人，借调1人。各派驻（出）机构设组长（书记）1名，副组长（副书记）1名，6月30日，港口区召开区纪委派驻机构全覆

盖动员部署会，年内港口区派驻机构改革已经完成。

【政令执行情况督查】　2017年区委常委会共召开17次专题会研究部署党风廉政建设工作，多次听取区纪委专题报告并作批示，及时解决巡视反馈整改、监察体制改革、派驻机构改革、扶贫攻坚等重大问题，研究制定巡视整改方案，审议通过监察体制改革、派驻机构改革工作方案。

建立健全党风廉政建设主体责任和监督责任清单、责任考核办法、同级廉政谈心谈话等落实"两个责任"的"1+N"制度体系，构建"明责、定责、督责、考责、问责"的"闭环式"工作体系，严格执行《区委关于落实党风廉政建设党委主体责任和纪委监督责任的实施办法》，狠抓责任分解、督促检查、责任追究等环节。组织召开党风廉政建设述评会，各镇（街道）党（工）委及部分区直单位党组向区委报告履行"主体责任"情况并接受与会代表现场评议。层层传导压力，针对"两个责任"、脱贫攻坚落实不力等问题共开展集体约谈3次，112人次接受提醒谈话并抓好整改。严肃党内政治生活，加大对《准则》《条例》贯彻执行情况的监督检查，严把政治关、廉洁关，在干部选拔任用及评优评先方面共出具廉政鉴定1365人次，329人次堵在"廉关"之外。

【中央八项规定贯彻落实】　组织学习习近平总书记关于进一步纠正四风、加强作风建设重要批示精神，针对形式主义、官僚主义10个方面的新表现，制定港口区进一步贯彻落实中央八项规定精

神任务分解，细化任务115项，对改进调查研究、精简会议活动、厉行勤俭节约、加强督促检查等内容作了规范和细化。采取专项检查、明察暗访等方式开展监督检查6次，对违规公款旅游、滥发津补贴等苗头性"四风"问题进行约谈提醒65人次，谈话函询3人，诫勉谈话2人。严格公务用车监管，全区62辆公务车辆喷上"港口公务""港口执法"标识和信访举报电话，严防"车轮上的腐败"。2017年，共收到公务用车问题举报2件，发现问题线索2条，转立案2件。把落实中央八项规定精神"回头看"活动列入"两个责任"和绩效考评重点内容，成立领导小组和工作机构，先后两次印发活动方案，进行动员再动员，层层动员部署全覆盖。全区各级各单位坚持问题导向，紧扣"四查四看"四个方面的工作内容，认真做好自查自纠，共发现共性问题33个，上缴违规款到廉政账户共219.8万元，完成整改任务327项，制定完善相关制度203项。以"四盯四查"为抓手，由区纪委牵头，联合财政、审计、人社等相关单位组成检查组，对全区各部门单位进行监督检查2次，发现公款支付个人物业费、违规发放福利等问题12个，对5部门提出整改建议12条，立案1人；针对市纪委交叉组检查发现问题，及时对接区政府办等6部门抓好整改落实。坚持去存量、遏增量，年内共查处违反中央八项规定精神问题11起，同比增长10%，涉及科级干部5人，给予党纪政纪处分11人，点名通报曝光4期4起5人，严肃查办区交通局公款购买土特产、区总工会违规购置公务车等问题。

【违纪违法案件查办】 2017年，全区各级纪检监察机关共处置信访举报146件（含重复件56件），初核77件，信访监督5件，了结78件，从中发现问题线索15条，转立案8件；严格按照"五类处置"方式处置问题线索175条，综合运用批评教育、诫勉谈话、组织处理、纪律处分等方式，开展谈话函询等101人（次）；全年立案70件，同比增长3%，涉及科级干部11人（其中科级退休干部2人）；结案64件（含上年遗留案件3件），给予党纪轻处分和组织处理64人（免予纪律处分4人，其中诫勉谈话3人，解聘1人）。全区共运用"四种形态"处理163人次，其中第一形态103人次，占比63.20%；第二形态52人次，占比31.90%；第三形态5人次，占比3.10%；第四形态3人次，占比1.80%，重点查办区民宗局连续三任局长在扶贫工程项目建设中收受好处费等一批违纪违法案件。

【纠正损害群众利益不正之风】 组织召开扶贫领域监督执纪问责工作再动员再部署，强化专项整治，制定出台《港口区扶贫领域监督执纪问责工作专项督查方案》，实行区纪委常委挂钩联系制度，重点对扶贫资金使用、项目建设、脱贫摘帽村等进行督查督办，年内共开展监督检查5次，下发督查通报5期，问题通报3期，约谈43人。开展专项巡察、巡查，严肃查处贪污挪用、截留私分、优亲厚友、虚报冒领、"雁过拔毛"、强占掠夺问题，对胆敢向扶贫资金财物"动奶酪"的严惩不贷；对搞数字脱贫、虚假脱贫的，对扶贫工作不务实不扎实、脱贫结果不

真实、发现问题不整改的严肃问责。年内共查处扶贫领域违纪案件24件，审结20件，给予党政处分20人，通报曝光9期12起14人。其中，紧盯脱贫摘帽，严查扶贫工作弄虚作假问题，立案查处1人；紧盯政策落实，严查干部作风不严不实问题，重点查办光坡镇农业服务中心干部在农业物资发放过程中乱作为问题，给予警告处分3人；紧盯资金管理，严查重点人员贪污腐败问题，立案审查8人，其中涉及危房改造资金2人，廉租房补贴资金5人，农村低保金1人；紧盯项目实施，严查部门监管缺位失责问题，对在村级道路建设等项目实施过程中收受好处费问题立案审查4名科级领导，集体警示约谈在棚改项目建设中推进不力的部门单位责任人13人，对光坡镇农业服务中心多人违纪问题严肃问责1名分管副镇长。

【惩治和预防腐败体制建设】 强化正面典型宣传，大力宣传市、区勤廉榜样，以"学勤廉典型，扬清风正气"为主题，主办全区演讲比赛，承办全市纪检监察系统演讲比赛，选拔人员参加全市演讲比赛并荣获一等奖，引导全区党员干部以勤廉典型为榜样，坚持高标准、严要求，守好纪律底线。强化案件治本功能，突出反面警示震慑，召开警示教育大会，组织参观廉政教育基地等不断增强党员领导干部政治意识、大局意识、核心意识和看齐意识，牢记党纪党规，恪守"底线""红线"。把握运用好干部提拔调动、案件通报等关键环节，坚持实行任前廉政谈话和廉政培训制度，全年共开展集体任前廉政谈

话 2 期 46 人次,举办领导干部培训班 6 期 750 多人次,不断增强党员领导干部牢记党纪党规、恪守"底线""红线"意识。

【自身建设】 认真学习贯彻自治区、市关于推进市县纪委派驻机构改革的指导意见,结合港口区实际,采取连人带编划转、富余编制调剂、置换群团行政编制等形式落实编制 15 名,设置综合派驻纪检组 4 个、派出纪工委 1 个,分别驻区委办、区政府办、区法院、区检察院和区直工委,首次实现区直单位派驻监督全覆盖。起草研究派驻机构改革"1+7"制度,涵盖干部人事、年度考核、日常工作报告、线索管理和案件查办、信访举报、公文处理、经费使用等方面,为派驻机构开展监督执纪问责提供制度保障。各派驻机构自 6 月底成立以来,共对综合监督单位开展监督检查 3 次,发现问题 20 多个,进行提醒谈话等 13 人次,立案 11 件,给予党纪政纪处分 8 人。印发《港口区深化国家监察体制改革试点工作实施方案》,成立工作小组及其办公室,制定倒排工作时间表,实行"挂图作战",明确时间、责任、任务安排。积极开展动员部署、转隶组建等阶段工作,完成对区检察机关反贪污贿赂、反渎职侵权、职务犯罪预防部门现有组织机构清单、职能职责清单、人员编制清单、在办案件情况清单、问题线索清单、法规政策清单、资产设备清单和转隶问题清单等摸排核实工作;对 7 名转隶人员进行谈心谈话,严把政治关廉洁关,开展人事档案及个人报告事项核查。深入开展纪检监察系统"示警明纪　筑牢防线"专

题教育活动,对照学习教育、风险排查、建章立制三个关键环节强化措施从严教育管理,坚决防止"灯下黑"。全区纪检监察干部共撰写学习心得 12 篇,自我剖析材料 12 篇,共排查出问题 27 个,落实整改措施 23 条。大力开展"信访举报质量提升年""案件审理质量提升年"活动,深入推进各镇(街道)纪(纪工)委规范化建设,进一步夯实基层基础设施,规范职能职责,提升能力水平。结合村(社区)"两委"换届,进一步健全完善村级纪检委员队伍,在全区 41 个行政村(社区)配齐配强村级纪检委员,将监督责任落实到村级"末梢"。

(李兴智　刘小菲)

绩效工作

【概况】 港口区绩效考评领导小组办公室(简称港口区绩效办)成立于 2009 年 11 月,为港口区绩效考评领导小组的常设办事机构,2017 年 10 月 23 日,根据《关于防城港市港口区绩效考评领导小组办公室机构调整的通知》(港区编发〔2017〕13 号)文件精神,港口区绩效办由挂靠港口区纪委(监察局)调整为挂靠中共港口区委员会办公室、港口区绩效评估中心划归中共港口区委员会办公室管理。港口区绩效办属于行政单位,行政编制 1 名,核定正科长职数 1 名;港口区绩效评估中心为区委办的二层机构属于事业单位,核定事业编制 3 名,核定相当于副科职数 1 名。2017 年,区绩效办主任 1 名,为正科长级;绩效评估中心主任 1 名,为副科级,干部 2

名;政府临时聘用人员 2 名,单位自聘绩效专员 1 名。

【绩效考评】 认真开展 2017 年度绩效考评管理工作。制定《2017 年度港口区机关绩效考评工作方案》《2017 年度港口区绩效考评加减分实施办法》《港口区 2017 年度镇(街道)绩效考评指标体系及评分细则》《港口区 2017 年度区直单位绩效考评指标体系及评分细则》,印发《港口区 2017 年度风险预警指标整改工作方案》《绩效指标逐级承诺点评制度》等文件对绩效工作进行部署,绩效考评重点围绕经济建设、社会建设、文化建设、生态文明建设、党的建设等内容。通过召开区委常委会、区政府常务会、绩效领导小组会、绩效工作推进会和协调会等听取绩效工作开展情况,对绩效工作遇到的问题给予协调解决,确保全年工作任务的完成。区绩效办联合区委督查室、区政府督查室对各项指标完成情况和 2016 年度绩效考评存在问题整改工作情况开展定期不定期督查核验,下发督查专报 4 期、督查通报 1 期、绩效通知书 47 份。对上级年中督查核验发现的问题,各部门认真加以整改。经过努力,通过自治区、市年终察访核验,以 951.76 分的成绩获全市一等等次,比上年高 24.77 分。

全力做好区本级 2017 年度绩效考评工作。根据《2017 年度港口区机关绩效考评工作方案》的要求,从绩效考评领导小组成员单位中抽调业务骨干组成 4 个考评工作组和一个监督组,对区国税局、区地税局开展满意度测评,对 63 个区直单位,6 个镇(街道)开展 2017 年度绩效考评工作,评

定出25个区直单位和2个镇(街道)、2个驻港口区单位为一等等次,33个区直单位和4个镇(街道)为二等等次,5个区直单位为三等等次,并提交区绩效考评领导小组会议、区政府常务会、区委常委会审定后通报全区。 (王 晶)

民主党派和工商联

【中国国民党革命委员会防城港市委员会港口区总支部】 中国国民党革命委员会防城港市委员会港口区总支部(简称民革港口区总支部)以开展坚持和发展中国特色社会主义学习实践活动为主线,以参政能力建设为重点,进一步加强自身建设,全面提升政治把握能力、参政议政能力、组织领导能力、合作共事能力和解决自身问题能力,健全和完善各项工作机制,积极开展参政议政,扎实推进社会服务和祖统工作,各项工作稳步推进。2017年民革港口区总支部有党员29名(其中预备党员4名)。有市级政协委员1名,区级政协委员4名(其中常委1名)。

自身建设 为加强基层组织建设,更好地开展组织工作,经民革防城港市委员会同意,民革港口区支部于11月11日将原支部册分为民革港口区一支部和二支部并成立民革港口区总支部,同日选举产生总支部、一支部、二支部的第一届委员会委员,凌瑞敏担任总支主委、项慧玲担任一支部主委、罗绍俊担任二支部主委。2017年民革市委会开展"评先评优"活动,港口区总支部荣获"2016年度先进支部"称号,四名党员荣获"2016年度优秀党员"称号。年内,民革港口区总支部狠抓班子成员、骨干党员和新党员的思想理论和政治学习,不断增强同心思想共识。先后召开4次全体党员大会,传达学习民革中央"一号文件"精神;学习民革广西区委参政议政调研座谈会精神;学习民革广西第十三次大会精神;传达学习市区两级"两会"精神;学习全市开展贯彻落实中央八项规定"回头看"活动会议精神;学习全国道德模范提名奖获得者黄永腾先进事迹;召开学习中共十九大精神座谈会。选派4名骨干党员参加区委统战部在延安举办的2017年港口区党外领导干部培训班。

参政议政 民革港口区总支部围绕党政部门的中心工作,人民群众关心的热点难点问题,通过反映社情民意、政协会议提案、专题调研的多种形式开展参政议政、民主监督工作。结合港口区的扶贫脱贫攻坚工作现状和民革组织"聚焦三农、心系民生"参政议政特色,就如何利用好港口区的特色农业产业为产业扶贫作贡献做专题调研,在相关部门的协助下,通过走进王府街道、光坡镇、企沙镇等地进行实地调研,对港口区特色农业产品生产及经营情况了解分析,撰写《依托特色农业品牌 积极促进产业扶贫》的调研报告。担任区政协委员的支部委员在2017年政协港口区五届二次会议上共提交政协提案5件,其中集体提案1件,个人提案4件。

社会服务 3月12日,民革港口区总支部积极参加民革市委会组织的"不忘合作初心,共筑绿色长城"为主题的植树活动。积极参与精准扶贫工作。支部党员认真按照区委、区政府的扶贫工作部署开展工作。为宣传助销扶贫项目农产品,支部党员借助微信、QQ等网络平台,宣传五黑鸡蛋、雁鹅、芋蒙等特色扶贫项目农产品,并发动亲朋好友积极购买。 (杨 勇)

【中国民主同盟防城港市委员会港口区支部】 2017年中国民主同盟防城港市委员会港口区支部(简称民盟港口区支部)有盟员20人,支部设主委1人,副主委4人,委员2人。盟员中有市政协委员3人、区政协委员7人(其中政协常委3人)。支部主委蔡硕当选区六届人大常委会副主任(任至7月,10月补选为区政协副主席)。

课题调研和参政议政 完成区委统战部下达的调研课题《关于打造我区特色旅游和特色小镇的调研报告》,并在12月党派协商会上为港口区经济发展建言献策。关心社会热点难点,担任市人大代表和市、区政协委员的盟员,分别在市人大会议上提交意见建议3件、在市、区两级政协会议提交提案4件,主要反映理顺市区两级管理关系、教育、卫生等多方面的问题。

组织建设 6月,支部主委蔡硕当选民盟防城港市代表并出席民盟自治区十三届代表大会,其后被聘任为民盟广西区委经济委员会委员。支部先后派出盟员12人次,分别参加民盟广西区委在桂林举办的南北钦防盟员培训班、市委统战部在本市举办的政治形势培训班、民盟市委在贺州黄姚举办的政治交接培训班、区委统战部在延安举办的现场教学培训班等。

社会服务　配合地方党委政府的中心工作，年内开展下乡扶贫活动2次。（蔡　硕　唐国团）

【中国民主建国会防城港市委员会港口区支部】　2017年，中国民主建国会防城港市委员会港口区支部（以下简称民建港口区支部）有会员13人，支部有主委1人，副主委2人，委员2人，会员中有区政协委员3人，其中常委1人。

参政议政　根据《老年教育发展规划（2016—2020）》将老年教育的增量重点放在基层和农村，形成以基层需求为导向的老年教育供给结构的要求，结合港口区老年教育空白的现状，民建港口区支部将如何办好港口区老年大学作为年度调研课题，通过实地调研、座谈、问卷调查等方式，先后组织会员到防城港市老年大学、东兴市老年大学参观考察，听取这两所大学建校经验及存在问题，并与部分学员座谈，在此基础上形成调研材料，对港口区老年大学的办学模式、经费投入、专业设置及教师队伍建设等方面提出建议。

组织活动　民建港口区支部组织会员开展各项活动，2017年组织会员参加商务礼仪技能培训、与广西榕华孵化基地部分企业开展传达学习十九大精神座谈会、与民建桂林市叠彩区总支部开展足球联谊赛等活动。

基层建设　2017年，港口区各民主党派办公场所装修启用，民建港口区支部从制度建设入手，先后制定《民建港口区支部季度例会制度》《民建港口区支部活动制度》，并按照制度实施。每次会议、活动前支部班子成员认真商议，时间安排上尽量顾及大多数会员的空闲时间，议程设计上既包含会议、学习，也包含考察、联谊、帮扶活动等形式。

服务社会　民建港口区支部会同其他民主党派支部，到防城区十万大山瑶族乡沙平村木赖一组，联合开展扶贫帮困，会员自筹资金2000多元，给困难群众购买米、油、衣服等生活物资及一批学习用品，活动中还向沙平村及木赖组了解群众的日常生产生活情况，讨论该组如何利用现有的资源发展经济，下一步将发挥民建会联系经济界的优势，为大家找发展路子出谋划策。　　（邓春莲）

【中国民主促进会防城港市委员会港口区支部】　2017年，中国民主促进会防城港市委员会港口区支部（简称民进港口区支部）有会员21人，设主委1人，副主委2人，委员3人，会员中有市政协委员2人，区政协委员5人（其中区政协常委2人）；有科级干部5人；具有中级职称会员12人，高级职称会员1人。

思想建设　以习近平新时代中国特色社会主义思想为指导，深入贯彻落实科学发展观和十九大精神，紧密结合自身实际，从强化会员思想、组织、履职、服务能力"四大建设"入手，积极发挥参政党的作用，切实履行参政党的职能。

参政议政　发挥会员在政治协商、参政议政、民主监督中的"三大"作用，不断提高履职水平。

在市政协六届二次会议上提交提案三篇，其中《关于防城港市结合边、海、城经济带的特色，打造国际级的马拉松赛事的建议》得到市委市政府的采纳。在港口区五届二次政协会议上支部提交集体提案一篇，个人提案四篇，调研报告一篇。

社会服务　响应民进中央和市委会开展的"春联送万家"活动，支部组织600多副对联，送到上思县广元村的群众手上。集资4000元支助上思县贫困女大学生邓凯娟。与区委党史研究室联合参加港口区第十届职工运动会并取得全区气排球比赛第二名。支部获2017年民进广西区委会授予"红旗支部"荣誉称号。（杨纯环）

【中国农工民主党防城港市总支部委员会港口区支部】　2017年，中国农工民主党防城港市总支部委员会港口区支部（以下简称农工党港口区支部）有党员9人，其中，医疗卫生界6人，政府部门3人（副科1人）。中级职称以上6人。

参政议政　农工党港口区支部按照农工党防城港市总支、中共港口区委统战部的要求，积极做好课题调研和提案建议的撰写上报工作，支部党员在各类协商会、通报会上积极建言献策。在港口区"两会"期间提交《关于港口区三级医疗卫生服务网络建设的建议》等提案建议。支部副主委黄海波主笔撰写农工党防城港市总支《关于加强我市妇产科儿资源配置　促进全面"二孩"政策实施的建议》课题调研报告。协助农工党福建省福州市委调研组到防城港市开展《关于加强海洋环境保护促进海洋经济可持续发展》课题调研工作。

自身建设　组织支部党员参加由农工党广西区委员会、中共防城港市委统战部、农工党防城港市总支和中共港口区委统战部等部门组织开展的各类培训班，党员的政治理论水平、政治把握能力、党派工作能力不断提高。

社会服务　组织开展"助力精准扶贫，关爱贫困学生"活动，为王府街道白沙村、光坡镇栏冲村和企沙镇山新村3个贫困村的小学捐献文具、课外书籍等学习用品。组织开展义诊活动。积极参加农工民主党防城港市总支、中共港口区委统战部组织开展的各项活动。　　（周国伟）

【中国致公党防城港市委员会港口区支部】　2017年致公党防城港市委员会港口区支部有党员12人，支部设主委1人，副主委2人，委员2人。党员中有市政协委员1人，区政协委员4人，区政协委员中有常委1人。

参政议政　2017年，参与完成区委统战部下达的《加强涉农收费管理减轻农民负担构建和谐社会主义新农村》1篇，提交区政协提案4件，提案得到有关部门的重视和采纳。致公党员多次在区委、区政府、区政协召开的相关协商会、通报会上建言献策。

自身建设　年内组织致公党员参加区委统战部举办的统一战线知识培训班和党外干部培训班。

社会服务　开展"医者妙手仁心，关爱归侨侨眷"送医送药义诊活动。组织党员参加致公党防城港市委员会、区委统战部组织的各项活动。7月31日，区委统战部组织区侨联、区政协侨宗委、区外侨办、致公党港口区支部、区渔政大队到企沙镇华侨渔业村开展以"医者妙手仁心，关爱归侨侨眷"为服务主题的侨法宣传暨义诊活动，送医药、宣《侨法》，了解归侨的生产生活情况。为当地群众免费问诊并送去价值8000多元的外用药品，发放《侨法》宣传资料1000多份。12月24日联合致公党市委会、致公党广西壮族自治区人民医院总支、致公党广西民族医药研究院总支到白沙沥街

道沙沥社区开展以"不忘初心·服务社会"医疗义诊暨《侨法》宣传活动，为当地群众免费问诊并送去价值5000多元的外用药品，发放《侨法》宣传资料800多份。　　（黄雯婷）

【港口区工商业联合会】　2017年，港口区工商业联合会，编制3人，实有人员4人。全区工商联会员252人。年内，港口区工商业联合会认真学习贯彻党的十九大精神，充分发挥职能作用，努力工作，先后获得广西"五好"县级工商联、全国"五好"县级工商联称号。

组织建设　9月4日，中共防城港市港口区委员会提名毛玉虹为港口区工商业联合会主席。提名免去彭莲的港口区工商业联合会主席职务。11月14日，港口区工商联三届二次常委会、三届二次执委会在新皇冠大酒店一楼会议室召开，毛玉虹当选港口区工商业联合会主席、港口区商会会长。

思想建设　结合实际开展非公经济人士理想信念教育。5月，港口区工商业联合会组织12名会员企业家代表参加全国年轻一代民营企业家理想信念报告会。11月14日，港口区工商业联合会联合港口区委统战部在新皇冠大酒店举办港口区非公经济人士学习党的十九大精神专题讲座，全区60余名非公经济人士参加。

参政议政　10月16日—11月6日，港口区工商业联合会组成调研组，围绕促进民营经济发展、机关作风建设等方面的问题开展专题调研和摸底，广泛听取会员企业的意见和建议，为港口区更好地服务企业、促进民营经济发展出台政策措施提供参考。同时，

12月24日，致公党港口区支部组织党员到沙沥社区参加"不忘初心·服务社会"医疗义诊暨《侨法》宣传活动　　黄雯婷供稿

组织担任政协委员的非公有制经济人士围绕工业发展、教育提升、城市建设以及居民健康等方面的问题开展调查研究，工商联及工商联界别提交港口区政协五届二次会议提案6件。

服务非公经济　3月21日，由港口区工商业联合会主办，各镇（街道）商会、女企协、桂海实业集团、港峰传媒公司协办，举办港口区工商联会员企业暨女企业家协会会员企业产品展示及成功经验分享交流会，180多人参加会议，活动通过防城港天天网直播。4月8日—15日，组织部分会员参加防城港市委统战部在南开大学举办的非公有制企业高级人才培训班。12月21日—22日，组织港口区商会班子、基层商会会长赴灵山县开展友好联谊活动，学习借鉴先进商会建设经验，促进工商联、商会以及企业间的交流合作。

公益事业　4月20日，港口区工商业联合会联合港口区非公办向非公有制企业发出《参与港口区产业扶贫的倡议书》。全年协调会员企业举办四场公益性晚会，筹集善款和物资用作扶贫济困。5月27日，港口区工商业联合会和港口区女企业家协会发动会员企业捐款捐物折合人民币5000多元，到防城港市福利院开展"六一"儿童节慰问活动。9月11日，港口区委统战部、港口区工商业联合会在白沙323良伟学校开展秋季捐资助学慰问活动，为19名儿童送上慰问金。

基层商会建设　11月11日，港口区工商业联合会批复成立王府街道商会，11月21日港口区王府街道商会第一次会员大会召开。

自身建设　2017年港口区工商业联合会，不断完善党组建设、建立一系列内部管理制度和会员管理制度，建立工商联常委、执委微信交流群，不断加强与会员企业的联系沟通。

（蒋群军）

人民团体

港口区总工会

【概况】　2017年，港口区总工会认真履行"参与、维护、建设、教育"四项社会职能，扎实推进"两学一做"学习教育常态化制度化，自觉践行中国特色社会主义工会发展道路，结合本区失地失海农民工实际，率先在广西打造由工会构建的创业创新服务平台，推进千里边海防基层工会建设工作，取得较好成效，获得"全市工会重点工作先进单位特等奖"荣誉称号。

【工会基层组织建设】　积极响应国家"大众创业、万众创新"的号召，全力推进千里边海防线基层工会组织建设，率先打造广西首个农民工创业创新服务平台。通过搭建平台，为失地失海农民工提供创业、就业、生活、维权服务，打通服务群众"最后一公里"；通过推进农民工入会，让农民工"进家"，各项帮扶工作和各类文体活动推进广大农民工踊跃入会，北港安置区失地失海农民工入会已达3200人；通过发挥平台作用，让农民工"安家"，搭建培训平台、创业平台、社会服务平台等提升失地失海农民工创业、就业能力，让辖区企业吸纳8600多人就业，成功创业16户，新增创业20多户，直接或间接带动就业1200多人。5月，中华全国总工会书记处书记、党组成员张茂华一行前往北港农民工创业园工会联合会调研千里边海防线基层工会组织建设工作情况。

9月港口区总工会送温暖活动采取以会代训形式召开全区基层工会组织建设"四大攻坚战"工作推进会。会议安排各镇（街道）、千里边海防线基层工会、部分优秀企业等21家单位共50人实地参观北港农民工创业园工会联合会先行示范点，并就基层工会组织建设"四大攻坚战"进行座谈。通过此次推进会，加强各基层工会相互沟通学习借鉴，明确攻坚任务和要求，确保各项任务完成。

【工会帮扶救助】

送温暖活动　开展"送温暖"活动，走访、慰问劳模、困难职工、农民工50多名，共送上折合1万多元的慰问品及2万多元救助金；慰问困难企业5家，送上慰问金4万元；"金秋助学"共筹措资金5.5万余元，为24名学子圆求学梦；生活救助困难职工25人，发放救助款13.3万元。

"暖流行动"爱心活动　开展春节期间"暖流行动"爱心活动，通过设立服务站点、赠送返乡车票、派发充饥解渴物品等形式为春运期间农民工平安返乡、顺利返城提供优质服务。

送健康体检活动　开展为一线职工（农民工）送健康上门体检活动，共为400名职工（农民工）

提供免费健康体检,组织80名女职工进行免费"两癌"筛查。

举行各种培训班 开展厨师技能、家政、电商创业等培训班,培训150余人次。

"夏送清凉"活动 开展"夏送清凉"活动,先后前往广西防城港中外运东湾仓储物流有限公司、防城港市港口区城市建设投资有限责任公司、防城港市华晨矿业有限公司、广西榕华创业孵化基地有限公司、港口区自来水厂等企业进行慰问,送上价值6000多元的慰问品。

医疗健康保障工作 开展港口区广大干部职工医疗健康保障工作,组织发动3000多名职工参与职工医疗互助保障计划,为6名职工积极争取互助保障赔付共计1万多元,医疗救助困难职工8人,发放救助款6.7万余元。

【职工权益保护】 开展法律援助和服务工作,与广西精一律师事务所、广西海狮律师事务所签订法律援助委托代理合同,与港口区司法局在企沙镇北港工业园区建立法律援助服务站,成立2个工会法律服务机构点即企沙北港农民工创业工会联合会法律服务点、广西榕华创业孵化基地工会法律服务点,聘请专职律师为职工提供法律咨询及法律援助。全年共接待信访职工21人次,调处劳动纠纷及提供法律援助15人次,为职工挽回经济损失35万余元。发放工会宣传资料380余份,增强广大职工的维权意识。为职工(农民工)免费授课2次,加强对《工会法》《劳动合同法》等法律法规的讲解,教育和引导广大职工遵法、用法、守法。

【职工服务工作】 开展"港口区首届农民工迎新春游园活动"。1月17日,联合北港农民工创业园工会联合会在北港安置区举办"港口区首届农民工迎新春游园活动",区委书记黄炳利到场表彰创业先锋,并为3000多名农民工会员颁发工会会员证。

4月11日—25日在防城港市第四中学举办"盛隆杯"港口区第十届职工运动会。来自区直机关、各镇(街道)以及各企事业单位的52支代表队共800多名运动员参加此次比赛。

12月28日,港口区总工会主办的"北部湾银行杯"港口区职工才艺大赛暨迎新春文艺晚会在桃花湾体育馆开演。此次汇演的演员均来自辖区工会的职工会员,表演的节目形式多样、内容丰富且为自编自导自演,有与自身工作相关的《工行风采展示》《安全帽》;有弘扬传统美德的《茶香中国》《七月火把节》;有弘扬十九大精神的《长征》《中国梦》等。整台节目充分展示干部职工积极进取、爱岗敬业、乐于奉献、建功立业、热爱生活的精神风貌。

【劳模管理服务】 建立健全劳模档案,进一步完善劳模档案动态管理,按时准确上报有关劳模调查情况。认真做好劳模情况的调查,摸清底数、核准劳模的合法权益,发挥劳模的作用。及时发放自治区困难劳模困难补助金,做到专款专用。2017年春节开展劳模慰问活动,为港口区13位劳模送上节日的问候,慰问金额9400元;组织劳模参加2017年防城港市劳模座谈会和"劳模林"植树造林活动,共组织6名劳模自愿认种树木7棵;组织劳模(一线职工)共32人次到桂林、南宁等地参加疗休养活动;指导李云霞等7名自治区劳模提出困难补助申请上报市总工会,发放2017年困难劳模补助金30000元,组织4名自治区劳模体检。深入开展"劳模创新工作室"和"广西五一劳动奖、工人先锋号"创建活动,中国十九冶集团(防城港)设备结构有限公司、广西盛隆项目部被评为广西工人

7月,区总工会到基层一线开展"送清凉"慰问活动

港口区总工会供稿

12月28日,"北部湾银行杯"港口区职工才艺大赛在桃花湾体育馆举办

港口区总工会供稿

先锋号,防城港中一重工有限公司李成、中国十九冶集团(防城港)设备结构有限公司陈丹清获得广西五一劳动奖章,防城港市港口区自来水厂获得广西五一劳动奖状。吴再林、曾宪霖被评为劳模(农民工)创业创新带头人。

（黄兰媚）

共青团防城港市港口区委员会

【概况】 2017年,共青团港口区委员会有编制2名,全区共有团支部139个,共青团员2129人。年内新成立5个"两新"组织团（总）支部,其中非公社会团体团支部1个。2017年主要开展共青团改革工作、青年创业创新行动、党建带团建—团建基础工作、服务发展生力军工作、"温暖同行"青年志愿者行动、少先队工作、维护青少年合法权益·预防青少年违法犯罪工作、宣传报道工作、"清洁乡村·青年当先"活动、基层团干部"青春引擎"培训班、召开推进全

区共青团重点工作会议等。

【基层组织建设】 2017年,共青团港口区委员会坚持党建带团建,加大非公企业建团工作力度,在已建党组织的非公企业和以青年为主体的社会服务行业中开展团组织建设工作。全年全区新增1家非公企业创建团支部。

共青团港口区委员会深入开展"两学一做"常态化制度化,深化"一学一做"教育实践,坚持青年党员先行,组织团干部学习党的群团改革工作会议精神以及《共青团中央改革方案》和《中学共青团改革实施方案》。党的十九大召开前夕,组织全区青少年和广大团干部中学习贯彻《习近平的七年知青岁月》,组织全区机关和企事业单位的58名青年开展交流分享会,以学习座谈、集中讨论等形式开展学习交流,引导广大青年树立正确的理想信念,增强"四个意识",提升"四个自信",坚定不移地听党话、跟党走,自觉把青春梦融入伟大的中国梦,以奋发向上的精神状态和更加优异的工作成绩迎

接党的十九大胜利召开。年内,联合港口区直属机关工委组织100多名区直青年党员、团员集中开展党的十九大精神学习活动,深入学习领会党的十九大精神。

实施共青团广西区委"青春引擎"全员培训计划,共青团港口区委员会于5月10日—12日,举办港口区基层团干部"青春引擎"素质拓展培训班。4月21日,共青团港口区委员会在区政协会议室召开共青团"一学一做"教育实践动员部署交流会。

【青少年思想政治工作】 加强思想引导,深入宣传习近平总书记对少年儿童和少先队工作的要求,传播习近平总书记对少年儿童的希望。以7月11日"航海日"为契机,共青团港口区委员会联合防城港海事局开展港口区"一学一做"主题团日活动之探索海上丝绸之路·启智未来活动,组织50余名青少年乘坐海巡船出海参观码头建设,引导青少年投身"一带一路"建设。结合"五四""六一"、少先队建队纪念日等,开展红领巾心向党、红领巾相约中国梦等活动,讲好中国故事,注重加强革命文化教育,深化中国特色社会主义和中华民族伟大复兴中国梦教育,深化爱国主义、集体主义、社会主义和共产主义远大理想教育,做到"五爱",听党话、跟党走。

【青少年合法权益维护】 2017年,共青团港口区委员会深入重点青少年调研了解,坚持加强组织化动员与社会化动员相结合,为重点青少年办好事实事。1月5日上午,由共青团港口区委员会、港口区地方税务局团支部、核电

有限公司团委组成的慰问团在区委副书记邱祖猛的带领下分别到港口区渔洲坪街道、白沙万街道，对5名贫困留守儿童开展慰问活动。

1月12日，共青团港口区委员会联合青年文明号单位到留守、残疾儿童和服刑在教人员未成年子女家中进行慰问，献上真挚的问候以及衷心的祝愿，让孩子们过上一个安定、祥和的春节。

2月7日、4月7日共青团港口区委员会分别到企沙镇、王府街道开展"推进依法治国，维护青少年合法权益"普法宣传活动，通过摆设宣传台和宣传展板、发放法律宣传单、提供法律宣传咨询等方式，向过往群众派发法律法规宣传手册并耐心讲解相关法律知识，提高青少年维权意识。

6月22日，共青团港口区委员会联合港口区禁毒大队、白沙万街道办、渔洲坪街道办和区妇联开展"珍爱生命，拒绝毒品"禁毒知识宣传活动。

【青少年工作】 7月11日，共青团港口区委员会联合防城港海事局开展港口区"一学一做"主题团日活动之探索海上丝绸之路·启智未来活动，深入学习宣传习近平总书记关于"一带一路"战略构想，教育青少年认识了解"一带一路"知识，丰富青少年精神世界，引导青少年投身"一带一路"建设。7月20日上午，共青团港口区委员会联合港口区公安消防大队、区教育局在防城港市战勤保障大队开展以"走进消防 传递平安"为主题的2017青少年暑期消防安全夏令营亲子活动。

【"学雷锋"活动】 2017年"雷锋月"，白沙万街道桃花湾社区团支部在北部湾大道西湾海岸线组织"保护海洋·从我做起"海滩垃圾清理志愿服务活动。共青团港口区委员会联合白沙万街道仙人湾社区团支部和中广核工程有限公司防城港分公司，到市福利院开展"弘扬雷锋精神·打造美丽港口"走进市福利院志愿服务活动。"雷锋月港口区"200余名青年志愿者在渔洲坪红树林海湾开展港口区青年植树暨助力青春扶贫捐赠活动。

【青年志愿服务活动】 在"五四"青年节98周年到来之际，共青团港口区委员会和港口区委组织部，带领港口区青年志愿者协会50余名志愿者到企沙镇、光坡镇、沙潭江街道、王府街道对25名贫困党员开展关怀慰问，提供免费拍摄、冲洗、装裱"全家福"照片，让他们留住与家人和谐温暖的美好回忆。春节期间，协会组织50多名青年志愿者开展便民利民志愿服务"暖冬行动"，到港口区汽车站为旅客安全出行、方便出行、温馨出行贡献力量。联合仙人湾社区于重阳节前夕开展港口区2017年"传承重阳久久 心系老人久久"志愿服务进社区活动。来自社区、卫生所、理疗店、理发室的20多名志愿者热切地为老人们服务。港口区青年志愿者协会在得知企沙镇牛路村李香鉴15岁的儿子腿部患有骨肉癌的病况后，收集相关资料证明通过"轻松筹"平台为患者治疗费用进行众筹，活动共有1108人参与捐款，共筹集资金23539元。年内共组织280名志愿者参与志愿服务。

（黄君欢）

港口区妇女联合会

【概况】 2017年，港口区妇女联合会（以下简称区妇联）设主席1名，副主席1名，有行政编制2名，事业编制1名，实有干部5人；增挂港口区妇女儿童工作委员会办公室（以下简称区妇儿工委办）牌子。有镇（街道）基层妇联6个、区直机关妇工委1个。行政村妇联20个，社区妇联21个。

【家庭文明建设】 港口区把辖区村、社区"儿童家园"建设项目纳入为民办实事工程，在全区创建10所"儿童家园"，年内举办"儿童家园"主题活动60多场。深入村、社区和企业开展"家庭教育进企业、农村、社区"活动，年内共开展家庭教育报告会20场，培训儿童家长及监护人2000人次。开展寻找"最美家庭"活动，推荐4户优秀家庭参与防城港市"最美家庭"的评选并获得防城港市最美家庭称号。

【妇女就业创业】 2017年，创建自治区级"巾帼脱贫示范基地"1个（岗松产业核心示范基地），争取到自治区妇联项目资金4万元。依托巾帼脱贫创业技能培训中心（基地），服务贫困妇女多元化就业需求。10月，在自治区巾帼脱贫示范基地港口区岗松产业（核心）示范基地开展家庭教育大讲堂、手工编织岗松技能培训及巾帼劳动竞赛，参加人数达100多人次。基地采取"公司＋基地＋农户"的经营模式，扶持农村妇女参与岗松种植加工1000多人。

【节庆纪念活动】

"三八"妇女节活动 3月9日，联合区文体广电新闻出版局、区总工会和团区委共同举办2017年港口区"姐妹同游　共庆三八"趣味游园活动，全区400多名女干部职工参加。3月10日，举办"建设良好家风　促进党风政风"港口区庆"三八"妇女节专题讲座，全区100多名妇女干部参加。

"六一"儿童节活动 5月27日，联合区财政局、区民政局、区科协、区教育局、区人民医院、区交警大队西湾女子示范岗等爱心单位，在王府街道白沙小学开展"关爱儿童　快乐成长"庆"六一"活动，给全校150多名贫困学生送去价值1.5万元的书籍及学习用品。5月31日，区妇联联同区第四小学共同举办"童心向党　快乐成长"——2017年庆"六一"文艺晚会。"六一"期间，共慰问45名贫困、留守儿童。

【强化职能,加强自身建设】 全面

10月25日,区妇联到岗松产业(核心)示范基地开展2017年岗松自治区巾帼脱贫示范基地巾帼劳动竞赛

做好社区妇代会改建妇联工作。7月，港口区妇联结合村(社区)"两委"换届工作，全面启动港口区村(社区)"会改联"工作，每个村(社区)妇联设执委11人、主席1人、副主席5人。截至9月29日，全区6个镇(街道)41个村(社区)全面完成"会改联"

工作，共选举产生村(社区)妇联执委451人，副主席205人，主席41人，实现全区村(社区)妇代会均改建为妇女联合会，进一步推动基层妇联组织建设改革创新，拓宽妇女参政议政渠道。启动港口区妇联改革工作，8月31日召开港口区妇联改革工作动员会;11月9日进行再动员会议;12月31日出台《港口区妇联改革实施方案》。

(卢少丽　陈晓红)

港口区科学技术协会

【概况】 2017年，防城港市港口区科学技术协会(简称港口区科协)有行政编制1名，事业编制1名，在职在编3人。年内举办科普活动5次、举办农村实用技术培训班4期、专题讲座1场(次)，听众1000多人，印发科普资料5000多份，科技咨询320人次，技术服务260人次，服务群众360人次。

5月27日,区妇联联合区财政局、区民政局到王府街道白沙村儿童家园开展港口区关爱农村留守儿童"六一"主题活动　港口区妇联供稿

【科普活动】 4月19日，港口区科协联合市科技馆、区教育局在公车中心校举办2017年"科普大篷车月月行"活动暨科技馆进校园科普活动，通过宣传推进科技创新、节能环保、防灾减灾、食品安全、核电安全、卫生与健康知识，激发和培养学生的科学兴趣与爱好，提高学生的动手能力和创新意识，让学生与科普器材近距离接触，感受科普知识的奥秘，并与学生进行现场科普器材操作及演示。"科技活动周"期间，会同区科技局联合制定实施方案，开展形式多样的科普活动，下发科普挂图50多套，赠送科技图书600余册。会同区政协、区科技局、区农业局、区卫计局等单位组织科技人员到光坡镇开展送科技下乡活动，发放宣传资料2000余份，帮助群众解决难题30多个。6月2日，联合市科技馆在防城港市桃源小学开展2017年科普大篷车进校园科普活动，通过科普小试验、机器人展示、参与互动、现场体验等方式让师生感受科技的魅力，培养广大青少年的科学兴趣，达到弘扬科学精神，普及科学知识，传播科学思想和科学方法，提高全民科学文化素质的目的。10月31日，联合市科技馆、区教育局、区社科联在防城港市金湾小学举办"2017年港口区科学节启动仪式"，通过悬挂横幅标语、科学知识展板、发放宣传资料本（册子）及科普谜语竞猜、科普剧等，从节约资源、保护生态、健康生活等角度，向师生普及防震减灾、食物中毒防范和交通安全等知识。12月22日，会同区政协、区卫计局、区文体局在企沙镇牛路村开展科技、文化、卫生三下乡活动。

【科技培训】 2017年，港口区科协联合涉农部门和农村专业技术协会，通过邀请专家采取举办科技培训班、现场答疑等多种形式，广泛深入开展送科技成果、科技信息下乡活动。4月14日，港口区科协在企沙镇开展"五个一"工程暨青蟹养殖技术培训班，邀请自治区水产技术推广总站教授胡大胜、高级工程师韩书煜授课，讲解水产生态养殖技术、青蟹养殖技术及病害防治知识，对养殖户在实际操作中遇到的问题做解答，100多名养殖户、农村党员参加培训。5月27日，联合区科技局在贫困村企沙镇山新村举办五黑鸡养殖培训班，邀请科技特派员给60多户养殖户讲解五黑鸡的养殖技术，提升他们科技致富的能力。7月25日，在企沙镇就业服务中心会议室举办2017年科技助力精准扶贫海水养殖技术培训班，在白沙汒街道沙汒社区居民委员会会议室举办养生保健知识讲座，分别邀请广西水产科学研究院专家熊建华、广西老科学技术工作者协会专家蒋应时授课，参加培训人员150人左右。

（韦雨欣）

港口区文学艺术界联合会

【概况】 港口区文学艺术界联合会（简称港口区文联）2017年编制3名，实有工作人员4人（其中临时工1人）。港口区文联是中共防城港市港口区委员会领导下的群团组织，实行团体会员制，有团体会员6个，分别为港口区文学协会、港口区书画协会、港口区音乐舞蹈协会、港口区摄影协会、港口区民间文艺协会、港口区诗词学会，6个团体共有会员200多人。

【文艺创作出版】 继续发挥《天堂滩》杂志的文艺平台作用，突出《天堂滩》季刊对本土文艺家和爱好者的服务及培养推介功能，按时办好《天堂滩》文艺季刊，做好编辑出版和发行等各项工作，促进港口区的文学创作。

【文艺展赛活动】 2017年春节前，港口区文联会同市书协市文化艺术中心举办"美丽防城港"防城港市美术书法摄影迎新春作品展成功展出。配合市文化委组织书法作品参加6月在北海举办的第五届"魅力北部湾"书画作品展活动；8月起，配合市纪委、市委组织部、市委宣传部完成"学榜样、扬清风，喜迎党的十九大"书画摄影诗词及港口区作品征集（征文）选送工作，有多幅书画摄影作品入选展览，有征文获一等奖等奖项，9月完成自治区政府举办的第五届广西艺术展市区书法篆刻作品的征集选送工作。

【文艺采风交流培训】 3月，港口区文联组织多位作协会员和文学爱好者参加防城港市作家协会与防城区芙蓉沟山庄联合举办的"春日相约芙蓉沟"采风创作交流活动，广大作协会员和文学爱好者体验边关乡村风光、民俗风情，积累创作素材，开展边海文艺创作；10月，组织多位文艺家和爱好者参加老作家裴铁辉作品研讨交流会。

【文艺惠民活动】 2017年春节

前，港口区文联会同市书法家协会根据广西书协关于春节前在广西全区开展"千名书法家送春联公益活动"的通知精神以及市委宣传部、市文联的指示精神，成立书法家现场送春联文艺志愿者服务队，发动广大书法家积极参与一系列送春联送福文艺惠民活动，通过进乡镇乡村、进机关、进企业等方式，唱响主旋律，传递正能量，同筑中国梦，文艺慧千家，把党和政府对人民群众的关怀传递到千家万户。

1月8日，送春联文艺志愿服务队深入上思华兰镇，举办年内首场文艺惠民活动，活动中送出春联600多幅、"福"字80多个。同时书法家们应华兰镇的邀请，为该镇扶贫对象户书送春联100多幅。

1月18日，送春联文艺志愿服务队应防城港核电公司的邀请，到核电驻地开展"进核电，迎新春，送春联"活动，多名书法家为企业干部职工书送春联100多幅。

1月22日，送春联文艺志愿服务队受农行防城港分行邀请，到农行为群众、储户及干部职工送春联300多幅、"福"字50多个。

1月24日—25日，根据市委宣传部"三下乡"活动的安排，送春联文艺志愿服务队分别到防城区的防城镇和东兴市的江平镇举办文艺惠民送春联活动，活动期间共为群众送出春联近1000多幅、"福"字200多个。同时，大多数送春联文艺志愿者服务队员还在当地组织和参与一系列送春联送福文艺惠民活动，共送出春联3000多幅、"福"字400多个。

【文艺志愿活动】　5月27日，港口区文联会同市书法家协会到十万大山瑶族乡太平小学参加庆"六一"活动，期间举办"书法进校园"文艺志愿活动，丰富校园文化艺术生活，助推学校素质教育的健康发展。

（邓立进）

港口区社会科学界联合会

【概况】　2017年港口区社会科学界联合会（下称区社科联）内设机构3个（办公室、学会部、科普部），工作人员4人。

【社会科学普及】　年内，区社科联共开展科普宣传活动3场，参与人数800人次，发放资料700多份。4月7日，组织港口区计生协会、区消费者协会、区工商行政管理学会、区青年志愿者协会、区摄影家协会、区企业家联合会等多家协会（"学会"）到王府街道公车社区开展"学雷锋、送服务下基层"活动。向社区群众发放科普宣传资料、为群众义诊、发放保健用品、展出港口区巨大变化风貌照片、教群众如何鉴别真假伪劣产品等。10月31日，与港口区科协、防城港市科技馆在防城港市金湾小学联合开展"启迪科学智慧、成就科学梦想"主题活动。活动内容丰富，形式多样，有科技表演、科普知识竞答、科普宣传展、趣味猜谜等。活动现场发放宣传资料400多份，接受师生科普知识咨询20多人次。通过主题活动，丰富学生知识，拓宽学生视野，让学生了解和掌握更多科学知识及科普创新、安全等知识，培养学生科学兴趣。9月18日在白沙沥街道仙人湾社区举办2017年自治区社会科学普及联合大行动之广西社会科学大讲坛——"中华优秀文化与家庭美德养成"主题讲座，区社科联全体干部、仙人湾社区干部、社区居民等80多人参与大讲坛活动，由防城港市社科联副调研员、秘书长谌永平主讲。

【刊物出版发行】　年内，出版《港城社会科学》2期，为总第11期和第12期。刊登港口区社会、政治、经济、文化等各方面的理论调研文章38篇。

【学习交流】　10月25日—27日，港口区社科联赴桂平市社科联、苍梧县社科联学习交流。

（黄薇瑜　周小燕）

港口区残疾人联合会

【概况】　港口区残疾人联合会（以下简称港口区残联），下辖港口区残疾人就业服务指导所、康复服务中心、用品用具供应站3个事业单位。为本级残疾人提供就业培训，康复服务，辅具适配，扶贫助残，权益维护等服务工作，2017年辖区持证残疾人2838人。

【扶贫助残】　进一步加大扶贫攻坚工作力度，强化领导压实脱贫攻坚工作责任，加强协调及时解决群众急需解决的困难问题，整合资金加大对脱贫攻坚工作的投入，全年共投入资金27万元。建立港口区光坡镇鑫富家庭农场"阳光助残"基地，扶持260户贫困残疾人发展养殖，增加收入来源。组织实施"党员助残温暖同行"扶持项目,由每个村委党员结对帮扶1户以上的贫困残疾人家属指导其掌握1~2种致富实用技能,对发展相对固定的养殖项目提供1000元/户的资金帮助,全年共计投入资金18万元,为180名贫困残疾人家庭提供帮扶。

【残疾人就业培训】 在推进残疾人就业培训工作中,着重农村贫困残疾人掌握实用技能为目标,采取购买服务方式,举办残疾人实用技能各类培训班共4期,参加培训人员120人,通过培训掌握电商、烹调和种植技能,扩大残疾人的就业渠道和提高就业技能。开发残疾人就业岗位,2017年在自治区残联扶持下,投入10万元与广西昌泉贸易有限责任公司建立港口区残疾人就业辅助机构,安置残疾人就业岗位10人,同时扶持个体工商10户和微型企业3家,支持和鼓励残疾人自主创业。协助财政税务部门加强残疾人就业保障金征缴工作,全年共完成残疾人保障金收缴入库480万元。

【残疾人维权】 协调港口区民政部门开展困难残疾人生活补贴和重度护理补贴的发放,全年共审核通过困难残疾人生活补贴258人,重度护理补贴1164人,发放补贴金额75万元。贯彻落实贫困残疾人家庭实施五障碍设施建造,重点解决73名重度肢残和精神、智障等患者日常生活和出行不便。开展残疾人文体活动,组织第25次"全国助残日""五个一"等残疾人文化活动,丰富残疾人的文娱生活,组织残疾人运动员参加广西区青少年残疾人运动会和东盟国际马拉松(防城港)赛等多

项体育赛事,在广西区青少年残疾人运动会中黄桦淇获得短跑个人100米第一名和跳远第四名的成绩。成立港口区残疾人法律服务中心,加强残疾人法律援助维权,常年聘请兼职律师为广大残疾人无偿提供法律援助。

(潘思华)

港口区归国华侨联合会

【概况】 港口区归国华侨联合会(简称港口区侨联)是区委领导的人民团体,是党和政府联系广大归侨侨眷和海外侨胞的桥梁和纽带。2017年事业编制3名,科级领导职数2名,实有工作人员4人。

【队伍建设】 派出1名干部参加港口区"传承红色基因,践行两学一做"培训班,1人参加港口区少数民族干部培训班,举办学习十九大精神培训班3期,提升为侨服务能力。9月25日—29日,港口区侨联组织侨界人大代表、政协委员及区侨联委员、退休干部共8人前往北海侨港镇、湛江雷州、茂名电白进行为期5天的考察调研。

【侨界联谊活动】 春节及清明节期间拜访接待美国华侨华人8人次;3月参加第十八届广西同乡联谊会,与桂籍华侨华人共叙乡情,共建友情,配合自治区侨联在企沙镇华侨小学开展植树活动。4月参与市侨界"情系港城 共建侨乡"联谊活动1次;7月接待澳洲钦廉会马山河会长一行5人;10月参与市承办的世界钦廉灵防同

乡会,服务全会海外嘉宾,并接待海外华侨华人5个社团40多人,深交老朋友,广交新朋友,推介港口区的投资优势。

【参政议政】 2017年组织侨界4名人大代表、政协委员深入基层调研侨界群众关心的热点难点问题,"两会"期间围绕民生问题提出《关于要求尽快出台相关手续落实华侨村棚改工程地上附着物补差赔偿工作的建议》《关于加强休渔期间北部湾海域境外渔船入境捕捞作业监管的建议》等4份涉及侨胞生产生活发展的提案;畅通政府与侨胞之间的沟通桥梁,为华侨村侨胞争回200多万元的正当利益。召开港口区侨联全委会,参加市侨联常委会及自治区侨联委员会会议,认真研讨《防城港市侨联改革方案》;召开港口区侨联二届三次全委会,与会的全体委员共商港口区侨界大事。11月21日,港口区侨联召开二届四次常委扩大会议,专题研究侨联改革工作,港口区侨联二届常委、顾问,港口区侨届人大代表、政协委员、安置点负责人共11人参加会议,12月29日出台《港口区归国华侨联合会改革实施方案》。

【为侨服务】

开展慰问活动 开展"送温暖、献爱心"慰问活动,全年共组织慰问困难归侨侨眷18户,"六一"携手港口区相关涉侨部门开展"同心"共建侨乡活动,慰问1名孤儿和10名家庭困难儿童,让侨胞充分感受到侨联各级组织对侨胞的关怀,稳定侨心。2月23日,企沙镇华侨村侨眷李云的渔

船桂北渔 65021 在距离企沙港码头 9 海里北纬 108°31′4500″东经 21°23′330″处返航时，因为海底门爆裂船舱入水沉没，船上 7 人全部获救。港口区侨联接到消息后，即与区红十字会联系，启动绿色紧急援助通道，筹备米、油、棉被等物资与慰问金，及时送到沉船侨胞手中，安抚他们的焦虑情绪，鼓励他们打起精神规划新事业，树立信心再就业。12 月 30 日开展困难归侨侨眷及 90 岁以上归侨侨眷慰问工作。

维护侨益　年内，接受来信来访 4 件，处理 3 件。7 月，在企沙镇华侨小学开展"小手牵大手，侨法带回家"主题活动，7 月 31 日，由港口区委统战部、侨联、政协华侨委、外侨办、致公党港口区支部等涉侨部门联合在企沙镇华侨村及渔港停靠区域开展"港口区 2017 年为侨服务—侨法宣传暨送医上门活动"，共发放宣传资料约 1000 份，发放药品约 8000 元。8 月，自治区侨联经济科技部到港口区调研华商企业，调研走访中电广西防城港电力有限公司和侨泰渔船修造厂两家企业。

侨情调研　3 月开展侨情专项调研及信息报送工作，初步建立港口区侨情数据库；6 月开展华商企业情况调研；全年撰写调研文章 2 篇，撰写信息 12 篇，自治区侨联采纳 5 篇，港口区新闻报道 3 篇；12 月底开展港口区新侨情暨侨资企业情况调研座谈会，及时向党委政府反馈侨界舆情，年内共有 3 条信息被采用。港口区侨联获得"2016 年度全市侨联系统信息宣传工作受表扬单位"，主席杨孙艳获得"2016 年度全市侨联系统信息宣传工作受表扬个人"。

挂钩帮扶　2017 年，副主席傅春坚到光坡镇龙兴社区担任美丽乡村建设指导员。单位脱贫帮扶王府街道白沙村盐田组曾宜益、曾秋雁 2 户贫困户，退出户 3 户，单位帮扶的 2 户贫困户均已进入脱贫审核的行列。（傅春坚）

港口区红十字会

【概况】　港口区红十字会是从事人道主义工作的社会救助团体，正科级参公单位。2017 年有专职干部 4 名，聘用人员 3 名，会长由副区长兼任，专职副会长主持全面工作。依照《中华人民共和国红十字会法》开展备灾救灾、募捐救助、现场应急救护培训、学校红十字青少年志愿服务活动、无偿献血、造血干细胞采样入库及人体器官捐献等。

【宣传工作】　港口区红十字会结合重要纪念日，在市红十字会的指导下，围绕红十字会的宗旨和任务，广泛开展红十字知识和无偿献血等"三献知识"宣传活动。在"5·8"红十字宣传日，联合市红十字会和市中心血站，在街道、商场等群众密集的地方，向群众发放宣传资料 600 多份，广泛宣传红十字会和无偿献血等知识。在企沙镇赤沙村、板寮村，沙潭江街道冲孔社区，渔洲坪街道渔洲社区建设红十字会知识宣传栏，让"人道、博爱、奉献"的红十字精神传播到千家万户。

【社会募捐】　为提高备灾救灾、自救互救能力，港口区红十字会采取积极有效措施，利用商场等人员密集的地方，设置固定募捐箱，向社会各界和爱心人士募集赈济款物，开展备灾救灾、扶贫济困、提高自救互救能力。

【人道救助】　港口区红十字会为更好地发挥红十字会人道救助、扶贫济困的作用，加大对弱势群体的救助力度，为民解忧，做好政府与群众情感沟通的纽带，到企沙镇板寮村开展"红十字博爱送万家"活动，向 20 名困难群众发放家庭箱等慰问品一批。春节期间在有关部门和各镇（街道）的协助下，到农村、社区走访了解掌握困难群众的情况，并向 420 户困难群众、特困户、五保户、老党员发放大米、食用油、棉被、家庭箱、龟苓膏、十米粥等慰问品，给 7 名特困人员、造血干细胞捐献者送去春节慰问金共 6000 元。先后为 20 多名重症患者向上级红十字会报送"爱心救助"和医疗费用减免的申请材料，得到上级红十字会的批复，以实际行动为患者家庭排忧解难。

【救护培训】　2017 年港口区红十字会认真开展"应急救护培训进学校、进企业、进农村（社区）"活动，协同有关部门聘请医务人员深入防城港市第四中学、广西财经学院防城港学院、沙潭江街道冲孔社区以及白沙沥街道的仙人湾社区、沙沥社区、兴港社区、插排尾社区等基层单位和社区，先后组织举办防灾避险初级卫生知识及应急救护知识培训班，参加培训人员 1000 多人次。使受训人员学到有关防病基本知识，掌握防灾避险知识及应急救护技能操作，提高人民群众的抗灾避险、自救互救能力。

【无偿献血】 2017年港口区红十字会认真开展无偿献血工作。主动联合市中心血站，采取献血车游动采血等方式，联系有关单位及企业，动员单位员工及社会各界爱心人士踊跃参与无偿献血及造血干细胞采样入库工作，通过宣传发动，动员参与无偿献血人员达到200多人次，献血量达4万多毫升。 （王廷喜）

人力资源管理

【概况】 港口区人力资源和社会保障局（简称港口区人社局），下设社保局、就业服务中心、人才交流服务中心、劳动保障监察大队四个单位，内设办公室、社会保障与基金监督股、人力资源开发和就业促进股、公务员管理股、专业技术人员和事业单位人事管理股、工资福利与退休股、监察和调解仲裁股7个股（室）。主要负责全区人力资源市场、就业创业、社会保障、公务员和事业单位管理、人才管理、军转安置、人事、劳动争议仲裁调解等工作。

【公务员管理与人事考试】 坚持"凡进必考，择优录用"的进人原则和"公正、公平、公开"的考试原则，认真组织做好公务员公开招录登记工作。2017年，组织考录和公开招聘活动，公开招录8名公务员和18名事业单位工作人员，招聘中小学教师41人，面向村（社区）干部公开招聘基层优秀人才5人。

【事业单位人事制度改革】 全年办理人员调动（含新录用工作人员）29人，共为72名干部办理职务与职级并行手续，为68名政府线公务员办理职级晋升手续。

【专业技术队伍建设】 加强舆论宣传。坚持正确的舆论导向，及时宣传人事人才的工作政策、最新动态、先进典型、经验交流等，加强人才服务，开展急需紧缺专业人才摸底调查等工作，做好人才服务各项工作，发挥人才在经济社会发展中的作用。完成2017年度港口区初级、中级、副高职称系列评审和报送工作，共有85人取得专业技术职务任职资格。

【工资福利制度改革】 根据国家工资政策规定，加强工资管理，做好日常工资管理审批工作。与财政部门协调，完成年内机关、事业单位中参加财政统发工资单位的工资审核工作。

（港口区人社局办公室）

民政事务

【概况】 港口区民政局是区政府主管社会行政事务的一个职能部门，承担全区救灾救济、城乡居民最低生活保障、城乡困难群众重大疾病救助、基层政权和社区建设、区划地名、双拥、优抚、退役士兵安置、婚姻登记、儿童收养登记、社团登记、民办非企业单位登记、社会救助等职能。局设秘书股、民间组织和社会事务管理股、优抚和安置股、救灾救济和社会救助股、基层政权和社区建设股5个内设机构；下设有港口区城乡居民最低生活保障管理办公室（港口区低收入居民家庭经济状况核对中心）、港口区城市福利服务中心、港口区救助管理站、港口区有奖募捐办公室4个事业单位；区老龄办、区双拥办、区地名普查办设在民政局办公。下辖镇民政办2个，街道民政办4个。

【救灾救济】 2017年，共发放棉被（含被套）366床、太空衣250件、男茄克500件、女茄克400件、多功能防寒服300件，折合人民币26.50万元，共救济1816人。汛期期间，组织召开防灾救灾专题工作会，落实应急预案，组织防灾检查，及时排除隐患，做好物资储备，确保救灾网络畅通，科学查灾核灾。在农房政策性保险工作中，5月31日前将辖区内农房政策性保险保费4.44万元转给中国人保财险防城港市分公司，完成自治区下达的农房保险资金筹措任务，协调辖区受灾农户农房政策性保险各项理赔工作。

【社会组织管理】 积极培育发展社会组织，立足"热情服务、严格审查、依法登记、事后监督"的工作原则，通过改革创新，优化行政审批程序，缩减行政审批时限，提高行政审批效率和服务水平。至2017年年末，在港口区民政局依法登记成立的社会组织104家（社会团体52家、民办非企业单位52家）。

【双拥工作】 深入开展拥军优属

拥政爱民工作,在"春节""八一"建军节等节日,开展慰问活动,向驻军广大官兵和优抚对象致以节日的问候,向他们长期以来对港口区经济社会发展给予的关心、支持和帮助表示感谢。对烈军属、老复员军人、残疾军人、困难群众等涉军群体进行走访慰问,倾听他们在生活中遇到的困难。认真落实各项优抚政策,认真履职尽责,全心全意为优抚对象服务,确保优抚对象的生活质量有新的提高,2017年共发放慰问金120.91万元。

【老龄事业】　围绕落实"六个老有",抓好养老保障服务体系建设,及时办理老年人优待证,扎实做好全区2321名80岁以上老年人高龄补贴发放工作,2017年共发放高龄补贴164.73万元,维护老年人合法权益。

【基层民主政治建设】　完善村(居)务公开民主管理领导小组机构,明确分工,落实责任,全面实行、不断深化村(居)务公开民主管理制度,切实加强对村(居)务管理的监督,有效地增加村(居)务工作的透明度。全区41个村(社区)都设立了村(居)务监督委员会。切实做好村级"两委"换届选举工作,渔洲坪街道桃花湾社区作为全市的试点,5月完成"两委"换届选举工作,其余40个村(社区)"两委"换届选举工作按计划推进,9月完成全区村(社区)"两委"换届。

【退役士兵安置】　2017年共接收退役士兵31人,其中1人转移市民政局安置,30人申请自主就业,发放自主就业金32.40万元。组织退役士兵开展职业技能培训工作,为25名退役士兵举办汽车驾驶职业技能培训。

【区划地名工作】　协助市民政局做好防城港市行政区划地图和城区地图的编制、审核、修改工作;同时做好路名牌设置,在桃花湾片区和中心区共设置77块单杆式不锈钢路名牌,为人们出行提供方便。开展地名梳理清理整治工作,5月,对市中心区和桃花湾片区有路无名(含规划中)以及名称有异议的13条街道进行命名(更名)。按照自治区地名普查办要求扎实开展地名普查工作:实地采集地名基本信息1856条,拍摄地名相片3262张;采集538块地名标志信息材料并录入数据库;整理和完善普查信息材料和普查工作过程相关材料,迎接自治区和国家普查办验收;根据港口区实际情况及普查成果材料,开发地名微页、地名视频、地名相册等地名成果作品;牵头开展县级边界联检工作,与防城区共同完成界线联检任务。

(韦辰霖)

扶贫工作

【概况】　港口区扶贫开发办公室是港口区农业局的挂牌机构,编制3名,实有4人。全区有贫困户644户2370人。2017年,港口区实现268户982个贫困人口脱贫摘帽,港口区扶贫开发领导小组荣获广西区脱贫攻坚先进集体,港口区荣获广西51个有扶贫开发工作任务的非贫困县二类县的一等奖第一名。

【扶贫项目管理】　投入扶贫项目资金2123.73万元,安排道路交通、产业发展、人饮灌溉、危房改造、村容村貌等方面扶贫项目56个,其中,道路建设项目24个,人饮灌溉项目5个,危房改造项目66户(其中建档立卡贫困户危房改造任务15户),贫困村改厨改厕项目410户,污水处理设施和路灯项目各1个,年内已竣工。

【公共服务扶贫】

教育扶贫　全区发放义务教育阶段建档立卡贫困户学生农村营养改善计划补助387人28.20万元,建档立卡贫困户子女寄宿生活费补助169人16万元,建档立卡贫困户子女学前教育免保教费87人8.85万元,建档立卡贫困户学生助学贷款77人52.02万元。雨露计划学历教育共发放170人30.55万元。

健康扶贫　投入35万元为全区所有建档立卡贫困人口购买城乡居民基本医疗保险,贫困人口参保率100%;建档立卡贫困人口患病住院费用享受各类保障政策措施后实际报销比例为91.77%;患有国家集中救治9种大病建档立卡贫困人口治疗比例达100%;因病致贫、因病返贫贫困患者治疗比例达100%,因病致贫因病返贫比例同比降低9.05个百分点。

养老保险　全区建档立卡贫困户应参保1448人,已参保1448人,参保率100%;60周岁(含)以上参保老年人均享受养老保险待遇。

残疾人扶贫和农村低保　完成贫困残疾人补助67人,占全年任务数 60 人的 111.7%。加快推进农村低保制度与扶贫开发政策有效衔接，将符合低保条件的扶贫户，按程序纳入农村低保范围。年内，全区建档立卡贫困对象 391 户 1023 人纳入农村低保，重合率达到 42%。

【产业扶贫】 出台《港口区脱贫攻坚产业项目以奖代补实施方案》，对实施种植、养殖特色产业或成立家庭农场、合作社等新型经营主体的贫困户给予奖励，共发放以奖代补资金 95 万元。将脱贫攻坚产业发展和农业现代特色示范区创建、美丽广西宜居乡村等工作有机结合，因地制宜规划发展具有港口特色的虾蚝养殖、螺（文蛤）养殖、杂粮杂豆种植等 5 个主导产业和乡村旅游与休闲农业、岗松种植等 2 个自选产业（简称"5+2"产业）。统筹科技、扶贫、残联等部门专项资金 130 万元支持贫困户发展特色产业，全区特色产业覆盖贫困户比例达 87.6%。成立专业合作社，扩大经营规模。鼓励贫困户完善经营结构，扩大产业规模，建立覆盖面广的各种种养专业合作社以及家庭农场，推广"公司（合作社）+ 基地 + 农户"产业化经营模式。全区已建立种养专业合作社 94 家、家庭农场 54 家。整合资源优势，壮大村级集体经济。全区 26 个村（含农村社区）全部完成村民合作社组建工作。落实 150 万元集体经济发展资金到三个脱贫村，与脱贫村村民合作社合作开发大型汽车修理厂项目。挖掘和整合三个脱贫村集体现有资产资源，以出租闲置房屋、虾塘、山岭及土地流转等方式多渠道创收村集体经济。

【金融帮扶】 设立小额信贷风险补偿金 220 万元，累计发放贷款 478 户 2104.58 万元，发放金额占授信金额的 95.13%，主要投向种植业、养殖业、工商业、服务业等领域，予解决贫困户生产发展上的资金问题。 （钟馥蔚）

民族宗教·华侨·台湾事务

民族宗教事务

【概况】 2017 年，港口区民族和宗教事务局（简称港口区民宗局）编制数 2 名，实有工作人员 3 人。2017 年末户籍人口 13.97 万，其中少数民族人口 2.85 万，占总人数的 20.39%；全区共有 28 个少数民族（壮族为主）。年内，港口区民宗局深入少数民族调研，完成少数民族项目建设。认真贯彻落实党的宗教政策，分别到机关、社区、学校、企业、乡镇及宗教活动场所开展国家民族、宗教政策法规、《宗教事务条例》等内容的宣传教育活动，维护民族团结，引导信徒奉献爱心，积极参与社会公益活动，宗教与社会主义社会相和谐。

【民族工作】 认真做好民族工作，进一步促进少数民族地区各方面的发展。2017 年投入 143.47 万元实施建设王府街道白沙村三角井至围田道路等 9 个民族项目，共修建村级道路 3345 米（其中硬化道路 3195.98 米，砂石道路 150 米），解决 2591 人（其中少数民族群众817 人）的行路难问题。

4 月，港口区民宗局以民族团结宣传月为契机，开展多种形式的宣传活动，营造民族团结进步的良好氛围。在机关、社区、乡村等悬挂宣传横幅、制作民族团结宣传展板、利用电子屏幕滚动播放宣传标语、开展"壮族三月三"进学校进社区等活动，协助开展港口区 2017 年"壮族三月三·八

11 月 13 日至 15 日，港口区民宗局和港口区委组织部在广西民族大学举办 2017 年港口区少数民族干部培训班　　港口区民宗局供稿

桂嘉年华"民族文化活动,活动内容有富有民族特色的壮乡舞蹈、诗歌朗诵表演、民间采茶等民俗技艺,还有足球、篮球争霸赛等。大力宣传各民族共同团结奋斗,共同繁荣发展的大好形势,开展各族人民共同参与协作的各项活动,切实维护民族团结、增进民族和谐。

11月13日—15日,港口区民宗局联合区委组织部在广西民族大学举办2017年港口区少数民族干部培训班,42名少数民族干部参加培训,培训内容涉及民族政策、宗教工作形势、精准扶贫、民族干部沟通力和执行力等内容。培训期间,组织学员到"美丽南方"现场考察新农村建设示范点。通过本次培训,提升港口区少数民族干部队伍理论修养和工作素质,释放少数民族干部队伍正能量,助推港口区经济社会和谐稳定发展。

年内港口区民宗局资助特困少数民族优秀学生6名(其中大学生3人,高中生3人),发放专项补助经费12000元。

【宗教工作】

学习月活动 6月港口区民宗局结合全区基督教活动点实际,制订学习月活动方案,下发《关于2017年继续以"规范"为主题开展和谐寺观教堂创建活动的通知》。要求港口区基督教聚会点进一步提高思想认识,把贯彻全国、全自治区宗教工作会议精神与开展以"规范"为主题的和谐寺观教堂创建活动相结合,采取切实有效措施,着重解决宗教领域突出的问题,不断促进活动、管理和行为更加规范有序。在聚会

7月12日,自治区民宗委主任卢献匾(左三)带队到港口区基督教聚会点开展调研工作
港口区民宗局供稿

讲经的同时自行开展学习国法活动,把国法融入教规当中,推动在聚会点形成自觉学法、守法、用法的良好氛围,让教会工作营造良好的法治环境。6月30日,港口区基督教聚会点开展个人"规范"为主题的宗教政策法规学习活动。带领信徒学习《习近平总书记关于宗教工作的重要讲话精神》以及党和国家的宗教工作基本方针和政策。参加学习活动的信教群众约180人,发放民族宗教宣传资料90份、宣传袋200多个。

宗教慈善周活动 在慈善周活动期间,港口区基督教聚会点组织悬挂"宗教慈善周"宣传标语,利用慈善周的集体活动宣传党和国家的宗教政策。7月12日,自治区民宗委主任卢献匾带队到港口区基督教聚会点开展调研工作。8月15日基督教聚会点组织慰问3名困难信徒,给他们送去米、油、水果等慰问品。通过开展"宗教慈善周"活动,引导社会正确认识和看待宗教公益慈善,树立港口区基督教良好形象。

(陈俊任)

华侨事务

【概况】 港口区外事侨务办公室(以下称区外侨办)是区政府办公室内设机构,由区政府办公室1名副主任负责具体工作,1名工作人员兼职日常工作。2017年,紧扣爱侨护侨、民生优先、社会和谐、服务发展的主题,贯彻落实中央和自治区外事侨务有关文件精神,以服务侨众为根本,认真履行外事侨务工作职能。

【侨务工作】 做好开具归侨、侨眷证明工作,服务侨众,服务基层。做好企沙镇华侨渔业村的侨情调研,主要是对困难归侨、侨眷和大学生的情况进行调查摸底,按要求上报侨情信息。维护归侨、侨眷的合法权益,做好涉侨信访事项处理工作,协调、配合做好澳大利亚华侨范立浦信访件、冲孔社区豪丫组黄氏家族信访件等涉侨问题的处理并按要求给予答复,及时上报上级侨务部门,做

好维稳工作。加强涉侨法律法规宣传，联合区委统战部、区侨联等单位在企沙镇华侨渔业村开展2017年海上义诊暨侨法宣传活动，开展包括《中华人民共和国归侨侨眷权益保护法》在内的法律宣传。

全面开展对困难归侨、侨眷的慰问，在春节、端午节、"六一"儿童节期间对困难归侨、侨眷和"三侨生"进行慰问，慰问总户数39户，慰问资金3万多元。邀请防城港红树林农牧产品有限公司的专家为侨民进行渔业养殖和海产品加工职业技能培训。组织开展健康知识讲座、归侨侨眷送医送药及健康咨询服务活动。开展扶贫助困工作，为多个重病患的涉侨困难家庭送去慰问金共6000多元。积极助推中越铁路等基础设施项目建设（民意调查等），服务"一带一路"工作。 （覃 颖）

1月11日，区台办到王府街道公车社区慰问困难台属，为台属送上慰问金以及食用油、大米等物资 港口区台办供稿

台湾事务

【概况】 2017年，港口区台湾工作办公室（简称区台办）按照市台办"提出的提高服务水平，促进两岸和谐"的工作思路，全面提高对台工作科学化水平，深化对台经济、文化交流合作，服务台胞台属，维护台商的合法权益。在对外交流工作中大力宣传港口区的优势，提高港口区的知名度和影响力。

【对台宣传】 年内上报关于涉台宣传稿件3篇，其中两篇被中国台湾网、人民网、《防城港日报》采用。

【台胞台属工作】 1月11日，前往王府街道公车社区慰问困难台属吴崇权、黄生，询问他们的身体状况和生活情况，为台属送去慰问金以及食用油、大米等物资，并送上新春的祝福和问候。"五一"期间，台胞廖志成低烧几天不退，港口区台办收到消息后，立即帮忙联系医院并帮助办好住院手续，使病人得到及时医治。

【台资企业】 年内，区台办多次走访富味乡油脂食品有限公司，积极为台资企业协调进厂道路建设问题并出台具体施工方案。2月17日，自治区台办主任李东兴一行5人到港口区实地考察台资企业富味乡油脂食品有限公司，参观公司原料车间、自动化生产线、成品检测中心，了解台商生产、运营等相关情况；3月9日，自治区政协港澳台侨和外事委员会主任禤沛钧带队一行5人到港口区考

8月11日，港口区外侨办邀请防城港红树林农牧产品有限公司的吴月涛老师为企沙镇华侨村渔民举办海产品加工培训班

察台资企业富味乡油脂食品有限公司。　　　　　　（褚继兴）

信　访

【概况】　2017 年港口区信访局（下称区信访局）在职在编 2 人，柔性人才 3 人，聘用人员 2 人。年内信访工作围绕区委、区政府的中心工作，继续推动信访制度改革，强化工作责任，畅通信访渠道，维护信访秩序和社会稳定。2017 年共受理信访 93 件（批）次。其中来信 66 件，来访 27 批 113 人次。

【信访事项解决】　年内召开 8 次专题会议讨论信访工作，抓好中办、国办印发的《信访工作责任制实施办法》的贯彻落实。特别在自治区"两会"、全国"两会""一带一路"高峰论坛、党的十九大等敏感时期，区委、区政府主要领导召开专题会议研究部署信访维稳工作。3 月，对区排查的 14 件信访积案按照"五个一"和"五包"责任制，逐一研究化解措施，逐一落实包案责任，解决一批影响港口区社会稳定的信访积案。中央巡视组"回头看"交办的信访件 19 件全部按时办结。

【领导干部接访活动】　区信访联席办制订《2017 年区领导定期接待群众来访活动方案》，坚持落实领导干部接待群众来访工作制度、定期下访接访制度。在自治区、全国重大会议、节庆活动期间，区党委和政府班子成员轮流到区信访局值班，接待群众来访。7 月 19 日自治区信访局副局长田维到港口区带案下防。9 月 21 日，市政协副主席杨佰凤到港口区群众张梅芳家中回访。党的十九大及全国、自治区"两会"期间，港口区没有进京赴邕上访事件。

【信访工作制度改革】
组织开展非访专项整治行动　区信访局按照工作职责和要求，与维稳、公安、责任单位各方密切配合，对进京非访人员开展专项整治行动，对缠访闹访进行教育、训诫，依法处理一批进京非访人员。

推行网上信访　推行网上信访工作，推动信访信息系统高度深度应用，实现纵向到镇（街道）、横向到职能部门的全覆盖，实现信访信息全录入、信访业务全流转、信访数据全生成、信访办理全公开。

建设广西视频会议系统　根据国家信访局、自治区信访局文件的要求，区信访局向区政府申请专项经费，严格按照上级的技术和时间要求落实到位，年内视频系统已经安装完成并投入使用，与自治区实现视频接访连接。

信访业务规范化自查　按照国家信访局、自治区信访局的要求，认真开展信访业务规范化自查工作，年内已完成自查工作。

【"依法信访"法治宣传】　区信访局在全区范围内开展依法信访为主题的宣传活动，共张贴宣传标语、拉桂横幅 30 余条，制作广告牌 3 个；利用 4 天时间出动宣传车到各镇（街道）、村（社区）进行宣传，发放宣传材料 2000 多份。通过"点、线、面"三结合全面宣传，提高广大群众依法信访的观念和理性维权的意识。　　　（苏　姗）

12 月 5 日，港口区开展信访法制化建设主题宣传月活动

港口区信访局供稿

法　　制

地方法制建设

【执法检查】 6月,区人大常委会组织开展对区人民政府贯彻实施《中华人民共和国道路交通安全法》的执法检查,召开常委会会议听取和审议区人民政府关于贯彻实施《中华人民共和国道路交通安全法》情况报告,并依法作出区人大常委会关于区人民政府贯彻实施《中华人民共和国道路交通安全法》情况报告的审议意见。7月,区人大常委会组织开展对区人民政府贯彻实施《中华人民共和国海洋环境保护法》的执法检查,召开常委会会议听取和审议区人民政府关于贯彻实施《中华人民共和国海洋环境保护法》情况报告,并依法作出区人大常委会关于区人民政府贯彻实施《中华人民共和国海洋环境保护法》情况报告的审议意见。9月,区人大常委会组织开展对区人民政府贯彻实施《中华人民共和国社会保险法》的执法检查,召开常委会会议听取和审议区人民政府关于贯彻实施《中华人民共和国社会保险法》情况报告,并依法作出区

人大常委会关于区人民政府贯彻实施《中华人民共和国社会保险法》情况报告的审议意见。

【法律监督】 11月,听取审议港口区人民法院审判工作的报告,听取审议港口区人民检察院关于惩治和预防职务犯罪工作报告。

（骆富城）

政府法制

【概况】 2017年,港口区法制办编制1名,实有人数2人。

【依法行政】 印发《2017年依法行政工作要点》,明确全年工作任务和重点;加强行政执法人员资格管理,组织43人参加行政执法资格考试,合格率为54%;加强行政执法案件质量评审,抽查各执法单位案件卷宗20卷。

【行政诉讼】 代理区人民政府应诉行政案件14宗,均由专职法律顾问或兼职法律顾问作为委托代理人出庭应诉。

【行政复议】 全年共受理行政复

议申请2件,立案2件,办结2件。

【法律事务】 充分发挥政府法律顾问的参谋助手作用,参与处理涉法事务16起,为区人民政府提供法律意见177条,审核重大合同30份。履行行政审批改革领导小组成员单位职责,继续对执法主体优化审批事项进行合法性审查。

（唐寅虎）

社会治安综合治理

【概况】 2017年港口区深入学习贯彻党的十八、十九大精神,认真落实中央、自治区和市关于政法综治工作的一系列决策部署,全面落实社会管理综合治理措施,大力加强基层基础建设,妥善解决群众反映的各类社会热点难点问题。在项目多、征地拆迁任务重的情况下,全区没有发生敌对势力渗透破坏及暴力恐怖事件,没有发生影响社会稳定的重大事件,没有发生重大群体性事件和个人极端事件,没有发生社会反映强烈的恶性刑事案件、群死群伤治安灾害事故和安全生产事故。

【矛盾纠纷排查化解】 制订和实施"矛盾纠纷化解年"工作方案,认真执行纠纷排查机制,实行村(居)委会每半月一查、镇(街道)每月一查、区每季度一查的矛盾纠纷排查制度。历时8年之久的陈伟珍、张爱珍、满有珍土地补偿款上访问题得到有效解决。追回拖欠农民工工资1.08亿元,进城务工人员合法权益得到保障。市政府出资2.16亿元解决渔洲坪3600多人20多年一直未决的失地农民就业补助金,东湾大道得以全线施工贯通,沿海港口城市初具规模。组织开展多次专项排查活动,对可能影响社会和谐稳定的敏感人员、敏感群体、敏感案(事)件进行全面、滚动式的排查。2017年,共排查出各种新的矛盾纠纷106宗,与上年同期累计比减少75%,调结106宗,调处成功率100%。其中,三大纠纷66宗,房屋拆迁2宗,医疗卫生2宗,金融借贷1宗,学校教育1宗,婚姻家庭4宗,邻里关系7宗,其他23宗。全区没有因矛盾纠纷调处不当或不及时引发重大群体性事件、民转刑案件、群体性越级非访问题、非正常死亡事件。

【社会治安专项行动和排查整治】 坚持以"打防结合、预防为主,专群结合、依靠群众"为工作方针,全面落实各项社会治安重点地区排查整治工作措施。特别是在春节、全国"两会"、党的十九大期间,时刻绷紧维护稳定这根弦不放松。对全区旅馆、车站、码头、娱乐会所、市场、学校周边等重点场所和部位开展全面排查,实行全方位管控,把一切不安全隐患消除在萌芽状态。对各类违法犯罪行为坚决予以打击。坚持快破大案、多破小案的指导思想,对"盗抢"犯罪保持高压态势,通过"情指行""大数字"一体化作战,开展"神剑""铁军""三打击一整治"等系列专项行动,并参与开展全市社会治安大整治行动,重拳打击群众反映强烈的"盗抢"违法犯罪。年内破获中心城区一起200多台手机(价值60多万元)被盗案,主要犯罪嫌疑人被刑事拘留。严厉打击"黄赌"违法行为,坚持有黄必扫、有赌必查,做到面上查、集中治、重点打多管齐下,全面整治治安环境。

2017年共立各类刑事案件909起,与上年同期的1213起相比下降25.10%。其中经济犯罪案件41起(立案41起),涉案金额1295.40万元;刑事毒品案31起,缴获各类毒品共计1590.73克;破获刑事案件260起,共抓获各类违法犯罪嫌疑人334人,比上年同期的323人上升3.40%(其中,抓获网逃人员44人,刑拘250人,逮捕187人,移送起诉192人,强制戒毒36人)。共立各类治安案件1583起,查处治安案件465起。查处违法人员877人,其中行政拘留363人,罚款181人,其他处理333人;处理的案件包括涉黄案件13起、赌博案件69起、涉毒品违法案件155起;殴打他人、盗窃案件共受理880起,查处53起。

【治安防控体系建设】 2017年累计投入5000多万元安装"电子眼"4312个,系统运转正常,信号清晰畅通,作用发挥良好。渔洲坪街道桃花湾社区、渔洲社区的"安全网"成为全市"幸福社区"建设标杆示范点。落实警务前移、警力下沉工作措施,着力提高街面见警率,做到"白天见警察,晚上见警灯",让群众感受到警察就在身边,切实增强群众安全感。年内区、镇(街道)、村(社区)三级综治中心、网格化全覆盖,其中区中心1个,镇(街道)中心6个,村(社区)中心41个,四级网格包括:区级、镇(街道)级、村社区级以及片区网格全覆盖。全年通过手持移动终端报送网格信息8025条,区综治信息系统已录入实有人口117922人(包括户籍人口和流动人口),达到城区实有人口信息录入量80%的要求,城区网格人口信息采集工作基本完成。

【青少年违法犯罪预防】

制订计划,落实经费 年初,团区委召集各镇(街道)团委召开共青团工作会议,制订年度工作计划。配备31人组成的港口区预防青少年违法犯罪工作兼职队伍,指导各镇(街道)成立共32人的预防青少年违法犯罪兼职队伍。落实5万元工作经费,各镇(街道)预防办各落实2万元工作经费,确保港口区预防青少年违法犯罪工作的有效开展。

调查摸底掌握情况 港口区五类群体底数分别为:不良行为青少年14人,闲散青少年92人,流浪乞讨未成年人0人,服刑在教人员未成年子女41人,农村留守儿童117人。与上年对比,不良行为青少年数量大幅度下降,而服刑在教人员未成年子女数量有所上升。

青少年权益保护 在青少年中广泛深入持续开展社会主义核心价值观教育,引导青少年明理向善、知法守法。团区委以"我的中国梦"为主线,以党课、团课为教育载体,通过报告会、读书会、分享会等形式深入推进青少年思想道德理论教育工作,积极引导未成年人培育和践行社会主义核心价值观。开展示范性的自护教育活动。组织各预防青少年犯罪成员单位开展预防诈骗、交通安全、防溺水等宣传教育活动3场,进一步补充和完善青少年素质教育的框架与内容。结合实际开展阳光关爱活动。区"预青"专项组组织留守儿童、农民工子女、服刑人员未成年子女等重点青少年开展4场慰问、4场进福利院及2场出游活动。关爱活动到村(社区)、农村小学和区福利院、核电等企业单位。

【校园及周边安全防范】

整治校园周边环境 5月27日,港口区校园周边整治领导小组在区教育局召开港口区校园及周边安全隐患排查整治工作会议,就开展校园及周边安全隐患排查工作进行研究部署,分析校园周边治安形势,重点查找问题,研究如何进一步提升校园周边安全的工作措施,对各单位的具体工作进行部署。全年共排查校园29家,发现隐患问题3处,已现场整改完成。同时,加大清理整治力度,发现突出治安问题10处,已责令限时整改完成。区综治办牵头组织公安机关、住建、文化、卫生、工商、交警等部门,对校园周边道路安全设施进行整治,依法清理整顿校园周边的非法网吧、书摊、小卖部、游戏厅、流动饮食摊点,对非法接送学生车辆超载超速和疲劳驾驶等违法行为进行查处,对非法接送学生车辆实行"零容忍",依法予以打击取缔。

校园法制安全宣传教育 区综治办牵头组织各镇(街道)、公安机关、教育等部门以进校园开展法制宣传课的方式开展安全教育培训活动,增强师生遵纪守法和自我防范意识。及时了解掌握学生情况,及时发现学生之间矛盾纠纷及苗头性问题,及时进行教育引导,帮助学生理性平和地处理矛盾冲突,防止"校园暴力"发生。同时采取拉横幅、贴标语、开广播会等形式对学生和周边群众进行大力宣传,明确整治目的、整治内容,给那些明显违章者敲响警钟。要求各校利用校会、班会、队会、红领巾广播站、宣传栏、小小报、讲座等形式定期向学生宣传校规、《治安管理处罚条例》《道路交通管理条例》《未成年人保护法》《预防未成年人犯罪法》《国旗法》等法律法规,做好普法工作,当好宣传员。2017年,区校园周边整治领导小组成员共走访座谈师生5000余人,张贴、发放宣传资料10000余份,拉挂横幅20余条。

(赵小瑶)

审　判

【概况】 港口区人民法院(简称港口区法院)是国家审判机关,依法独立行使审判权,接受上级法院的指导和监督,对港口区人民代表大会及其委员会负责并报告工作。2017年有内设机构12个:办公室、政工科、立案庭、刑事审判庭、民事审判庭、行政审判庭、执行工作局、法警大队、监察室、企沙法庭、审判管理办公室、审判监督庭。2017年有编制59名(政法编制53名,事业编制6名),实有工作人员54人,其中政法编制48人,事业编制6人。有党员35人,具有审判职称25人。有硕士研究生学历8人,本科学历42人,大专学历4人。

【审判执行】 全年受理审判、执行案件4731件,审、执结4003件,收、结案数与上年同比分别增长17.16%、34.01%,结案率为84.61%,法官人均收案364件,结案308件。

刑事审判 坚持以审判为中心,受理刑事案件153件,审结138件,判处罪犯208人,结案率90.20%。审结抢劫、强奸、故意伤害、盗窃等侵害公民人身和财产权利犯罪案件53件77人;审结毒品、赌博、组织卖淫等犯罪案件28件43人;审结诈骗、非法经营、组织传销等犯罪案件27件42人;审结贪污、贿赂等职务犯罪案件13件17人,依法审理东兴市出入境检验检疫局干部系列受贿案。

民(商)事审判 受理民(商)事案件3295件,审结2691件,结案数同比增长28.08%,结案率81.67%。审结商品房买卖、建筑工程承包等合同纠纷案件925件;审结婚姻家庭、损害赔偿、民间借贷等涉民生案件443件。坚持司法调解与人民调解、行政调解对接,以调解、撤诉方式结案864件,调撤率为32.11%,依法审结全国首例微信服务侵权案件。

行政审判 受理行政案件57件,审结45件,结案率78.95%。处理信息公开、行政处罚、信访等敏感案件 8 件。公开审理洋码头商行诉市食品药品监督局、市人民政府的行政处罚案件，支持行政机关依法行政。落实行政首长出庭应诉制度，市政府副市长赵强等行政机关负责人出庭应诉 17 人次。发挥"法律智囊"作用，主动服务社会治理，向职能部门发出司法建议书，促进相关部门依法规范管理。

案件执行 全力推进基本解决执行难工作，受理执行案件 1226 件，同比上升 59.43%，结案 1129 件，结案数同比上升 64.10%，结案率 92.09%。执行到位标的 14093 万元，执行标的到位率 21.77%。以全区开展"执行攻坚年"活动为契机，在全院持续掀起"春雷行动""百日清案"涉民生、涉党政机关执行案件清理活动等一系列执行清案高潮，集中力量解决一批骨头案、大要案和历史积案。完善与公安、国土、房产、车管、银行等部门信息共享平台建设，实现与 21 家全国银行、38 家区内银行、3 家互联网银行对接。年内共利用财产查询系统提起查询 1227 次，查封冻结被执行人银行存款 7853 万元、车辆 245 辆、土地 65 宗、房产 625 套。对失信和违法被执行人采取曝光、拘留、罚款、判刑等措施。利用微信等新媒体、电子广告屏、内外网等公布"老赖"名单 237 人次，限制乘坐飞机、高铁、高消费 276 人次，依法拘留 23 人次。移送公安机关追究被执行人拒执罪 2 件，对公职"老赖"移送纪委处分 2 人。94 人慑于信用惩戒自动履行标的 816 万元。进行网络司法拍卖，通过网拍系统发布拍卖标的物 339 件，成交拍品 151 件，成交金额 2864.20 万元，为当事人节省 143.20 万元佣金。实行"一案一账号"管理，通过平台关联案件 108 件，划扣进入虚拟子账户的执行案款 40 笔，总金额 287.54 万元，案款实现全程留痕、全方位监管，年内已按期发放案款金额 162.44 万元。

【人民审判制度建设】

司法改革部署 推进人员分类管理改革，制订审判权运行机制及司法责任制改革实施方案，完成入额法官、法官助理和书记员职务序列改革工作，构建权责明晰、监督有序、制约有效的审判权力运行新机制；成立新型审判团队，为每位入额法官至少配备一名法官助理和一名书记员，突出法官审判主体地位，实现"让审理者裁判，由裁判者负责"；建立法官庭前会议制度，完善庭前会议程序，提高庭审质量和效率。

改革试点工作 扎实推进民（商）事案件繁简分流机制改革试点工作，组建新型审判速裁团队，集中审理金融借款、民间借贷、物业服务、一般侵权及买卖合同等类型案件。扩大简易程序适用范围，全年共受理速裁案件 2076 件，占全院民（商）事案件 63%，审结 1806 件，结案率 87%，真正实现简案快审、繁案精审。

司法品牌建设 坚持走特色司法品牌创建之路，强化工业巡回法庭在纠纷调解方面的前沿阵地作用。继续开展"一企业一法官"活动，选派法官定期到企业走访、送法进企业，了解和掌握企业的生产经营情况、司法需求和发展面临的困境，免费发放《企业经营防范 30 条》等自制宣传资料，有针对性地为企业提供法律服务。全年共受理涉工业企业案件 78 件，结案率为 92%，其中 43 件以调解方式结案。

【自身建设】

思想政治建设 自觉用习近平新时代中国特色社会主义思想武装头脑、指导实践、推动工作。扎实推进"两学一做"学习教育常态化、制度化，深入开展全面从严治警"五查五整顿"和司法巡查、纪律作风专项督查等活动，扎实推进"群众安全感提升年""矛盾纠纷化解年""机关作风建设年"活动。坚持抓党建带队建促审判，以党组中心组学习、专题党课、党支部集中学习、干警自学等形式，开展主题党日、法官宣誓、十九大精神学习会等活动，组织干警深入学习宣传贯彻党的十九大精神和习近平总书记视察广西等重要讲话精神。

党风廉政建设 落实党风廉政建设责任清单，严格执行领导干部过问案件等有关规定。随案发放廉政监督卡 8000 多份，处理来信来访 26 次。开展中央八项规定精神"回头看"活动、党风廉政教育学习活动，组织观看反腐题材警示片，开展工作作风督查，改进干警工作作风，筑牢干警廉政底线。

司法能力建设 按照正规化、专业化、职业化要求，开展案件质量评查、未结案清理以及"优秀示范庭审""优秀裁判文书""办案标兵"等评优争先活动，提升法官责任意识和业务水平。发挥老法官的传帮带作用，组织干警到清华大学、国家法官学院等学习培训 30 多人次，提升整体综合素质。

加强信息化建设 12月11日,港口区法院新审判综合楼全面启用。按照最高院信息化建设3.0版的要求和"全业务网络办理、全流程依法公开、全方位智能服务"目标,港口区法院推进"智慧法院"建设,年内已建成五个高清科技法庭,实现每庭必录,开通庭审直播。启用电子卷宗智能服务系统,电子卷宗随案同步生成,实现办案过程"网上留痕、全程记录",进一步规范司法办案行为。

司法公开 深化审判流程、庭审活动、裁判文书、执行信息等四大司法公开举措,通过网站、微博、微信等新媒体将审判权置于阳光下运行,最大限度保障人民群众对法院工作的知情权、参与权、表达权和监督权,全年裁判文书上网3684份,部分案件在中国庭审公开网直播。开展法治宣传工作,全年在各级各类媒体共发表稿件900余篇,保持报刊有字、网络有文、广播有声、电视有影的宣传态势。其中,驳回职业打假人恶意缠诉的案例被《人民法院报》头条刊登,百日清案、春雷执行、司法网络拍卖等多条(篇)被《广西日报》《广西法治日报》《防城港日报》等主流媒体采用。

社会监督 配合市人大开展基本解决执行难工作专题调研,加强与人大代表、政协委员的联络沟通,通过邀请旁听庭审、参与执行、座谈交流等方式听取意见50人次。自觉接受政协民主监督和检察机关法律监督,不断改进工作。主动接受媒体和社会各界监督,及时公开重要工作和重大案件审理情况,定期邀请媒体记者、学生、企业职工等参与公众开放日活动,"零距离"感受法院工作。

（林芳羽）

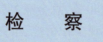

检 察

【概况】 2017年,港口区人民检察院设有办公室、政工科、反贪污贿赂局(简称反贪局)、反渎职侵权局(简称反渎局)、职务犯罪预防局、侦查监督科、公诉科、民事行政检察科、控告申诉检察科、司法警察大队、案件监督管理办公室、企沙检察室及后勤服务中心共13个部门,全院在职在编检察人员35人。

【刑事检察】 全年受理侦查机关提请批准逮捕各类刑事案件137件231人,批准逮捕118件187人,受理移送审查起诉175件269人,提起公诉136件224人。坚持把检察工作纳入港口区经济社会发展大局中谋划和推进,办理郑某某职务侵占1300万元、杨某某虚开400万元增值税发票案等刑事案件9件13人。坚持案件办理与风险防控同步推进,向案发企业发出堵塞制度漏洞、规范安全生产等内容的检察建议2份。参与整顿和规范市场经济秩序活动,依法办理传销、合同诈骗等案件4件19人,其中批捕传销"老总"15人。

开展"打击危害群众安全感犯罪专项行动",打击"两抢一盗"等多发性侵财犯罪、故意伤害、强奸等严重暴力犯罪及群众反映强烈的电信诈骗犯罪56件94人。对主观恶性小、犯罪情节轻微且悔罪态度好的,依法从宽处理,决定不批捕47人,不起诉8人。

【控告申诉检察】 依托控申接待中心、驻企沙检察室接待窗口开展接访息诉工作,全年接待群众来信来访63件次,办理控告申诉案件23件。落实涉法涉诉信访工作机制改革措施,建成与自治区检察院直通的远程视频

5月11日,港口区人民检察院干警到广西海警二支队某舰艇与海警研究有关案情

港口区人民检察院供稿

接访系统,拓宽群众诉求表达渠道。对 1 名刑事被害人进行司法救助。连续两次获得三年一评的全广西检察机关"文明接待室"荣誉。

【民事行政检察】 受理各类民事行政检察监督案件 11 件,同比增长 83.33%。审查后,向审判机关发出再审检察建议 1 件、其他检察建议 7 件,获采纳 6 件。做好不支持监督案件的释法说理和息诉工作,切实维护司法权威和社会和谐。积极探索提起公益诉讼工作,摸排线索并立案 1 件。

【查办职务犯罪】 全年立案查办职务犯罪 9 件 10 人,为国家挽回经济损失 370 余万元。其中,查办贪污贿赂犯罪 8 人、渎职侵权犯罪 2 人;查办贪污大案 4 件 4 人、渎职大案 1 件 1 人;查处科级干部 4 人。开展扶贫领域职务犯罪整治,两名腐蚀国家干部的行贿人被立案查处。继续开展整治边境口岸执法人员违规收取"好处费"专项行动,5 名边境执法人员被依法查办。开展追逃专项行动,成功追逃犯罪嫌疑人 1 名。

【职务犯罪预防】 全面开展网上行贿犯罪档案查询工作,对有行贿记录的 3 名个人提出处置意见。依托网络创建"港口区职务犯罪预防基地"微信公众号,拓宽宣传教育渠道。坚持预防职务犯罪年度报告制度,为党委政府开展党风廉政建设提供决策参考。结合扶贫领域监督执纪问责工作,到沙潭江街道沙潭江社区开展廉政教育活动 2 次。深入辖区两个社区,对社区"两委"换届选举工作

进行现场监督。推进职务犯罪预防研究,1 篇扶贫领域职务犯罪案例分析、1 篇预防调查报告获自治区检察院表彰。

【刑事诉讼和侦查活动监督】 监督侦查机关应立案而不立案 6 件。对应逮捕而未提请逮捕、应当起诉而未移送起诉的,纠正漏捕 7 人、漏诉 1 人。纠正侦查活动违法行为 9 件、审判程序违法行为 1 件。开展驻派出所侦查活动监督 2 次,筛查案件 162 件,1 件侦查活动监督案件被评为全广西区优秀案件。加强对刑事审判活动监督,对认为确有错误的刑事裁判提出抗诉 1 件。1 件抗诉案件被评为广西检察机关维护妇女儿童合法权益十大典型案例。

【刑事执行监督】 建立本地区所有社区服刑人员台帐档案,每月核对信息,纠正社区服刑人员脱管漏管 2 人。以开展财产刑执行"回头看"活动为契机,建立完善财产刑执行档案。依法维护在押人员合法权益,办理羁押必要性

审查案件 17 件,提出变更强制措施检察建议 17 件,均获办案单位采纳,2 件案件被评为广西检察机关羁押必要性审查精品案件。

【自身建设】

党风廉政建设 把学习宣传贯彻党的十九大精神作为首要政治任务,在学懂弄通做实上下功夫,引导检察人员用习近平新时代中国特色社会主义思想武装头脑。认真组织开展贯彻落实中央八项规定精神"回头看"、中央和自治区党委巡视"回头看"整改、"五查五整顿"等活动,制订细化落实方案,着力查找在党风廉政、纪律作风中存在的问题并落实整改,推动从严治党治检深入开展。进一步健全完善院党支部组织机构,建成"党员之家"党员活动专门场所,成立 2 个党小组,切实落实"三会一课"制度、扎实开展党员固定活动日、党费日等活动。

素质能力建设 推行"实务 + 实战"培训模式,组织干警参加各

11 月 23 日,港口区人民检察院党组书记、检察长钟志海主席台中深入社区宣讲党的十九大精神　　港口区人民检察院供稿

10月16日，港口区"一村一法律顾问"签约仪式在企沙镇北港安置区举行　　　　　　　　　　　　　　李娟娟供稿

类实务学习培训、岗位练兵、业务竞赛130人次，切实提升检察人员专业化、职业化水平。年内，港口区人民检察院获全区检察机关案件管理示范岗、检察教育培训优秀课程、推进"两学一做"常态化制度化理论调研二等奖和三等奖、"恪守检察职业道德"主题演讲比赛优秀奖、民事行政检察"优秀法律文书"、优秀通讯员、优秀新闻作品等表彰。

司法责任制改革　扎实推进司法责任制改革，实现人员分类定岗，11名检察官纳入员额管理。实行独任检察官和检察官办案组组织形式，突出检察官办案主体地位，对办案质量终身负责。员额检察官办理案件295件，在办案数量、质量、效率上均有增长，且未发现案件超期及质量问题。进一步优化机构设置和职能整合，配合完成纪委派驻机构改革，坚决支持和配合推进国家监察体制改革，完成转隶前各项工作，改革后，将原有的13个内设机构优化为"四部一局"。　　　（孙钦海）

公　安

【概况】　2017年，港口公安分局（下称分局）设有6个大队，下辖6个派出所（其中边防派出所2个），现有在职在编民警163名（局机关部门民警61名，基层一线所队民警67名，交警35名），事业编制人员2名，工勤人员1名，协警118名。基层一线所队民警占实有警力的52.30%。抽调民警15人，占在职民警11.70%。分局辖区范围是市、区两级党委政府所在地，是全市的政治、经济、文化中心，辖区面积409.95平方千米，常住人口17万余人。

【公安改革】　根据市公安局"大部制、大警种"改革部署，按照"6+1"的机构设置模式，实施《港口分局大部制、大警种改革实施方案》，将11个机关单位整合为6

个大队（警务指挥大队、政治保卫大队、刑事侦查大队、治安管理大队、法制监管大队、警务保障大队）和分局纪委，年内机构及人员配备已经落实到位。

【刑事侦查】　强化日常破案打击和适时组织专项行动相结合，保持对违法犯罪的严打高压态势。继续深入开展"神剑3号""神剑4号"专项行动，全面排查整顿涉爆单位和从业人员、落实涉爆重点人员管控措施；清查收缴，全力消除枪爆潜在隐患，严格查控物流寄递检查，防范打击走私贩卖枪爆物品。加强重点人员动态管控，防止重大涉枪涉爆案件发生。加强寄递行业安全监管，规范降低市场经营秩序，保障社会公共安全和人民生命财产安全，强力打击盗抢骗侵财类案件。2017年分局没有立涉枪涉爆案件，群众自动上缴枪支2支，工作中发现收缴气枪1把，检查收缴枪支1支。共立各类侵财类案件596起，破侵财类案件113起，刑拘侵财类涉案人77人，移送起诉86人，打击诈骗团伙3个13人、抢劫团伙1个10人。

2017年辖区发生命案4起，100%侦破，全年共立各类刑事案件764起，破获211起，通过打击破案，共抓获各类违法犯罪嫌疑人284人，其中，抓获网上逃犯40人，刑拘235人，逮捕180人，移送起诉189人。

【禁毒工作】　2017年，分局运用"一破两追打三手""顺线延伸抓毒源"两个侦查模式，把"摧团伙、抓毒贩、打零包、破大案"放在禁毒工作的首位，共破获毒品刑事

6月27日下午,市公安局党委副书记、常务副局长刘红升(右二)到白沙沥派出所检查指导工作　港口公安分局供稿

案件18起(其中重特大案件3起),缴获各类毒品共计1549.39克,刑事拘留11人,取保候审2人,逮捕15人,行政拘留153人,强制戒毒71人,社区戒毒10人,社区康复3人。

【经济犯罪侦查】 2017年分局共侦破经济犯罪案件18起,抓获犯罪嫌疑人44人,打掉犯罪团伙7个39人,刑事拘留40人,逮捕31人,移送起诉37人,追缴涉案款、物折合1295万元,挽回经济损失1295万元。侦破传销犯罪案件2起,抓获犯罪嫌疑人18人,打掉团伙3个、捣毁窝点5个,教育遣返传销人员386人。

【治安管理】 开展对治安混乱地区的排查整治,对可能存在非法贩制、储存烟花爆竹的1处重点区域、10家重点摊点、13家娱乐场所开展立体式全方位排查。共查处治安案件292起,抓获违法人员801人,其中,治安处罚599人,强制戒毒42人,其他处罚160人。

排查化解各类矛盾纠纷200多起,化解群体性事件苗头0起,处置行政中心区集体上访、突发性事件6起,依法处理拖欠农民工工资案(事)件9起,其中,立涉农民工工资刑事案件7起,取保候审1人,网上追逃2人,追讨被拖欠农民工工资1839.80万元,维护施工50多次。

【队伍建设】

"两学一做"学习教育 分局党委通过召开会议、制定文件、检查督促等方式,加强对"两学一做"的领导和指导,各党支部按照分局党委的要求,根据分局的方案开展活动。结合"两学一做"学习教育,深入开展学习党的十八大,十八届三中、四中、五中、六中全会精神等,坚持用中国特色社会主义理论体系武装广大民警头脑,进一步坚定对中国特色社会主义的道路自信、理论自信、制度自信,矢志不渝做中国特色社会主义事业的建设者、捍卫者,打好民警的理想信念和思想道德基础。

作风建设 严格贯彻执行中央"八项规定"、公安部"十项规定""五条禁令""五个严禁""三项纪律"和分局的各项规章制度,强化党风廉政建设。深入开展查处发生在群众身边"四风"和腐败问题,扎实推进边境口岸执法人员违规收取"好处费"问题,集中整治专项行动和强制隔离戒毒人员执行期间刑事案件办理情况专项清查工作。分局全体民警和员工签承诺书221份,上报《自查统计表》15份。认真学习党章和《准则》《条例》等党纪党规,提高思想政治觉悟;开展廉政谈话、上廉政党课等常态化学习教育,教育和督促民警在廉洁自律上追求高标准,在严守党纪上远离违纪红线。年内,分局未发生影响恶劣的违法违纪事件和重大责任事故。组织民警参加各种培训,加强民警的警务技能、体质体能和实战化训练,严肃监督警容风纪。

探索实施惠警励警政策和方法 认真落实民警休假、年体检、抚恤优待、养老和医疗保险等措施,不断提高民警的福利待遇,切实让从优待警工作落到实处,对受伤民警、贫困党员进行慰问,分局领导班子成员利用元旦、春节等节日,以登门走访和发放慰问品、慰问金或组织召开座谈会等形式,慰问患病及家庭特别困难的民警6人;慰问离退休老干部7人,慰问1名病故民警家属;慰问消防、边防、武警部门的官兵8人;慰问因公负伤的民警2人。积极开展警营文化活动,组织民警与其他单位进行多场篮球、足球友谊赛,在"三八"妇女节来临之际,组织分局全体女性民警(工作人员)进行户外拓展训练和摄影采风活动;参加市公安局组织的2017年公安系统足球联赛并获得第一名,组织分局民警职工参加港口区第10届职工运动会。

宣传工作 分局不断创新宣传工作,加强与主流媒体的沟通协作,对5·26命案、5·30重大传销专案等重大案件侦破及分局的重要工作等进行积极报道。开展专项宣传活动,以出动警力、宣传板、宣传车、派发宣传资料、宣传品等方式开展专题宣传,与民互动,提升群众安全感和满意度。

(港口公安分局)

道路交通管理

【概况】 2017年,防城港市公安局交通警察支队港口大队(简称港口交警大队)有民警41人、协警65人,内设机构办公室、秩序中队、事故中队、宣传中队、车管所、城区中队、光坡中队、桃花湾警务站、港城警务站。2017年,港口交警大队紧扣年度工作重点,开展各项交通秩序整治工作,维护辖区道路交通安全畅通和社会治安秩序。

【队伍建设】 2017年上半年,港口交警大队在大队长及教导员空缺的情况下,由市公安局交通遥控部直接领导,严格落实"一岗双责",围绕大队工作和重点任务,加强纪律规矩经常性教育。围绕中央八项规定精神"回头看"教育整顿活动、阳光执法暨"倡核心价值、拒不义黑钱、树廉洁警风"纪律作风教育整顿活动、"三个年"

活动以及"三会一课"等一系列党建活动,教育民警不忘初心,切实提高民警政治素质,打牢政治思想基础,牢固树立"立警为公、执法为民"的思想。9月,大队长、教导员到位履职。大队班子贯彻"抓班子、带队伍、促工作、保平安"的总体思路,坚持从严治警的方针,抓好习近平总书记系列重要讲话精神、十九大精神的学习教育,开展落实"五查五整顿"、党风廉政建设等活动,转变广大民警的工作作风,增强民警的敬业、服务、法纪意识,提高队伍的凝聚力和战斗力。

【道路交通管理】

交通秩序整治工作 2017年,港口交警大队始终把大部分警力摆上路面,严查严处各类严重交通违法行为。结合春运等节假日及各项交通秩序整治活动的需要,大队主要采取设置临时执勤点、执法服务站、电子违法视频监控相结合的治理方式,在辖区主干道、红绿灯路口、车流量大的路段,对各类违章行为实行"点上查、线上纠、面上控"。重点查处酒后驾驶、无证驾车、假牌套牌、逾期年检、超速、违停、电动车交通违法等严重违章行为,维护道路交通安全和畅通。2017年大队先后参与14次全国交通秩序集中整治统一行动,7次全区严重交通违法行为集中整治统一行动,10次全市社会治安大整治统一行动,共查处交通违法16428起。其中查处酒驾123起,涉牌涉证122起、未按规定喷涂放大号牌875起、不按信号灯通行1141起,不按规定车道行驶224起,机动车超速2542起,无证驾驶141起。查处

危化品运输车交通违法192起。召开道路交通安全联席会议4次,共排查道路交通安全隐患5处,发出整改通知书3份。

交通事故处理 事故预防抓落实,坚决遏制和预防重特大道路交通事故的发生。大队立足工作实际,科学研判辖区交通形势,针对事故诱因及特点加大事故研判机制,成立事故研判领导小组,每月定期召开事故研判会,找出事故发生的规律,有针对性地采取防范措施。全年共召开10次事故分析会,在详细分析辖区交通事故发生的特点规律基础上,提出各时期预防事故的工作任务和目标。据统计,2017年港口辖区共发生交通事故2981起,受伤人数739人,死亡人数21人,直接经济损失272.16万元,与上年同期相比,事故次数上升4.45%,死亡人数持平,受伤人数下降5.62%,直接经济损失上升4.71%。办理刑事案件17起,刑事拘留8人,逮捕7人,移送起诉9人。死亡交通肇事逃逸案5起,全部侦破,侦破率为100%。调解交通事故1372起,作出事故认定1452起,归档1332起。

车辆管理 港口交警大队车管所继续开展流动车管所,落实"农事村办"活动。大队车管所每月两次深入企沙、光坡、沙潭江、王府等镇(街道)及辖区的企业,为群众办理各类车管业务,解决群众多行路、多花钱、多费时的问题,切实方便群众办事。2017年,大队共办理机动车注册登记1264辆,新核发摩托车驾驶证56人次,摩托车补换驾驶证919人次,电动自行车注册登记6177辆。

交通宣传 2017年大队加强

交通安全法规的宣传教育工作。在广大驾驶员、中小学生和客货企业中，广泛开展形式多样的交通安全法规宣传教育活动。年内，大队组织晟宇通公司、超大汽车客运公司等单位驾驶员召开交通安全座谈会 12 次，讲授交通安全法规课 30 课时，印发宣传资料 4 万多份，悬挂大小横幅标语 70 条。同时利用网络、广播、电视、报纸等宣传媒体宣传大队开展的各项工作、各项活动和好人好事。年内共开展"五进"宣传以及各类咨询日 67 场次，发放宣传资料 42560 份，摆放宣传展板 50 块，悬挂宣传横幅 70 条，电子显示屏宣传标语 325 条，更新宣传橱窗、宣传阵地宣传牌 46 块，受教育人数达 5 万多人。通过开展深入细致的宣传教育活动，营造严管的社会氛围，增强广大交通参与者的交通安全意识。

交通警卫　完成春运、"两会"、三月三、五一、端午、国庆、中秋、十九大等大型安保工作。按照上级要求，在大型安保期间，大队对安保执勤工作进行部署，细化任务、明确岗位职责及要求，做到白天见警察、晚上见警灯，切实保证各项管理措施扎实到位，严格落实管理责任制，及时疏导过往车辆，加强对车辆、人员、物品的安全检查。期间，全体民警、辅警放弃休假，坚守岗位，发扬吃苦耐劳、团结拼搏的战斗精神，全力以赴投入到各项大型安保工作中，确保安保工作的完成。全年大队共参与完成大小安保任务 60 余次，出动警力 770 余人次，警车 150 余辆次。

缉查布控　2017 年开始，大队缉查布控系统正式开通使用。缉查布控系统主要针对逾期未年检车辆，逾期未报废车辆，假、套牌车辆以及涉嫌盗抢的车辆等违法行为的查处。缉查布控系统的使用，减轻路面民警的工作量，提高对违法车辆的拦截成功率和精准打击力度。年内大队执勤民警通过预警，已成功拦截、处罚各类严重交通违法车辆 456 辆。

警务站一警多能　依托桃花湾警务站和港城警务站的 24 小时巡逻防控，维护街面治安秩序、处置辖区内非法信访事件、办理交通违法、处置交通事故、开展信息采集和受理接受群众咨询等，每天值班组实行"有警出警、无警巡逻"的勤务模式，为辖区道路交通安全和街面治安和谐稳定保驾护航。特别是 5 月 17 日，出租车司机在高铁站集体罢工，港城警务站执勤人员接到警情后，第一时间赶赴现场维护、管控，严防事件发展，为罢工事件的最后顺利处置赢得了时间。2017 年警务站共接处警 1834 起，办理治安案件 34 起，处置非法上访案件 53 起，采集信息约 3 万余条，充分发挥一警多能的前沿作用。

路口值勤，护学保畅通　港口交警大队西湾女子示范岗以"护学岗"为依托，撑起校园安全保护伞。岗员们每天坚持在学生早中晚上学、放学时段在市实验小学门前路段指挥疏导交通，维护交通秩序，护送学生过马路，耐心劝导广大师生及家长自觉遵守道路交通安全法律、法规，确保学生上放学道路交通安全顺畅。2017 年，西湾女子示范岗荣获全国青年文明号、全国维护妇女儿童权益先进集体两项荣誉称号。

（陈乐洋）

司法行政

【概况】　2017 年，港口区司法局行政系统政法专项编制 22 个，实有政法专项编制干部职工 16 人，大专学历 3 人，本科学历 12 人，研究生学历 1 人；法律专业 8 人；中共党员 9 人。港口区司法局内设秘书股、法制宣传股、基层工作股、调解处理土地山林水利纠纷办公室、社区矫正工作股 5 个职能股室，1 个法律援助中心，派出机构有光坡、企沙、王府、沙潭江、渔洲坪、白沙沥 6 个镇（街道）司法所。辖区管理 7 家律师事务所、65 名律师及 9 名基层法律服务工作者。

【基础设施建设】　加大基础设施建设，积极推进司法业务综合楼项目建设。项目建筑占地面积 4.21 亩，建筑面积 1518 平方米，五层框架结构，总投资 408 万元。资金构成为中央预算内投资 223 万元，自治区配套 26.41 万元，地方自筹 158.59 万元。该项目于 2013 年上半年开工，年内已完成工程总量的 66%。

【普法宣传教育】　建立健全"党委统一领导、政府组织实施、人大监督、部门单位齐抓共管、全社会共同参与"的普法工作机制，形成普法工作合力。以法律进机关、进企业、进学校、进农村、进社区、进单位活动为载体，重点加强"法律进农村、进社区"普法宣传教育活动，全年举办大型活动 3 次，发放宣传资料3万多份、宣传用品15000多份,制作横幅20余条、板报20块,向广大群众宣传法律法规,解惑答疑,提高群众的法律知识水平和依法维权意识。

【法律援助】 建立以区法律援助中心为主导、镇(街道)法律援助工作站、点为补充,总工会、妇联、劳动仲裁等部门法律援助工作站为平台的"大法援"网络体系。完善法律援助代理受理制度,在律师事务所、基层司法所设立受理法律援助申请的便民服务点,授权代为审查、受理法律援助申请,办理法律援助相关业务。推行"一村(社区)一顾问"工作,让律师到村(社区)为群众服务。2017年,全区共受理各类法律援助案件24件(其中刑事案件11件,民事案件13件),为受援群众挽回经济损失30余万元,一批贫、弱、残及特殊人群通过法律援助维护自身合法权益。

【人民调解】 进一步健全充实区、镇(街道)、村(社区)三级人民调解组织网络,执行《港口区矛盾纠纷排查调解处置制度》,完善"三调联动"衔接配合机制,及时化解纠纷。推行一村(社区)一顾问工作,投入5.70万元聘请41名律师为全区41个村(社区)落实法律顾问,覆盖率达100%。各级人民调解组织每月定期对所在镇(街道)的矛盾纠纷进行排查,并采取专项治理和联防联调的措施,及时做好纠纷的化解工作。全年共排查调解各类民间矛盾纠纷90起,调解成功率100%。2017年,港口区司法局无涉法涉诉信访案件;律师参与涉法涉诉信访案件1件,参与律师1人,化解案件1件。

【社区矫正】 2017年,港口区司法局招聘6名社区矫正协管员充实执法队伍。同时健全完善接收、宣告等监督管理制度,建立社区矫正信息管理系统,对社区服刑人员实施手机定位管理。全年港口区共接收社区服刑人员161人,累计解除社区服刑人员108人,年末在册服刑人员53人,其中缓刑类别50人,暂予监外执行2人,假释1人。

【安置帮教】 加强和规范安置帮教工作,预防和减少刑满释放人员重新违法犯罪,进一步促进和维护社会治安稳定,针对全区刑释解教人员重新走上社会,克服和防止再犯罪的行为,始终坚持以"教育、感化、挽救"为工作方针,探索刑释解教人员安置帮教工作新路子。全区累计接收刑释解教人员49人,安置帮教49人,安置帮教率100%。没有发生托管漏管、重新犯罪的现象。

【纠纷调处】 2017年,共化解各类矛盾纠纷和不稳定因素510起,在中铝项目征地拆迁的调处维稳工作中,首次引入律师参与土地纠纷化解,34天化解3400亩中铝项目土地纠纷。无民事转刑事案件、无重大群体性事件发生。全年化解项目建设引发的重大矛盾纠纷36起,成功率达100%。在茅岭至企沙一级公路上,共排查出林地纠纷16起,针对难以化解的纠纷,采取"搁置争议、保全证据、支持开发、利益不变"的方法,引导群众通过法律程序解决权属争议,确保项目先行施工。(李娟娟)

打击走私

【概况】 2017年,港口区打击走私办公室(简称港口区打私办)编制1人,实有工作人员9人。

【反走私调研】 港口区打私办针对2017年走私的新动态、新特点,深入调查研究,加强情报的收集、分析,拓宽信息渠道,提高打击走私工作的预见性、针对性、实效性;适时开展市场调研,及时掌握热销商品、短缺商品、敏感商品的供求和价格动态,评估走私活动的导向性和可能性;对走私重点商品,弄清商品的货源地、流向地、作案方法,确保打击走私的精确度。

【反走私宣传】 港口区打私办紧紧抓住反走私工作中的热点、难点问题,进行重点宣传,并将宣传工作和重心工作下移,认真抓好沿海一线反走私综合治理工作,尤其是加大对企沙、光坡两镇的整治和防范。从相关职能部门抽调干部组成打击走私应急处置小组,深入乡村开展法制宣传,以悬挂横幅、张贴标语、散发资料等多样化的形式,广泛宣传走私活动的违法性质、量刑标准以及对国家经济市场冲击、给群众生活带来的危害。2017年组织开展反走私宣传6次,悬挂横幅350幅,张贴标语580张,散发资料2000余份。通过反复宣传,使全区群众深刻认识到打击走私、贩私是促进社会和谐安定团结的重要渠道,走私、贩私是违法犯罪、破坏社会经济市场的罪魁祸首。

【打击走私联合行动和专项行动】 2017年,港口区打私办认真贯彻落实自治区、市打击走私工作会议精神,按照防城港市打击走私综合治理领导小组《防城港市打击走私"国门利剑2017"专项联合行动的通知》和《防城港市打击食糖走私专项整治行动方案的通知》的部署,在辖区开展打击走私"国门利剑2017"、打击农产品走私、打击烟草走私等专项行动,加强二线管控检查。组织海关、公安、交通、工商等部门开展联合行动和专项斗争,加强对重点部位、重点地段实行全天候的监控,专项打击重点物品、敏感物品的走私活动。年内共出动警力1560人次,出动车辆572车次,查获冻品158吨、香烟685箱、酒386件、大米512吨、糖463吨、洋垃圾固体废料795吨,涉案总值达525万元。

【打击走私综合治理】 2017年,港口区打私办周密部署,认真组织开展打击走私综合治理工作,对各职能部门进行职能分工,区工商分局、防城海关加强对辖区冷冻厂、废旧物资回收加工企业(点)及相关市场的检查,对手续不齐全或不符合相关要求的企业予以取缔;港口公安分局、区边防大队开展针对码头、船舶停靠点、港口区高速路口、西湾大桥及"三无"船舶的摸排调研,加强对辖区主要通道、沿海沿岸、非设关地码头、偏僻海滩等重点区域巡查与监控;港口区交警大队加强道路监控,组织开展车辆专项整治,对无牌照、假牌照及非法改装的车辆予以取缔。在综合治理工作中,本年度共检查仓库6轮次、港口码头6轮次、船舶200艘次、渔船民300人次。 （陈 术）

国防建设

人民武装

【概况】 2017年,港口区人武部认真落实军委国防动员部党委和南部战区党委、广西军区党委以及防城港军分区党委工作部署,按照"扭住根本、聚焦主业、强基固本、稳中求进"的思路,适应新体制,立足新起点,履行新使命,努力完成年度的各项工作任务。

【思想政治建设】 2017年,港口区人武部深入开展"两学一做"学习教育常态化制度化和"听党指挥、维护核心"改革强军主题教育活动,购买《习近平谈治国理政》等书籍14类220余本,抓好规定书目学习、习近平总书记系列重要讲话学习、上好党课、搞好专题讨论、党员承诺践诺等规定动作落实,进一步纯洁党员队伍,强化干部职工服从改革的意识。定期开展敌情社情调研,坚持不懈地抓好法制教育和"四反"工作,确保没有发生政治性问题。认真抓好武装工作绩效考评,促进党管武装工作落实。年内,港口区人武部党风廉政建设工作坚持以"严抓学习教育、严守纪律规矩、严厉纠风治弊、严格监督问责"为抓手,大力推动党风廉政建设和正风肃纪工作向纵深发展,促进人武部全面建设发展和各项任务完成。积极参加港口区打赢"十三五"脱贫攻坚战工作,密切军政军民关系。

【拥政爱民】 2017年,港口区人武部把扶贫工作当作年度大项任务来抓,安排专人负责,结合军地实际,认真制订方案、抓好落实,每月集中组织到贫困村、贫困户走访调查慰问,充分完善各类帮扶资料;结合征兵宣传、下基层武装部走访调研等工作,组织干部职工到贫困村贫困户家庭了解情况;元旦、春节、中秋节等节日,组织干部职工到贫困户家送米送油;帮扶干部职工每周电话了解贫困户情况、每月进行走访调查并宣传扶贫政策、扶持贫困户种养,帮助解决小额贴息贷款,共投入扶贫资金21000余元,其中投入山新村贫困学生补助5000元,企沙镇帮扶8000余元6个贫困户实际困难,其他各项慰问物资4000余元。此外,还投入4000余元帮助挂钩村企沙镇南港社区购买办公设施。港口区人武部帮扶的3个贫困户达到脱贫标准,列入2017年脱贫计划。

【后勤保障工作】

后勤保障 抓好财务制度落实,整改完善单位资金管理使用制度,严格落实党委理财制,确保经费去向公开透明。抓好日常保障工作。根据上级指示,协商日杂用品、办公耗材、维修器具、训练用品、广告制作等相关商户签订协议,规范程序、完善制度,做到按需供给,保障单位工作正常开展。

基层单位基础设施建设 加大基层武装部建设力度,规范基层武装部的建设标准,多次检查督促基层抓好自身建设。4月,将渔洲坪街道基层武装部作为区基层建设示范点,投入资金完善"两室一库"建设。8月,新建企沙镇武装部"两室一库",补充各类器材,完善各项设施,并开设海上民兵之家、国防教育室、文体娱乐室等,基层软硬件设施得到进一步充实。

（黄乃仁）

港口区公安边防大队

【概况】 港口区公安边防大队下辖企沙、星光、沙龙、港口4个边防派出所。

【党建工作】 港口区边防大队新一届党委班子以教育理论为武装，聚力推动政治工作新拓展。积极贯彻民主集中制，发挥集体领导作用，防止无调研论证的盲目决策和草率决定，保证班子车头朝着一个方向，不分家，不分路，一个声音，统一步调，发扬民主作风，不掩盖矛盾，不积压问题。党委领导带头上专题党课，重温入党誓词，学习解读"十九大"精神和新修订的党章，自觉提升党性觉悟。

【部队管理】 港口区边防大队采取"重大节点重点管理，重点岗位全员监督，重要任务全程随管"的方法，加强监督机制，落实安全责任，规范内部秩序，稳除隐患，稳住人心，稳控队伍。年内港口区边防大队始终坚持党委领导带头上课、带头学习，官兵全员听课、全程参与，保证全员不落一课，全程不落一人。推进"一人一事""一对一"谈心交流活动，有针对性地对官兵思想状况进行管理，排解官兵思想问题，及时消除部队安全隐患，补足官兵精神之钙，破除官兵理想信念"软骨病"，营造部队内部硬气、刚强的正气之风。

【边境维护】 港口区边防大队深入开展"固边""神剑"系列专项行动，年内，共立刑事案件133起，破45起，破案率为33.80%，同比发案下降13%，破案持平；受理治安案件306起，查处209起，查处率68.30%。打击处理各类违法犯罪嫌疑人626人次，其中刑拘48人，逮捕43人，行政拘留101人，罚款107人，强戒31人，抓获网上在逃人员3人，收缴各类枪支5支，

子弹44发，查破涉毒案件49起，缴获毒品3.1公斤。查获"三非"外国人32批241人，比上年下降19%；查获涉私案件28起，案值500余万元，比上年下降20%。

【爱民固边】 狠抓海防管控体系基础建设，争取海防经费400万元建成3座海防监控站，配置高清摄像头7个，实现海上重要通道监控全覆盖；企沙所获得地方支持资金500万元研发智慧海洋船管系统，船管工作走在支队前列。联合港口区海防办推进独山海防执勤码头项目建设，该项目已通过立项获得中央投资经费500万元。对辖区586艘小型、"三无"船舶全部登记建档纳入实有船舶管理；开展海上"净港"专项行动，联合公安、工商部门打击"一日游"传销活动向海上蔓延，查处海上违法案件26起，打击违法人员27人；星光、企沙所联合海警首次开展海上缉私，查扣涉私船舶6艘、冻品18吨。 （肖基明）

港口公安消防大队

【概况】 中国人民武装警察部队港口消防大队，（以下简称大队），大队军政主官为副团级，2017年大队有官兵75人，其中现役干部16人，现役士兵59人。

2017年，大队围绕港口区经济社会发展大局，认真贯彻港口区消防工作会议精神，围绕消防工作中心，充分发挥桥梁、纽带作用，加强组织领导，落实消防安全工作责任、加强监督和执法力度、

加强宣传教育以及消防行政执法等提升消防部队灭火救援实战能力，全区火灾形势持续稳定。

【班子建设】 年初，完成大队、中队党组织建设明确军政主官和党委成员的责任分工。大队共召开党委会28次，研究议题119个。严格落实党委中心组学习制度，全年集中学习12次。全面落实周二、周五下午的思想政治教育时间，积极开展全国"两会"精神的学习教育和传达学习党的十九大精神。十九大期间，大队组织召开传达学习十九大精神专题会议1次，组织全体官兵开展座谈讨论2次，推进"两学一做"常态化制度化工作。在开展"维护核心、听从指挥"主题教育期间，大队结合实际，以活动为牵引，开展四个专题讨论会，官兵撰写80余份学习心得体会，以"巨大成就是什么""取得成就靠什么""履行使命怎么办"为主题的大讨论1次，开展"主官讲堂"活动2次、廉政教育授课9次。年初，大队全体干部与消防支队纪委签订反腐倡廉责任状，结合部队开展的贯彻落实中央八项规定精神"回头看"工作，组织全体官兵学习法律法规及规章制度，开展"珍爱生命、杜绝酒驾"大讨论活动1次。官兵层层签订杜绝酒驾承诺书60份，参加总队、支队的廉政专题学习教育4次，组织大中队官兵观看警示教育片7次，开展廉政教育座谈会3次。做好领导干部个人重大事项报告。

【军事行政管理】

部队管理教育建设 全年大队中队召开队伍管理教育形势分析会12次，组织安全教育、案例研

讨等28次，参加支队组织的队列会操1次，获得第二名，条令条例知识竞赛，获得第二名。

灭火救援能力建设 落实工作任务，加强"六熟悉"和预案演练，修订完善《水源手册》《装备器材手册》《六熟悉手册》。在整建制中队实战化训练方面，认真研究摸索，全体官兵刻苦训练，不断查缺补漏，在实践中摸索、改进。提高灭火救援的能力。年内大队共进行辖区重点单位六熟悉200次、实战化演练136次、修订数字化预案90份。2017年中队主要以石油化工各项操作训练以及山岳水域救援培训项目为主，其中参加广西区石油化工跨区域灭火救援演练1次，参加总队组织的危险化学品事故处置技术培训班1次，参加广西区防汛抗洪组织的水上救生演练1次。

安保执勤 在十九大安保工作期间，大队不断强化官兵战备动员教育，召回休假人员，落实值班执勤制度，开展装备器材的全面检查和维护，确保人员、装备时刻处于紧张备战状态。期间大队组织官兵对辖区酒店、KTV、网吧等多家人员密集场所逐一进行"六熟悉"60次、实战演练32次。

灭火救援 年内港口区共发生火灾25起，死亡0人，受伤0人，直接经济损失13.55万元。同比上年火灾起数上升8.7%，死亡人数与去年持平，受伤人数下降100%，直接财产损失下降93.57%。

【消防火灾防控与隐患排查】

工作布置 2017年，港口区政府先后多次组织召开消防工作会议，分别与下级政府、行业部门

签订2017年消防工作责任状，将消防工作纳入政府目标责任、社会管理综合治理等内容范围，落实重大火灾隐患挂牌督办机制、火灾隐患排查整治长效机制、消防工作目标考核和责任追究机制等消防安全责任，部署开展夏季消防检查、冬春火灾防控、易燃易爆场所专项整治、电气火灾防范专项整治、汗蒸洗浴足疗等营业性休闲场所专项整治、高层建筑综合治理专项整治、"迎接十九大忠诚保平安专项整治"等多项整治行动。大队积极推动区政府组织实施消防工作考核，协助支队做好国务院对防城港2016年度、自治区对防城港2016年度消防工作考核的各项准备和迎检工作。

专项整治 大队发挥职能作用，与公安、安监、工商、文体、旅游等多部门联手，形成整治工作合力。大队联合安监、工信等部门开展易燃易爆场所专项整治，联合卫生、安监、旅游、商务、工商等部门合力推进重大火灾隐患整治，联合安监、住建等部门合力开展电气火灾综合治理、高层建筑综合治理，联合民政、公安部门开展港口区社会福利机构消防安全管理标准化建设，联合教育、公安部门部署开展消防进军训、进课堂、进课本等教育活动，大队积极推动教育、文物、民政、卫生计生等部门开展行业消防安全标准化管理，推动行业单位消防安全标准化建设，各监管部门各司其职、全力配合，集中整治火灾隐患。

火灾防控与隐患排查 大队全面分析各镇（街道）的消防安全形势和消防基础设施建设情况，

推动政府在新建、改建、扩建道路的同时，同步建设公共消防设施。同时，加大与自来水公司的沟通协调，积极修缮损坏或缺少的消火栓。大队在全区范围内开展消火栓集中排查整治专项行动。港口区所属街道应建379个市政消火栓，实有183具，其中损坏46具，无水20具，压力不足4具。年内已完成港口区2017年度消火栓建设工程预算，由港口区住建局牵头推进建设工作。7月起开展大规模整治行动，对全区高层建筑酒店、小区、商业区等进行地毯式清查，将全区所有建成投入使用高层建筑的基本信息，消防设施配备、运行情况等数据全部录入，逐一建立户口档案实现信息化管理。同时建立部门抄告联合执法机制，由区政府牵头，安监、公安、消防、住建部门发挥专项监管优势，房管物业发挥行业管理优势，街道、社区等发挥属地管理优势，形成多元化监管合力。2017年全区共排查已建及在建高层建筑共158幢，发现火灾隐患95处，发出责令限期改正通知书89份，当场督促整改59处。全年共检查各类社会单位3112家，发现火灾隐患7351处，实施处罚75起，罚款35.25万元，临时查封单位31家，责令"三停"单位31家，拘留6人。

公共安全整改 针对海珍路小商品街严重影响公共安全及久拖不改的火灾隐患，在采取行政执法与社会舆论并重的做法，在依法依规对责任单位及人员进行处罚的同时，大队提请政府协调解决火灾隐患，同时组织新闻媒体、门户网站等新型媒介，对严重影响公共安全、久拖不改的海珍

路小商品街重大火灾隐患进行曝光。大队在3月底按期完成防城港东湾物流园区域性火灾隐患整改销案，同时提请区政府挂牌督办紫金豪大酒店、新大新超市重大火灾隐患，年内均已整改销案。

消防宣传　创新宣传模式，大力增强社会群众消防安全意识。进入校园"讲"消防。大队积极与教育部门联系沟通，深入大中小学校开展消防宣教"四个一"活动：开展一次消防安全宣传活动；开展一次消防应急疏散演练活动；体验一次消防科普基地活动；完成一份消防安全家庭作业活动，从而达到"教育一个学生、影响一个家庭、带动整个社会"的目的。融入社区"拓"消防。大队坚持消防宣传教育"贴近生活、贴近群众、贴近实际"的原则，进社区发放消防安全常识、如何查改身边火灾隐患等宣传资料，为居民讲解家庭防火灭火常识及遇到火灾时如何报警、火场自救逃生的注意事项等消防常识，依托微型消防站，组织开展初期火灾模拟处置、防火检查巡查等，营造浓厚的宣传氛围。开展百车千所万人消防安全大宣传大培训。充分发动各镇（街道）、派出所等基层组织深入农村、社区、学校、医院等开展消防安全培训，落实消防宣传车每周深入社区、农村开展消防宣传。　　　　（梁仔裕）

人民防空

【概况】　港口区人民防空办公室（简称区人防办）为港口区住建局

挂牌机构，受区人民政府和区人民武装部的双重领导，承担区国防动员委员会人民防空的日常工作，2017年有编制2名，实有工作人员2人。

【人防准军事化建设】　5月26日—5月30日，区人防办参加自治区组织的广西南片区在南宁、钦州、北海、防城港联合训练拉练活动，拉练训练按照国家人防办下发的《人民防空训练规定》要求开展，训练的内容有军事理论、人防业务知识、防空兵器知识、人防机动指挥所正规化、无线电、无人机信息采收操作等实训科目。

【防空警报试鸣暨防空疏散演练】　9月18日上午10时30分，在市人防办的统一指挥下，组织开展一年一度的防空防灾警报鸣响和防空疏散演练活动，防空警报器鸣响时，由社区干部、社区志愿者组织居民从家庭、院内等场所按照疏散路线有序进入人员掩蔽场所，在空袭警报鸣响后组织人员人防开展宣传教育、心理辅导、医疗保障等活动，最后在解除警报鸣响后组织居民有序撤出人防工程。通过演练，让市民掌握疏散、掩蔽、逃生等技能，提高防灾自救意识，提高各人防专业队伍的应急和协同救援能力，在战时状态下人员能够快速疏散和安全掩蔽。

【人防宣传教育】　加大人防宣传工作力度，采取多种形式、多样渠道开展人防宣传教育。利用"国防日""防空警报试鸣日""12·4"法制宣传日，开展对机关、社区及在校学生的国防宣传教育活动，发放人防宣传材料、防空防灾课

本、居民防灾手册，制作宣传展板，张贴人防宣传标语、拉挂横幅，大力普及国防知识，不断提高政治意识，传承红色基因、汇聚强军爱国力量，加强国防教育，增强国防观念，认清国家安全形势，增强国防忧患意识。

【通信警报建设】　通信警报专业人员对警报器管护人员进行定期培训，对警报器定期检查维修和维护。9月中旬，港口区8名警报器管护人员全部参加全市警报管护人员业务知识和技能培训。在9月18日全广西防空警报统一试鸣活动中，辖区防空警报器全部鸣响，鸣响率达100%，实现辖区防空警报全覆盖。

【人防工程建设】　为加强人防工程管理，对人防工程结建、审批、检查、验收做出明确规定，将人防工程纳入依法管理的轨道。认真配合市人防办定期对全区人防工程进行全面检查。在政务服务中心人防办业务窗口，按照自治区的统一标准，做好"权责清单、容缺受理、减证便民、一次性告知、一事通办、八成果"等业务事项，积极配合市人防办做好人防工程的审批和易地建设费的收取工作。2017年共受理人防建设项目30宗，收取人防易地建设费100多万元，全额缴入市财政局专户。　　（赵丽梅）

海防管理

【概况】　港口区海防委员会办公

室(简称区海防办)成立于1994年11月23日,是港口区海防管理工作的议事协调机构,由港口区海防委员会和港口区人民政府双重领导,为副科级单位,编制2名,实有1人。内设港口区海防管理监控中心,事业单位,编制3名。

海防业务工作主要由基础设施建设和海防综合管控两大块构成,由海防办负责具体组织实施。港口区海防辖区东起白沙江与防城区茅岭乡相接,西至马正开与防城区文昌街道相邻,大陆海岸线342.83千米,行政区域总面积409.95平方千米,岛屿面积23平方千米。

2017年,港口区海防基础设施建设财政投入约410万元,主要用于新建"两路一桥"项目及海防基础设施建设年度维护;投入10万元综合管控费,主要用于组织开展海防情况交流研判、海防军警民联防联控活动、海防宣传及信息采集等工作。

12月29日,光坡镇新兴村籁色葵北至埠头岭海防执勤道路工程施工

吴善鉴供稿

【海防建设】

海防道路建设　2017年,区海防办积极申报并获批准建设"两路一桥"海防基础设施升级重建项目,获中央和自治区投资共355万元。光坡镇新兴村籁色葵北至埠头岭海防执勤道路(3.3千米)与籁色葵埠头岭海防执勤桥梁(18米)以及王府街道沙港社

12月29日,区海防办协调组织召开第四季度海防情况分析会

陈畅生供稿

区中间屯至洲尾港海防执勤道路(2.0千米)于12月陆续开工建设,其中,籁色葵埠头岭海防执勤桥梁重建于12月30日竣工。

海防基础设施维护　港口区2017年海防维护支出共55.29万元。其中,全年正常维护管理费用支出15.02万元,维护里程25.9千米。灾害损毁设施专项维修支出40.27万元。年内维护工作:①光坡镇潭油村坡辽至烂涵港海防执勤道路水毁路段的挡土墙及三面光水沟的维护;②光坡镇新兴村塘尾至籁色葵海防执勤道路水毁路段的挡土墙建设及回填砂石;③企沙海防执勤码头六角砖块下沉修复维护。

【海防管控】

协调组织召开海防季度会和海防联席会　协调港口区海防委员会主要成员单位和管边涉海部门参加每季度的海防情况分析会,结合辖区海防重要紧急事项召开海防联席会,对各自分管的海防工作进行总结,重点对打击越界捕捞和非法出入境等跨境犯罪、严防涉枪涉爆违法犯罪、治理整改入海排污、维护海域使用秩序等提出问题建议,对下阶段海防工作进行部署。

加强与驻地军警合作 与驻地海警支队、边防大队通过巡海等方式调研申报港口区 2018 年度海防建设项目 2 个,拟申请资金 718 万元。与区边防大队联合开展边海防宣传教育活动 2 次,现场接受宣传教育的过往群众约 1500 人次,向群众发放宣传资料 1800 余册。给海警支队拨付 2.5 万元用于维护海警监控设备;给边防大队拨付 3.50 万元用于“净港”专项整治行动及海上联合演练活动;给海防连监控站维修提供援助,进一步提高人防物防技防综合水平,共筑辖区稳固海防体系。

(陈畅生)

经 济

招商促进

【概况】 港口区招商促进局为港口区人民政府直属正科级事业单位，设综合股、投资服务股(挂区投资投诉中心牌子)、投资项目代办督办股(企业服务代办中心)共3个内设机构；事业编制7名，在岗工作人员9人，其中在职在编7人、借调挂职村官2人，人员经费财政全额拨款；驻港口区渔洲坪东湾大道水利大楼四楼办公。

9月7日—9日，防城港市人民政府、中国水产流通与加工协会在防城港市举办2017海上丝绸之路—防城港海洋渔业论坛会议。港口区参加海洋渔业论坛会，期间与5家企业签订海洋渔业项目投资合作协议，总投资金额11.41亿元人民币。

9月12日—15日，第14届中国－东盟博览会、中国－东盟商务与投资峰会在广西南宁举行，区委书记黄炳利率港口区代表团参加，9月13日，在第14届中国－东盟博览会自治区集中签约仪式上，港口区与防城港五彩滩休闲度假有限公司签订防城港市天堂滩休闲度假中心项目投资协议，总投资16亿元人民币；9月14日，在第二届中国－东盟商会领袖高峰论坛防城港分论坛暨物流业合作发展主题论坛项目签约活动上，港口区与昆明川金诺化工股份有限公司签订湿法磷酸净化及精细磷酸盐项目投资协议，总投资24亿元人民币。

11月14日，副区长魏月星在区政府四楼第二会议室主持召开招商引资工作专题研究会，会议对防城港危化品车辆一站式服务中心项目有关问题进行专项研究。

11月16日—17日，副区长魏月星率港口区招商分队赴南宁坚密特防腐工程有限责任公司开展相关考察活动。活动期间，港口区招商分队实地考察南宁坚密特防腐工程有限责任公司办公区及库房，并举行座谈会。会上双方广泛交流，初步达成投资意向。

11月24日，大龙口生态旅游项目投资意向书签约仪式在区政府四楼第二会议室举行。

11月24日，区长朱靓在区政府4楼第一会议室主持召开招商引资工作研究会，会议对石墨稀改性重防腐涂料生产项目有关问题进行专项研究。

11月27日，湿法磷酸净化及精细磷酸盐项目投资协议书签约仪式在区政府四楼第二会议室举行。

【投资环境建设】

加强领导，健全机制 港口区坚持把招商引资作为2017年经济工作的重中之重，严格按照市委市政府"招商季"活动统一部署，成立港口区"招商季"活动指挥部，审定港口区"招商季"活动方案，召开专题会议，健全创新招商引资奖惩激励和考核督查机制。区主要领导率队外出招商，着力推进招商引资取得实效，主要招商项目指标顺利完成。

深入调研，理清招商思路 组织人员走访调研防城港经济开发区和防城港市高新技术产业开发区，针对园区受经济下行影响、发展放缓加大招商引资的难度；签约项目履约率较低、进展慢、项目资金到位率低；部分用地征地难度较大，园区大型企业下游产业缺失等问题展开积极探索，进一步理清招商思路和重点。

坚持走出去，请进来的招商思路 在上级下发的外出招商引资计划基础上，结合港口区"招商季"活动，拟定全年外出招商引资计划，积极推进做大做强做优港口区有色金属下游产业链、特色旅游、健康养老服务等产业项目，开展相关重点产业招商宣传推介、项目对接洽谈等投资促进活动。2017年，区主要领导率港口区招商分队赴福建、广东开展专题招商推介活动，推介港口区的招商投资环境，并签订多个项目投资、战略合作框架协议。

优化服务，改善环境　牢固树立软环境就是竞争力的意识，更新理念，改进作风，不断优化发展环境。建立专门服务机构，提供考察全程跟踪服务，凡外商来港口区考察，区分管领导率相关部门陪同服务、交换意见、提供咨询、直面问题，提高客商满意度。对入驻企业确定专门联系领导和联系部门，定期召开现场办公会、协调会，研究项目落实情况，并组建专门工作组，对进驻项目采取跟班服务、上门办证、专人落实等措施，做到一个项目、一个领导、一个班子、一支队伍，及时解决项目运行过程中的困难和问题。区委、区政府主要领导、分管领导对招商引资项目跟进、服务、进程等随时督查跟进。凡招商企业遇到问题、反映问题，可随时向区委、区政府主要领导、分管领导报告，急事急办、特事特办。实行引资"绿色通道"，落实优惠政策，简化办事程序，全力帮助办理相关手续，推进项目建设开展。

【招商引资工作】

指标完成情况　2017年，引进内资108.52亿元人民币（含续建项目），完成市下达任务100亿元的108.52%；实际利用外资4016万美元（含续建项目），完成市下达任务4000万美元的100.4%。

签约项目完成情况　2017年，签订12个项目投资协议和战略合作协议，总投资规模78.26亿元人民币。分别是广西双合盛业水产养殖有限公司投资建设的港口区抗风浪浮筏养殖牡蛎项目，投资规模0.15亿元人民币；广西桂海农业技术开发有限公司投资建设的桂海水产养殖项目，投资规模1.20亿元人民币；防城港密尔克卫化工供应链管理有限公司投资建设的防城港密尔克卫化工供应链管理有限公司项目，投资规模1.30亿元人民币；防城港五彩滩休闲度假有限公司签订防城港市天堂滩休闲度假中心项目，投资16亿元人民币；防城港市永贺水产科技发展有限公司签订的永贺海水鱼类种苗繁育场建设项目，投资金额2.27亿元人民币；广西小藻农业科技有限公司签订的海洋微藻利用电厂烟气和贫瘠土地大规模养殖之绿色防城港项目，投资金额3亿元人民币；广西桂海农业技术开发有限公司签订的港口区红树林海洋渔业示范区建设项目，投资金额1.20亿元人民币；防城港市开华投资有限公司签订的港口区企沙渔港经济区综合建设项目，投资金额3.80亿元人民币；防城港市港口区新飞泰水产冷冻有限公司签订的港口区企沙渔港经济区建设项目，投资金额1.14亿元人民币；南宁市欧喆贸易有限公司签订的大龙口生态休闲旅游项目，投资金额0.20亿元人民币；广西川金诺化工有限公司签订的湿法磷酸净化及精细磷酸盐项目，投资金额24亿元人民币。

接洽考察及在谈项目情况　2017年，港口区累计接洽客商来访、考察、洽谈项目26批100多人次，主要来自北京、山东、河北、浙江、安徽、福建、湖北、广东、四川、云南等地，洽谈投资领域主要有装备制造、新能源、工业4.0、仓储、物流、化工、高新科技、陶瓷、旅游开发等。

推进外出招商情况　通过外出招商推介活动，对外展示港口区在重大产业链以及下游产业、生态旅游、健康养生项目等区位优势，着重推介港口区有色金属产业及下游产业链以及生态旅游产业。提升港口区城市名片的影响力，招引发达地区名优企业落户港口区。2月28日—3月5日，副区长王华率港口区招商分队赴福建省相关园区开展招商推介活动；4月10日—18日，区长朱靓率港口区招商分队赴广东省开展招商推介活动；4月25日—28日，区委书记黄炳利率港口区招商分队赴福建省开展招商推介活动；6月27日，为学习借鉴百色市平果县和河池市金城江区在园区工业发展、招商引资、城市建设、脱贫攻坚等方面的先进经验，区委书记黄炳利带队赴百色平果县、河池金城江区进行调研。6月30日—7月2日，中国水产流通与加工协会联合福建省海洋与渔业厅在福建省福州市举办"中国国际（福州）渔业博览会"。副区长刘晓红率港口区招商分队随防城港市代表团赴会开展招商推介活动；9月15日—18日，副区长刘斌率港口区招商分队赴山东省淄博市开展招商推介活动。此外，安排相关人员参加第14届中国–东盟博览会以及第二十届中国（重庆）国际投资暨全球采购会和中国国际（福州）渔业博览会。2017年，港口区累计外出走访接洽客商116

批 250 多人次,邀请 72 家企业来港口区投资考察,主要来自上海、江西、山东、安徽、福建、广东、云南等地。

【引进项目服务】

加快项目提速落户,实行全方位"保姆式"服务 督促投资服务股(挂区投资投诉中心牌子),负责为外来投资者提供办理外来投资项目涉及有关的法律、法规、政策和办事程序等咨询和指导服务。负责协调政府有关职能部门为外来投资企业提供相关的服务,帮助外来企业协调解决生产经营、日常生活等方面的实际问题;协助投资者办理立项、审核、批复、工商注册、税务登记等各项审批手续,协助代办投资项目从立项到开工全过程各项行政审批办证手续;负责区本级重大投资项目的跟踪、协调、服务和督办工作;负责其他区域间城市和地区之间的经济合作工作。贯彻落实国家和自治区对外开放方针、政策、法规,依法维护投资者合法权益;受理、协调和处理外商投诉事项;对全区外来投资者投诉的受理,处理工作实施检查、指导、协调、监督,向受诉单位交办、转办投诉事项并进行跟踪督办;对区委、区人民政府批转交办的重大外商投诉事项进行调查、协商、处理,及时报告办理情况;根据区人民政府授权,在办理投诉工作中行使调查权,转办督查权,协商权和行使处分协议权。2017 年,项目业主投诉 0 个,走访调研项目 23 个,发现问题 0 个,协调解决问题 11 个,满意率 100%。

加强项目跟踪协调,突出代办、督办服务 督促投资项目代办督办股(企业服务代办中心),负责为客商提供投资代办咨询;根据代办要求做好联合审批会议的筹备和会务工作,落实联合审批会议的精神,落实代办服务过程中的领导指示,协调相关部门为投资者代办各项行政审批手续,制订"一个项目一名领导一个项目服务小组"工作方案,并对重大项目建设进行跟踪协调服务,专项督办项目审批代办制实施情况,督办投资项目联合审批全过程相关服务工作;收集整理投资者的投资代办信息和投资客商的投诉,定期以信息、简报等形式向区委、区政府上报项目审批代办工作情况。2017 年,为 3 个项目进行代办服务。

(黄莉莉)

财政·税务

财 政

【概况】 港口区财政局内设机构 14 个,分别为办公室、预算股、综合股、经济建设股、社会保障股、农业农财股、企业股、会计管理股、法规税政股、监督检查股、教科文股、行政政法股、国库股、国有资产管理股。局其他工作机构 7 个,分别为港口区财政资金管理支付中心、港口区民族经济发展资金管理所、港口区财政稽查分局、港口区财政信息管理办公室、港口区财政投资评审中心、港口区政府采购管理办公室、港口区非税收入管理中心。局下辖财政所 4 个,分别为渔沥财政所、公车财政所、光坡镇财政所、企沙镇财政所。2017 年编制数 85 名,在职在编人数 72 人。

【财政预算收支】 2017 年,全区财政总收入 122846 万元,财政总支出 118434 万元,收入和支出相抵,年终滚存结余 4412 万元,扣除结转下年继续使用的专款 4412 万元,全年财政收支平衡。

【财政收入】 全区财政总收入的构成为:公共财政预算收入 63850 万元,完成年初预算的 101.35%,增长 5.28%;上级补助收入 48809 万元。其中:返还收入 6866 万元,一般性转移支付收入 15625 万元,专项转移支付收入 26318 万元;自治区代理发行并转贷港口区的债券收入 4700 万元;2016 年结转到 2017 年继续使用的各项专款和结余收入 5276 万元。

2017 年,全区组织的财政收入完成 150880 万元,完成预算的 105.88%,比上年增长 11.25%。其中:公共财政预算收入 63850 万元,上划中央收入 66516 万元,上划自治区收入 20514 万元。在全区公共财政预算收入中,税收收入完成 51291 万元,增长 5.24%。其中:增值税 9952 万元,增长 36.63%;营业税 484 万元,下降 91.83%;企业所得税 3473 万元,下降 9.25%;个人所得税 1723 万元,下降 0.46%;城市维护建设税 3500 万元,增长 10.86%;土地增值税 4756 万元,增长 107.59%;契税 9603 万元,下降 31.85%;耕地占用税 12027 万元,增长 94.33%;其他税收收入 5773 万元,增长 36.06%。非税收入完成 12559 万元,增长 5.42%,其中:专项收入 4275 万元,增长

5.87%;行政事业性收费收入 1771 万元,下降 12.11%;罚没收入 3426 万元,下降 31.62%;国有资源(资产)有偿使用收入 2947 万元,增长 1251.83%;其他收入 140 万元,下降 78.39%。

【财政支出】 2017 年,全区财政总支出 118434 万元。全区公共财政预算支出 110626 万元,完成预算的 96.31%。其中:一般公共服务 16100 万元,完成预算的 96%,增长 2.33%;国防 642 万元,完成预算的 95.96%,增长 37.73%;公共安全 4422 万元,完成预算的 96.01%,增长 8.25%;教育 16094 万元,完成预算的 96%,增长 3.03%;科学技术 558 万元,完成预算的 96.04%,下降 44.70%;文化体育与传媒 694 万元,完成预算的 95.99%,增长 18.23%;社会保障和就业 9998 万元,完成预算的 96%,下降 44.90%;医疗卫生与计划生育 9562 万元,完成预算的 96%,下降 19.89%;节能环保 661 万元,完成预算的 95.94%,下降 9.33%;城乡社区事务 37660 万元,完成预算的 96.91%,增长 60.77%;农林水事务 5549 万元,完成预算的 96%,下降 67.91%;交通运输 601 万元,完成预算的 96.01%,下降 70.14%;资源勘探电力信息等事务 1082 万元,完成预算的 96.01%,增长 10.07%;商业服务业等事务 161 万元,完成预算的 95.83%,增长 10.27%;国土海洋气象等事务 1951 万元,完成预算的 96.01%,增长 53.38%;住房保障支出 3720 万元,完成预算的 96%,下降 61.18%;粮油物资储备事务 429 万元,完成预算的 95.97%,下降 2.05%;债券付息支出 703 万元,完成预算的

96.04%,增长 13.02%;债务发行费用支出 5 万元,完成预算的 100%,增长 25%;其他支出 34 万元,完成预算的 97.14%,下降 46.03%。

【政府性基金收支】 2017 年全区政府性基金总收入 37506 万元,基金预算总支出 35081 万元。收支相抵后,年终滚存结余 2316 万元。政府性基金预算总收入中:上级补助收入 21253 万元。上年结转收入 843 万元。政府性基金预算总支出中:(1)当年政府性基金支出 19671 万元,其中:社会保障和就业支出 1 万元;城乡社区事务支出 18949 万元;其他支出 319 万元;债务付息支出 386 万元;债务发行费用 16 万元。(2)调出资金 109 万元。

【服务经济建设】 全力支持市政基础设施建设,优化全区投资环境。全年共拨付市政基础设施建设资金 14231.10 万元,其中:亚行基础设施建设项目 7517.97 万元,企沙城北区路网工程 3663 万元。

投资评审工作 全年完成评审并上报政府审定的项目 117 个,其中工程预算评审项目 99 个,前期经费评审项目 18 个,送审金额约 91944.70 万元,审定金额约 85871 万元,审减金额约 6074 万元,核减率为 6.61%。"事前""事中"做好招标工程上限控制价的控制、资金来源渠道的预控及项目招标工作的监督,"事后"做好检查监督工作。

储备粮轮换工作 积极配合区储备粮管理中心做好地方储备粮轮换工作,2017 年轮换出库储备稻谷 98.08 万公斤,及时拨付轮

换费用 56.89 万元,保证地方储备粮的数量、质量和储存安全,保持粮食市场稳定,防止造成市场粮价剧烈波动。

"惠企贷"工作 为缓解中小企业融资难问题,促进实体经济稳定发展,由自治区本级和市县本级预算安排,设立中小企业信贷引导资金,由合作银行开展"惠企贷"业务,加大对中小企业信贷融资的支持,全年辖区 5 个中小企业获得"惠企贷"贷款 5300 万元。

【保障和改善民生】 加强财政资金统筹使用力度,保障和改善基本民生。2017 年,教育、科学技术、文化体育与传媒、社会保障与就业、医疗卫生、城乡社区事务、农林水事务、住房保障等民生支出资金共计 87639 万元,占总支出的 79.22%。

【服务"三农"】

落实各项惠农强农政策 全年全区财政支农支出 3553 万元,其中:农业支出 688 万元,林业支出 250 万元,水利支出 592 万元,扶贫支出 2023 万元。

按时发放各项财政支农资金 2017 年农业三项补贴发放金额共 442 万元,全年发放退耕还林补贴资金 123.8 万元、农机购置补贴资金 62 万元、渔业生产用油补贴资金 298.1 万元。各种农业补贴资金在审批后五个工作日内下达各镇财政所,财政所及时将补贴资金通过"农民补贴一折通"兑付到补贴对象手中。

筹措资金助力脱贫攻坚 按照区委区政府扶贫工作的要求,积极筹措和安排全区脱贫攻坚资金,2017 年共筹措落实扶贫资金

2123.73万元，并足额落实扶贫小额信贷风险补偿金220万元，由区扶贫办、区城投公司和防城港市区农村信用合作联社三方签订《港口区扶贫信贷风险补偿资金公关协议》，设立共管账户，共同按照规定管理；根据自治区人民政府办公厅的要求，为进一步加强和规范财政扶贫专项资金管理，提高资金使用效益，由港口区财政局牵头拟文对本区原有的资金管理办法进行修订，经区人民政府第十五次常务会议通过，区人民政府办公室印发《防城港市港口区财政专项扶贫资金管理办法》（港区政办字〔2017〕18号），进一步加强和规范本区的财政扶贫资金管理，提高资金使用效益。

加快村级金融服务体系建设　大力推广和完善"农金村办"模式推广工作。按照农村普惠金融服务要求，积极引进银行、保险、担保、小额贷款公司、互联网金融等金融机构入驻，开展农村金融综合服务，让已建成的19个村级三农金融服务室的功能真正发挥其作用。

开展"一事一议"村级公益事业建设　全年共筹措资金432万元，组织实施建设18条村级道路13千米及一批村级基础设施，惠及7个村，受益群众2400人。

大力宣传政策性农业保险　以维护农民利益为核心，维护副食品价格稳定为重点，通过部门专题业务会议、政策性农业保险动员会，传达政策性农业保险，下村到户进行摸底核查情况，积极与养殖、造林大户及养殖、造林公司开展政策宣传，填报登记，通过和农户交谈，发放相关宣传资料700多份进行宣传此项政策性保险，完成能繁母猪535头、育肥猪6895头、牡蛎822亩投保工作，按照政策性农业保险投保险种及险种保费比例财政补贴资金共55.37万元。

落实小额担保贷款财政贴息政策　积极落实国家创业担保贷款财政贴息政策，促进妇女、青年创业就业，帮助农村妇女、青年脱贫致富。全年累计发放贷款53笔共487万元，财政贴息资金共28.46万元。

加强扶贫资金专项监督检查　对区扶贫办、农业局2015年和2016年扶贫资金使用情况进行检查，通过监督检查加强扶贫资金及财政专项资金的规范使用和管理，提高会计核算、财务管理工作水平。

【财政改革】

加强企业财务管理，协助企业改革　积极参与国有企业改革、重组方案的论证审核，做好改革费用的测算审核工作；加强国有企业改革资金管理，及时拨付补助资金，确保国有企业改革顺利实施。规范资产评估收费行为，及时办理资产评估的核准和备案工作，防止国有资产流失。建立与企业的联系机制，做好企业的帮扶工作。指导和监督企业按新企业准则和新财务制度建账，为企业解决专项资金的扶持问题。

推进国库集中支付改革，做好预算动态监控各项工作　港口区已纳入国库集中支付管理的单位108个，2017年，通过国库集中支付系统拨付资金12235笔166828.07万元。根据自治区财政厅及市财政局要求，对动态监控预警规则进行调整，在原有预警规则上增加监控规则，启用红色预警规则两条，将现金提取红色预警金额降到1000元。全年共通过动态监控预警拦截违规操作473条，金额139.18万元。

完善预算绩效管理，提高财政资金使用效益　2017年，开展预算绩效管理项目172个，同比减少1个；涉及全区一级预算单位66个，已实现区一级预算单位绩效管理的全覆盖；计划评价资金规模32300万元，同比减少6.65%，评价范围涉及教育、社保、卫生、农林水、交通等公众关注度高的各热点领域。

做好公务用车改革工作，加强机关单位公务用车管理　按照自治区要求，对港口区68辆公务用车进行车辆标识喷涂工作，其中：47辆应急保留车辆和15辆特种用车进行"港口公务"和"港口执法"标识、6辆车申请免喷。同时从3月份开始发放交通补贴，年内共发放交通补贴644.12万元。

加强政府采购工作管理，做好日常采购跟踪监督　严把采购资金拨付关，实行源头控制，通过委托采购代理机构进行集中采购，公开政府采购工作流程，区政府采购监督管理办公室对日常采购活动实施全程跟踪监督。2017年全区共完成政府采购877次，完成采购的预算金额2713万元，实际采购金额2492万元，节约财政资金221万元，节约率为8.16%。

（梁　雪）

国　税

【概况】　2017年，港口区国家税务局（简称港口区国税局）有内设机构 13 个,下设 1 个企沙税务所,在职干部职工 68 人。港口区国税局在册纳税户 21387 户,累计实现税收收入 23.42 亿元,同比增收 11.62 亿元,增长 98.53%。其中组织完成市本级计划口径税收收入 150778 万元,同比增收 92892 万元,增长 160.47%。2017 年,营改增主要涉及的建筑业、房地产业、金融业以及生活服务业四大试点行业累计缴纳税额 20025 万元。组织港口区政府计划口径税收入 83393 万元,同比增收 23328 万元,增长 38.84%。组织国内增值税收入 187961 万元,同比增收 114238 万元,增长 154.56%;消费税收入 11521 万元,同比增收 333 万元,增长 2.98%;企业所得税收入 29648 万元,同比增收 647 万元,增长 2.23%。

【国税征管】 2017 年,征管部门围绕以深化征管改革为总抓手的改革思路,结合实际,因地制宜,解放思想,进一步深化简政放权,深化"放管服"改革,加快税收征管方式转变。开展税收风险管理工作,全面推进以税收风险管理为导向的新税收征管模式,突破税收管理瓶颈,堵塞征管漏洞,提高征管质效,改进税收执法。推进国地税合作,征管部门作为国地税合作的牵头部门,协调各业务股室加强与港口区地税局合作,推进国地税合作工作开展。

【国税纳税服务】 2017 年,港口区国税局以"提升·创响"为主题,以纳税人为中心,以需求为导向,面对纳税人的"堵点""痛点""热点""焦点"和"难点",以机制建

设为抓手,以"互联网 + 税务"为助力,通过简化流程、完善制度、创新管理,创响服务品牌、优化管理效能、提升社会形象,规范简化办税流程,推进税收规范化管理和服务,加强办税便利化改革,简并涉税资料报送和证明提供,改进办税流程,加强国地税合作,激励诚信纳税。拓展多元化办税渠道,拓展网上业务功能,推广"办税便利通"网上办税服务,发票申请、税务登记信息变更、银行三方协议签订等多项业务实现全程网上办,提高办税效率。

【税收优惠政策落实】 2017 年,港口区国税局落实小微企业所得税、高新技术发展、西部大开发、促进残疾人就业等方面税收优惠政策及结构性减免税政策,减轻企业税收负担。落实税收执法权力清单制度,加大税收执法督察力度,落实税收执法责任制,规范税收执法行为。依法依规加强税收征管,落实税收优惠政策,依托现代信息技术深化数据分析,查找征管薄弱环节和税收风险点。针对新发布的优惠政策采取点对点、特定行业特定培训等多种方式进行指导培训,确保优惠政策平稳落地,使符合条件的纳税人享受到税收红利。

(刘建军)

地　税

【概况】 港口区地税局有 6 个内设机构,下设 1 个税务分局、2 个税务所。2017 年,港口区地税局共组织各项税费收入 44339 万元,同比减收 15276 万元,减幅 25.6%

(剔除"营改增"因素,同口径减收 3785 万元,下降 7.87%)。其中组织市政府口径收入 43794 万元,减收 11397 万元,减幅 20.70%(剔除"营改增"因素,同口径增收 94 万元,增幅 0.22%);自治区考核口径收入 42333 万元,减收 15622 万元,减幅 27%(剔除"营改增"因素,同口径减收 4131 万元,下降 8.89%),完成预期任务目标 50500 万元的 83.83%。同时组织港口区财政体制收入数 59199 万元,同比减收 8216 万元,减幅 12.19%(剔除"营改增"因素,同口径增收 7697 万元,增长 14.94%),完成预期任务目标 58400 万元的 101.23%。受全面实施"营改增"的影响,年内各种口径收入均有不同程度的下降,剔除"营改增"因素后收入还是处于下降状态的主要原因是上年契税清理工作的结束和契税收入的转移(7 月份开始转移到直属局,减少收入约 8000 万元)。发生征收入库的税种共有 12 个,呈现"九增三减"的态势(详见下页统计表)。

【各种税收改入】

土地增值税 2017 年,土地增值税征收入库 3556 万元,同比增收 1520 万元,同比增长 74.70%。年内房地产市场回暖,因而销售收入同比上年大幅增长,企业预缴的土地增值税随之大幅增长。统计数据显示,1—11 月港口区商品房销售面积 153.46 万平方米,增长 62.90%,增幅环比提升 9.2 个百分点。

耕地占用税 2017 年,耕地占用税征收入库 12320 万元,同比增收 7450 万元,同比增长 153%。增长原因是年内国土部门出让土

2017年税收收入分税种统计表

单位:万元

项目	年度累计			
	收入额	上年同期	增减数	增减%
1.增值税	282	119	163	137.0%
2.营业税	775	11491	-10716	-93.3%
其中:金融保险业(按预算科目)	36	4024	-3988	-99.1%
3.企业所得税	3776	4154	-378	-9.1%
4.个人所得税	5497	4965	532	10.7%
5.资源税	0	0	0	0
6.城镇土地使用税	1308	1059	249	23.5%
7.城市维护建设税	3194	2449	745	30.4%
8.印花税	1081	825	256	31.0%
9.土地增值税	3556	2036	1520	74.7%
10.房产税	1249	909	340	37.4%
11.车船税	32	8	24	300.0%
12.烟叶税	0	0	0	0
13.耕地占用税	12320	4870	7450	153.0%
14.契税	7911	24031	-16120	-67.1%

地较多,同时上年有2500万元的退税。

城市维护建设税 2017年,城市维护建设税征收入库3194万元,同比增收745万元,增幅30.40%,同时教育费附加和地方教育附加也分别增长317万元和211万元,增幅分别为30.80%和30.70%,增长幅度较大,房地产业回暖使房开企业销售收入大幅增长,企业预缴的增值税附加税也随之增长。

印花税 2017年,印花税征收入库1081万元,同比增收256万元,同比增长31%;

房产税 2017年,房产税征收入库1249万元,同比增收340万元,同比增长37.40%。

城镇土地使用税 2017年,城镇土地使用税征收入库1308万元,同比增收249万元,同比增长23.50%。

契税 2017年,契税征收入库7911万元,同比减收16120万元,同比下降67.10%,减收原因是上年3月份开始进行契税清理工作之后,上年的契税收入大幅增长,本年度契税收入大幅回落,7月份开始契税收入已划到直属局。

营业税 2017年,营业税征收入库775万元,同比减收10716万元,同比减幅93.30%,减收原因是上年5月份开始全面实施"营改增",营业税改由国税征收增值税,该政策使地税税收收入大幅下降。

建筑业税 2017年,建筑业税收入为6914万元,减收2332万元,减幅25.22%。

房地产业税 2017年,房地产业税收入为6052万元,减收1687万元,减幅21.80%;

金融业税 2017年,金融业税收入为5746万元,减收1313万

元,减幅18.60%。

【抓党建推动干部队伍建设】 港口区地税局深入推进全面从严治党建设坚持问题导向,聚焦主责主业,创新基层党建工作举措和方法,重点解决基层党建"要做什么""该怎么做""怎么做实""怎么做强"四个问题,不断强化支部战斗堡垒作用和党员先锋模范作用,实现基层党建工作与税收业务工作互动促进、融合发展。制定《落实全面从严治党主体责任和监督责任工作任务清单》和《关于构建港口区地方税务局全面从严治党新格局的实施方案》《2017年度党建工作要点》,从落实工作事项、责任部门及完成时限作出具体明确布置。努力践行全面从严治党的宗旨,在中央八项规定精神"回头看"整改工作中,党组成员勇于担当,带头清退款项,并动员其他人员都清退相关款项。年内开展32次行风纪律督查,开展谈心谈话共计47人次,廉政约谈32人次,及时掌握干部职工思想动态。

【强化税政基础】

环保税开征 2017年,港口区地税局加强与港口区环保局协调,完成第一批数据资料和登记信息表交接25户,已完成审核,发放环保税宣传资料70余份,加强对污染源企业开展重点宣传和辅导,并建立环保税征收管理台账,做到缴纳环保税企业一户一档。

落实税收优惠政策 全年累计减免个税4200万元。

推进土地增值税清算工作 年内完成乐天花园、越秀·祥龙苑、天寓商业广场三个项目的土

地增值税清算工作。

【强化征管基础】

抓好征管主观努力程度　各项指标相关工作征管努力程度五个指标均超过广西区平均值。

抓好数据质量工作　及时核实《税收协同共治平台》推送的简易注销公告记录并处理；做好非正常户认定手续完备和税费种认定；按照规定的时限和要求完成上级下发的数据处理任务。

推进国地税合作　定期进行国地税联合欠税公告。

做好各项常规基础工作　做好户籍管理。政务中心窗口全年共受理两证整合（个体）2711件，一证一码872件，变更税务登记843件，注销登记785件，共计5211件；加强个人所得税全员全额申报管理，个人所得税应明细申报户数3139，已明细申报2786户，申报率88.75%，明细申报准确率99.99%；做好电子档案工作，年内共完成电子档案录入5660份。

【强化纳服基础】 及时更新纳税服务规范资料，落实限时办结制度。推广《大服务平台》微信公众号，通过组织干部关注、向纳税人推广、进社区宣传等方式，提前超额完成市局下达推广任务，推广关注超过2700户。面向全体干部职工开展政务礼仪培训，提升干部职工文明素质。

【强化财务基础】 编制报送2017年度1—12月份预算执行进度分析报告；参加自治区地税局2017年度部门决算工作布置培训；参加广西区2018年度部门预算工作会

审；核对机关养老清算工作；按巡察反馈意见完成相关整改工作；按要求完成自治区财政厅追加伙食补助处置工作。

（港口区地税局办公室）

经济管理与监督

宏观经济管理

【规划编制与实施】 依托中国－东盟自贸区、东兴试验区、跨境经济合作区、构建开放型经济新体制综合试点试验城市等开放平台建设，承接跨境劳务、冷链物流、减免税、人民币跨境贸易结算等市级创新政策，聚焦重点项目引进、基础设施、投融资、人才等难题，用好用足开放政策。提升和完善口岸基础设施，深化口岸通关便利化改革，提升出海大通道的通关能力。扩大防城港口岸开放范围，推动企沙边地贸口岸扩大开放和中电码头、云约江码头等水域开放。依托沿海临港优势，以园区为载体，配合市加快推进港口物流区、国际商务区、临港工业区建设，向海发展主动融入"一带一路"建设，持续构建向海经济的现代化产业体系，推动开放交流合作向多元化发展。利用中国－东盟博览会、中越国际贸易旅游博览会等会展平台，加强与东盟国家的交流合作，扩大与港澳台的沟通对接，深化与泛珠三角、长三角、环渤海、中南西南等区域省市（县、区）合作。继续深入实施"加工贸易倍增计划"，大力承接加

工贸易产业转移，实现贸易产业合作共赢发展。配合市加快推进港航码头、防东铁路、企茅公路等项目建设，抓好通用机场、航空小镇等项目前期工作。

【产业机构调整】

产业结构　第一产业增加值完成17.68亿元、增长3.9%；第二产业增加值完成277.41亿元、增长6%，其中工业增加值完成251.69亿元、增长6.3%，建筑业增加值完成25.72亿元、增长3.3%；第三产业增加值完成120.2亿元、增长9.3%。三次产业比例由上年的4.1∶67.2∶28.7调整为4.3∶66.8∶28.9，第一产业、第三产业比重均分别上升0.2个百分点，第二产业比重下降0.4个百分点，第三产业对经济增长贡献率提升18.3个百分点。

临海工业　以经开区为载体，钢铁、有色、能源、化工、粮油食品和装备制造6大支柱产业加快配套集聚，柳钢环保减量搬迁、华昇氧化铝、景昇隆高端合金、钒钛新材料和储能产业园等一批超100亿元项目加快布局，在建及意向落户项目总投资达1800亿元。规上工业企业54家，产值超10亿元17家、超100亿元4家，全区实现规模以上工业总产值1287.99亿元、增长24.2%，规模以上工业增加值250.6亿元、增长6.4%。

传统产业　实施技术改造项目12项，完成技术改造投资81.95亿元，广西盛隆冶金有限公司、中电广西防城港电力有限公司、嘉里粮油（防城港）有限公司等一批企业技改项目建设不断加快，广西金川有色金属有限公司成为广西4家首批全国"绿色工厂"称号

的企业之一,传统产业加快实施"二次"创业。

高新技术 盛隆冶金、金川有色金属、明良长富石化科技、美好涂料、十九冶、盛农磷化等11家企业获自治区级高新技术企业认定,其中2017年新增5家,为历年新高。每万人口发明专利拥有量8.4件。辖区形成IT小镇门户、桃花湖新业态孵化园、榕华电商创业(孵化)基地等特色创新基地,航空小镇加快规划筹备,铜镍铁产业资源化再利用加快研究,先进制造业和战略性新兴产业加快布局。

现代服务业 第三产业投资快速增长,完成135.30亿元,占全区固定资产投资总额的38.80%,增长31.50%。新增规上服务业企业28家,服务业增加值快速增长,"十二五"以来首次超过GDP增速。商贸物流业集聚效应增显。商业氛围日渐浓厚,居然之家、义乌中国小商品防城港市场实现落户,批发业商品销售额完成91.01亿元、增长20.10%,零售业商品销售额完成25.42亿元、增长13.10%,住宿业营业额完成0.89亿元、增长13.20%,餐饮业营业额完成3.07亿元、增长11.90%。东湾智慧物流园区信息平台上线运营,冷链集装箱专列、进境水果航线实现常态化运行。重点物流企业300多家,累计纳税1亿多元。外贸进出口总额完成67.13亿美元。

滨海旅游及新兴业 以滨海乡村为重点,加速打造簕山国家AAA级景区、广西四星级乡村旅游区,加快推进天堂滩、企沙旧城区风貌改造、大龙口生态休闲旅游等项目建设,因地制宜发展滨海生态休闲旅游,全年接待国内游客突破

300万人次、增长81.70%,国内旅游收入23.99亿元、增长59.70%。同时,共享经济、移动支付、4G网络等新商业模式蓬勃发展,农村电商网络建设初具规模,电商业务取得实质性进展。农业产业化态势良好。现代特色农业示范区创建工作全面启动。

【重大项目建设管理】
边海经济带项目建设 推进项目153项,完成投资74.50亿元,完成年度任务的107.70%。大汾渔业码头、企沙城北区路网工程、光坡路网工程等49个项目实现开工,车坡岭绿化景观及配套工程、老干部活动中心、晟宇通物流二期等23个项目实现竣工,聚馨麦芽、氧化铝、景昇隆新材料等市重大项目有序推进。

征地搬迁 破解征迁瓶颈,努力解决临时安置、永久安置和集体留用地等一系列历史遗留问题,征迁机制体制进一步完善。完成土地征收1.10万亩,交地施工1.50万亩,签订房屋搬迁协议1815户,拆除房屋1708户。落实中心区、中铝等项目发展留用地1800多亩,分配安置宅基地987户,公寓房125套。园博园、玉石滩大道等一批项目顺利推进,防城港生态铝项目仅用34天就完成征地任务。

项目筹融资 争取到中央预算内投资支持项目6个,获得中央资金4215万元,全年完成投资10311万元,完成市下达年度任务的223.50%。印发实施港口区深化投融资体制改革分工方案,政府投资管理职能进一步转变。国开行、亚行、建行等融资渠道贷款项目顺利推进。鼓励民间投资发

展。全年非公经济实现投资90.70亿元、占全市非公投资35.20%,多家企业在全国股转系统或区域性"四板"完成挂牌上市。

"招商季"活动 采取组团招商、定向招商等多种形式,引进海洋微藻养殖、磷酸精细加工、川金诺磷酸、仓储物流中心等一批新项目;启动企沙渔港经济区综合建设,总投资规模29.44亿元。全年完成引资内资到位资金108亿元、实际利用外资4100多万美元。

(陈艳宁)

经济体制改革

【探索利税分配机制】 为推进港口区利税分配机制、理顺城区财政管理体制工作,区委区政府领导到市财政局协商沟通。区财税部门配合市财政局就港口区、市经济开发区的企业税收情况进行测算摸底,对2016年全市纳税前300名企业纳税情况、市本级和港口区级固定企业纳税情况及企沙工业园区和大西南临港工业园区企业(项目)纳税情况进行统计。经与市财政局多次沟通协商,市财政局拟出《调整市本级与港口区财政管理体制的思路》。市政府副秘书长张秀芳带队于7月20日—28日对港口区与市经济开发区利税分配机制开展调研工作。11月8日,市长何朝建主持召开市六届人民政府第19次常务会议。会议审议关于调整港口区税收财力基数等相关事项。会议决定,港口区税收财力基数调整为4.30亿元,以后年度按市区两级正常税收财力增幅核定增量,最高增幅为5%。同时以市人民政府

名义印发《关于调整港口区税收财力基数等相关事项的通知》，并按此《通知》执行。

【深化社会保障体制改革】 推进全民参保，按照上级部门的部署和要求，围绕建立覆盖城乡、多层次、更普惠的社会保险体系的目标，结合港口区实际，清理数据，全面排查对象，逐个入户登记、核实，确保一个不漏。村干部、村民小组长一同开展入户调查工作，利用晚上、周末、节假日村民在家的空隙时间进行入户调查登记，做到"一户不少、一人不落、一项不差"。通过内外部数据信息比对，各镇（街道）就业社保服务中心统计数据和全民参保系统数据显示，需入户调查及信息录入14533人，已完成入户调查及系统录入工作。贯彻落实北部湾经济区医疗生育保险同城化，加大宣传力度，加强对两个定点的监督和检查，要求定点医疗机构做好医务人员医保政策培训工作，对患者异地结算方法进行解答；加快医保审核速度，严把审核关。采取初审、复审、分管领导审核，整个审核程序不由一人完成，杜绝违纪违规行为发生，给群众异地就医即时结算的便利。　　（陈艳宁）

物价管理

【概况】 防城港市港口区物价局属港口区发改局二层挂牌机构，无独立编制，实有在职人员2人。内设港口区价格监督检查分局、港口区价格认证中心。价格监督检查分局属参照公务员管理事业单位，事业编制4名，在编4人在岗2人（有2人在港口区发改局工作），价格认证中心无编制和人员，无资质开展相关业务工作。

2017年，港口区物价管理部门主要开展价格和收费管理、各类价格监督检查、价格举报受理等业务工作，充分发挥价格职能作用，确保价格总水平基本稳定。

【收费管理】 开展行政事业性收费统计分析，2017年，港口区行政事业性收费单位15个，收费总额1487.25万元，比上年增加131.94万元，增长8.8%。开展清费、治乱、减负工作，4月1日起，取消水利部门1项行政事业性费（河道踩矿管理费），暂停民政部门2项行政事业性收费（婚姻登记收费、收养登记费），年减负金额达1.8万元。9月，取消部分经营服务性收费。取消地籍档案资料信息咨询服务收费，取消城市规划综合技术服务费、公共资源交易服务收费（后两项自2018年1月1日起执行）；放开部分经营服务性收费、实行市场调节价（城市住宅自来水管理工程配套建设费和维护收费，除高速公路外的道路车辆救援服务收费，司法鉴定中的建筑工程造价鉴定、司法会计鉴定、资产评估鉴定、知识产权鉴定和种子、化肥鉴定服务收费，防雷装置定期安全检测收费。）

【价格管理】

医药价格改革　贯彻落实防城港市二级及二级以上城市公立医院改革试点工作，2016年12月1日零时起，上述公立医疗启动药品零差率销售工作，同步实施医药价格和医保支付政策调整改革工作。执行自治区物价局、卫计委、人力资源和社会保障局有关新增医疗服务项目价格（第一批、第二批、第三批、第四批、第五批）的通知。调整公立医疗机构医疗服务价格（第一批）。公布第二批实行市场调节价管理医疗服务项目。

市场价格监管　"元旦""春节""中秋""国庆"等重大节假日和重要会议期间的市场价格检查和巡查。重点对粮油、肉禽蛋、菜、燃气、化肥、种子等人民群众生产生活必需品的生产、流通、销售、库存等情况监管。

价格宣传　主要在"3·15"消费者、"5·18"价格宣传日、"9·12"市场巡查日、"12·4"法制宣传日等期间，开展价格宣传活动，通过摊点、广告横幅、发放宣传单等多种形式进行广泛宣传价格法律法规，正确引导经营者合法经营，提高广大群众和经营者法律意识，维护正常的市场价格秩序。

价格备案贯彻执行国家发改委、教育厅、财政部关于《印发幼儿园收费管理暂行办法》，完善民办幼儿园收费备案制度，规范民办学前教育价格行为。2017年，全区共备案46家。

【价格监督检查】

教育收费专项检查　2017年春季、秋季学期开学，联合教育、财政、药监等部门开展教育收费专项检查工作，重点检查学校住宿、食堂等收费行为，监督落实学校伙食补助以及贫困学生生活补助等政策落实情况。

药品和医疗服务价格监管确保自治区物价有关药品和医疗服务价格政策，以及防城港市二级及二级以上公立医院改革试点工作落到实处，同时，继续做好药品批发和零售企业的价格监管工作,监督落实有关价格明码标价,促进药品经营企业公平竞争,充分发挥市场主导价格行为。2017年,办理定点医保价格检查5家。

商品房价格检查　联合市物价、住建、工商、公安等部门开展防城港商品房销售及价格等情况检查,确保商品销售行为合法,价格、房源、已销等相关信息公开,维护正常的商品销售市场秩序,维护企业和广大消费者合法权益。

涉企和涉农收费检查　开展对国土、住建、交通、公安、农业、水利、环保等部门有关涉企和涉民收费检查,落实收费公示、公开等工作,确保收费合法、有效。

【价格举报受理】　开通24小时价格举报电话,重大节假日和重要会议期间实行24小时值班制度,全天候受理群众投诉举报。2017年,系统登记受理价格举报件4件,件件有落实,事事有反馈。自觉接受社会和广大群众监督。

（王晓雪）

工商管理

【概况】　防城港市工商行政管理局港口区分局(以下称港口区工商分局)位于防城港市港口区东兴大道火车站旁,机构级别为正科级,内设综合股、法制与行政执法督察股、反不正当竞争执法与商标广告监督管理股、消费者权益保护股、市场与合同规范管理股、企业与个体私营经济监督管理股、经济检查大队、12315消费者投诉举报中心,下设港口工商行政管理所、车辽工商行政管理

所、企沙工商行政管理所、光坡工商行政管理所、公车工商行政管理所、渔洲坪工商行政管理所、港城工商行政管理所等7个工商行政管理所,所机构级别为副科级。2017年,港口区工商分局认真落实全市工商系统工作会议精神,认真履职,强化队伍和作风建设,全面推进各项重点职能工作。

【队伍建设】

建立健全工作制度,落实民主集中制　建立关于内控规范工作11项制度,完善"三重一大"事项集体决策制度、改进文风会风工作制度、内控专题问题解决机制等6项制度。严格落实民主集中制,重大问题决策、干部任免、重大项目投资决策、大额资金使用均通过党组或党组扩大会议进行研究审定。"三重一大"实施、财务收支管理、任人用人、工作效率提升、工作作风建设等方面均实现管理有制度、办事有程序、监督有标准目标。

落实"两个责任"制度　针对2016年绩效考评群众提出的关于港口工商服务态度不好,工作效率不高的意见,以"遵规守纪强作风　真抓实干竞风采"廉政主题活动为载体,开展干部集体约谈,举办工商所窗口、政务窗口等干部参加的服务礼仪和业务技能提升培训班,推进作风转变,提高工作效率。分局主要领导与股室、工商所负责人签订党风廉政建设工作责任书,与提拔任用干部开展任前谈话4次,其他班子成员与股长、所长开展廉政谈话。纪检组长对一名被投诉干部开展提醒谈话。

党组中心组和干部理论学习通过抓"两学一做"学习教育常态

化工作,深入学习党章党规,学习习近平总书记系列讲话精神。全年分局党组开展主题学习习近平总书记视察广西重要讲话精神、学习条例准则促进"两学一做"学习教育常态化、学习党的十九大精神等党组中心组学习。党组带头学习宣传贯彻党的十九大精神,召开全系统干部职工学习贯彻党的十九大精神大会,分局各党支部组织召开学习研讨党的十九大会议精神,用习近平新时代中国特色社会主义思想武装头脑,指导实践,推动工作。2017年,组织干部参加系列业务培训53期,其中外出参加能力提升班培训37人次,系统内举办的业务技能培训6期。

基层党建和廉政工作　组织局各党支部开展党员活动日、党费日等活动,强化基层党组织建设,分局党总支组织分局系统全体党员参观防城港市"城市之窗",了解本市经济社会发展状况。开展贯彻落实中央八项规定精神"回头看"活动,对查找出来的9个问题进行逐项分析、整改,上缴清退款10448元,完成5间办公用房超标整改。在全系统开展公款购买白酒自查工作,召开党组扩大会议重申公务接待工作规定。针对长期以来存在的关于差旅费报销以及误餐费用报销等问题,经党组研究决定,港口区辖区内差旅不予报销,规定外出执法工作误餐不再报销,并形成会议纪要报市纪委驻市工商纪检组备案。

【商事制度改革】　推进"六证合一"登记制度改革以及企业个体简易注销改革工作,抓窗口建设,提高办事效率,除特殊情况外,窗口办理企业注册登记法定时限

从 15 个工作日缩短到 6 个工作日内,70% 办理件实际办结时限为 3 个工作日。全年港口区工商分局各窗口受理各类受理件 8051 件,日均受理量 22 件;年内共发放(新设)"六证合一"营业执照 709 份,办理个体工商户简易注销 183 户。推进"双随机 一公开"工作实施,完成 622 户市场主体的随机抽查,同时降低门槛,抓好窗口建设,提高办事效率,激发市场准入活力,年内港口区新增市场主体 2189 户,其中私营企业新增 481 户,较同期增长 10.40%;个体工商户新增 1699 户,较同期增长 13.9%;农民专业合作社新增 9 户,较同期增长 9.90%。

【工商执法】 针对港口区工商分局长期以来案件办理不平衡的问题,印发《关于规范行政处罚案件流程及相关文书格式的通知》,严格执法办案程序,启动联动执法机制,执行联动办案办法,加强所与所之间、所与股室之间协作办案,对大案要案或大规模的执法行动,积极与地方党委、政府以及公、检、法、食药监、文体广电等有关部门对接,实现线索收集、信息共享、委托协查、案件互移等各个环节的密切配合。全年共办结涉及"一日游"整治、农资、不正当竞争、消费者权益保护、无照经营等类型的行政处罚案件 191 件,案值 94 万元,罚没款 89.90 万元。其中罚没款超一万元的案件 22 件,超过五万元的案件 6 件。首次成功办理无证经营旅游项目案件,办理的销售不合格化肥案还通过媒体报道,引起社会关注。

【打击传销】 2017 年,港口区打击传销工作针对阳光海岸、台湾城等传销集中区重拳出击,认真配合市整治工作小组对"一日游看房团"活动中存在的涉嫌传销违法问题进行集中整治。全年联合公安部门以未取得相关旅游资质擅自开展旅游活动为由扣押涉传大巴车 20 台,立案 16 起,罚款 53 万元,开展联合整治行动 102 次,共查获涉传人员 444 人,端掉传销窝点 102 个。其中,工商行政立案 2 起,公安刑事立案 11 起,破案 9 起,刑事拘留 30 人,逮捕 18 人,移送起诉 5 人。

【"诚信经营 放心消费"创建活动】 将"诚信经营 放心消费"创建工作作为全年重点工作,按照"诚信经营 放心消费""六点三线一面"创建工作要求,重点抓好"六个一"试点创建,协调推进农资行业、快递行业、旅游行业、电商行业试点创建工作。组织指导防城港市福美电器销售有限公司等 6 家商家开展示范创建,协调指导 7 家农资商户、36 家快递主体、8 家旅游企业、50 户电商经营户参与示范创建,全部完成"诚信经营 放心消费""六点三线一面"示范创建工作。

【市场执法监管】 制定《防城港市工商局港口区分局 2017 年反不正当竞争执法办案工作方案》,严厉查处公用企业限制竞争行为。以电信服务、公共交通运输、水电气供应、有线电视等领域、行业为重点,加大对限制竞争行为的检查力度;深入开展治理商业贿赂、互联网不正当竞争专项整治行动,共出动车辆 10 余车次,执法人员 30 余人次,检查各类经营门店 40 余户。检查店内宣传牌匾和户外广告牌 24 块,办结反不正当违法案件 4 件,案值 6.48 万元,罚款 3.96 万元。

【维护消费者合法权益专项整治】 3·15 国际消费者权益日之际,联合市烟草局和区食药监局、农业局、水产畜牧兽医局、文体新局以及移动公司等部门在市荣兴集团商业广场开展纪念"3·15"国际消费者权益日宣传活动,发放宣传资料 1000 多份,受理消费投诉 4 起,成功处理 3 起,为消费者挽回经济损失 300 元。重点开展流通领域妇女儿童用品质量以及流通领域家电市场专项整治。委托抽样送检 5 个批次,立案 3 件,罚款 0.15 万元,查获不合格儿童、妇女日用品一批。对辖区电器类 5 个批次进行抽检,查处不合格家电 2 个批次,立案 1 起,罚款 0.56 万元,查扣不合格自动洗衣机 2 台、不合格液晶彩电 1 台。开展"红盾护农"农资打假专项行动,加强农资市场监管。通过对经营户销售的农资产品外包装标识进行专项检查,并对涉嫌伪造生产日期以及存在虚假宣传的问题化肥进行抽检,共立案查处销售伪造生产日期作虚假质量宣传的不合格化肥案件 2 起(不正当竞争案件),收缴罚没款 2 万元,没收伪造生产日期作虚假质量宣传的不合格化肥 14 吨。

【信息宣传】 年内新闻宣传工作以"内聚合力、外塑形象"为指导原则,以提升和加强内外宣传工作为突破口,围绕商事制度改革这个中心工作,加强宣传队伍的教育培训工作,调动通讯员宣传报道的积极性,发挥骨干带动作用,提升信息宣传报道工作。年内完成港口区政府下达的10条政务信息任务,撰写见报共30篇信息类宣传报道,其中省级以上主流媒体见报4篇,防城港日报20篇,较上年见报率提升15%。通过港口区工商分局微信公众号对工商改革系列政策、分局重点工作信息进行宣传12期。 (韦克斌)

审 计

【概况】 2017年,港口区审计局人员编制7名(行政编制4名,事业编制3名),实有6人(行政编制3人,事业编制3人)。内设秘书股、综合股、经济责任审计股,下设港口区政府投资审计中心。

【审计成果】 2017年,港口区审计局完成各项审计项目67个,查出主要问题金额268351.29万元,其中应上缴财政0万元,应减少财政拨款或补贴937.35万元,应归还原渠道资金1.15万元,应调账处理金额213852.67万元,其他应整改金额53560.12万元;已上缴财政0万元,已减少财政拨款或补贴937.35万元,已归还原渠道资金0.65万元,已调账处理金额0万元,已整改其他金额53560.12万元。向区政府和有关部门提交审计报告和审计调查报告67篇,被区政府领导批示67篇。提出审计建议并被采纳175条,上报审计信息67条(篇)。

【财政审计】 2017年,完成区本级2016年度财政预算执行和其他财政收支情况审计,共发现问题7个,管理不规范金额53294.45万元,违规问题金额0.03万元。提出审计建议5条。审计重点围绕重大政策措施落实情况和财政存量资金管理、往来款项清理情况等方面开展,加强对财政资金分配、使用和管理情况的监督。依法揭示存在问题和提出审计建议,促使财政部门履职规范、节约、高效。

【固定资产投资审计】 2017年,审结政府投资审计项目62个,送审金额10652.12万元,审定金额9714.77万元,核减工程款937.35万元,核减率8.80%。审计结果表明,政府投资项目的建设单位普遍存在多计工程量、未按设计施工、工期延误、竣工资料不完善等问题。审计针对工程项目投资建设存在的问题提出相应整改意见及建议,被审单位积极整改。通过工程竣工结算审计,为政府及建设单位堵塞漏洞、节约建设资金,切实为政府投资资金使用效益把好关。

【经济责任审计】 2017年,共审计单位2个,审计领导干部2人。审计查出主要问题金额214022.21万元,其中:违规金额1.12万元,管理不规范金额214021.09万元。对重大政策措施落实情况予以重点关注,围绕领导干部主要经济责任和权力运行特点,将全面从严治党的各项要求具体化工作作为经济责任审计的重点内容,根据不同类别的领导干部职责权限和应履行的经济责任,关注自然资源审计,丰富和深化审计内容。对财政资金使用的绩效情况,严格按照政策规定进行认真核实,

正确界定被审领导干部应承担的责任。通过审计,增强领导干部严格落实执行政策意识,促进执行中央以及地方重大决策部署的自觉性和责任心。

【专项资金审计(调查)】 2017年,配合市审计局完成专项审计项目2个,一是2016年全国保障性安居工程跟踪审计。重点审计政府购买棚改服务和货币安置、安居工程建设管理和保障性住房分配使用情况等方面,针对"安居工程资金管理使用、安居工程建设管理"等方面存在的问题,提出整改意见,督促被审单位进行整改。二是港口区2017年新型农村合作医疗基金专项审计。查出管理不规范金额97.25万元。审计组围绕港口区2013年—2016年新农合医疗基金(含大病保险资金)政策制度落实和改革措施推进情况以及基金筹集管理使用情况开展审计,针对审计发现问题提出审计建议,督促被审单位完成审计整改。 (陈姿求)

统 计

【概况】 港口区统计局成立于1993年,为港口区人民政府主管统计与国民经济核算的行政机关,内设办公室、综合产业股、抽样调查股,下设港口区普查中心,属参照公务员管理事业单位。2017年有行政编制2名,事业编制10名,现有工作人员24人,其中在职在编12人,柔性人才1人,借调2人,聘用9人。

2017年,港口区统计局以提高统计数据质量为宗旨,紧紧围

绕区委、区政府制定的经济发展目标，抓好 GDP 核算、农业、工业、固定资产投资、贸易、房地产、建筑业、服务业、劳动工资等各专业常规统计调查，完成各专业统计年报。严把入库审核关，按时完成基本单位名录库更新维护，及时将新增达到"四上"标准的企业和其他有亿元以上投资项目法人单位申报入库，全年完成 66 个单位入库，其中工业 3 个，批发业 3 个，服务业 25 个，房地产 19 个，建筑业 3 个，固定资产投资业 13 个。编印和发放"港口区统计月报""港口区统计公报""港口区要情手册"等，为党委政府和各部门及时提供统计资料。

2017 年，港口区实现地区生产总值 415.31 亿元，增长 6.8%。规模以上工业累计完成产值 1287.99 亿元，增长 24.2%：其中，区本级规模以上工业累计完成产值 220.28 亿元，增长 25.6%；规模以上工业增加值同比增长 6.4%。固定资产投资完成 348.80 亿元，增长 11.9%。全区资质等级建筑企业完成产值 41.42 亿元，增长 80.7%；实现建筑业增加值 25.72 亿元，增长 3.3%。全年实现社会消费品零售总额 24.72 亿元，增长 11.2%。区本级财政总收入 15.09 亿元，增长 11.3%。城镇居民人均可支配收入完成 34137 元，增长 8.0%；农村居民人均可支配收入完成 14310 元，增长 10.4%。

【港口区第三次全国农业普查】 第三次全国农业普查自 2016 年—2018 年，历时三年。2017 年，进入普查登记和数据审核验收阶段。普查员自 1 月 1 日起手持 PDA 正式入户登记，按照市普查办确定

1 月 6 日，港口区普查员入户开展第三次全国农业普查登记工作

潘桂全摄

的普查登记完成时间表安排普查进度，细化人员分工，有计划、有步骤、有成效扎实推进工作，加快实地登记、数据审核和平台上报。港口区共完成农户 14398 户、规模农业经营户 321 户、农业经营单位摸底数 238 个调查上报。

【人口变动情况抽样调查】 落实调查专项经费和调查物资，积极开展宣传，甄选区、镇（街道）指导员 22 名，村（社区）调查员 14 名，并组织"指导员"和"调查员"进行人口抽样调查地理区域划分、调查样本业务、入户登记和 PDA 操作等四大业务培训。按时完成沙螺寮村、北港村、桃花湾社区、仙人湾社区、兴港社区、冲孔社区、南港社区等 7 个抽样小区的地图绘制、摸底造册及数据上报工作。正式入户调查上报数为 1980 人 708 户。

【依法治统】

《统计法》宣传　12 月 8 日，

区统计局在兴港大道设置咨询台开展统计法治宣传活动，向广大市民宣讲统计法律法规，发放《中华人民共和国宪法》《中华人民共和国统计法》《全国农业普查条例》《全国经济普查条例》《全国人口普查条例》等资料 700 余份，现场悬挂宣传横幅标语 4 条，并通过有奖问答，引导群众了解统计相关法律知识。

数据质量大检查　按照"谁统计谁负责"原则，把列入检查范围的"四上"企业和固定资产投资项目按专业归属落实到专业统计人员，通过到企业（项目）实地查看和电话、互联网、材料送检相结合等方式，对辖区所有在库的 223 家"四上"企业和 200 个固定资产投资项目进行"地毯式"全面自查。配合自治区、市统计局开展统计数据质量抽查。8 月，开展"四上"企业及投资项目单位统计数据质量检查。对辖区内所有在库的 202 家"四上"企业和 143 个固定资产投资项目进行全面核查。

10月，对港口区部分投资项目进行数据质量检查。11月，对港口区工业企业生产经营情况进行实地核查。主要采取随机抽查、上门实地核查的方式，对检查过程中发现的突出问题认真分析原因，并提出整改建议，要求企业制订切实有效的改进措施，及时加以纠正。

【城乡一体化住户调查样本轮换】4月1日，港口区启动城乡一体化住户调查样本轮换工作。调查点由原来的3个城镇点（渔洲社区、桃花湾社区、华侨渔业村）3个农村点（沙螺寮村、虾笔村、牛路村）调整为5个城镇点（仙人湾社区、珠砂港社区、兴港社区、南港社区、光坡村）5个农村点（沙港社区、白沙村、牛路村、山新村、赤沙村），记账户由60户调整为100户。港口区统计局严格按照国家城乡一体化住户调查样本轮换方案以及广西调查总队、防城港调查队的总体要求，对全区39个村级单位进行发展水平位置排序，逐步核实村级单位和调查小区，指导辅助调查员绘制小区图，初选100户进行培训，于11月1日起开始试记账，及时纠正试记账中发现的问题，确保样本轮换工作顺利进行。12月1日起开始正式记账，开户率达到100%，防止样本老化，提高住户调查样本的代表性。港口区住户调查工作荣获2017年住户调查县级先进集体二等奖。

【统计业务水平提升】统计专业人员在日常报数和深入企业期间，利用微信、QQ、电话等，加强对企业统计人员尤其是新入库、规模较大或人员变动频繁的单位统计人员进行业务技能指导。按专业对城乡一体化住户调查、贸易、工业、能源、农业等专业进行年报业务培训，辖区内近百个企业、事业、行政单位统计员参加培训。全年举办农业、人口、住户调查等各类培训会7次。10月30日—31日，全区统计业务培训会在区政府七楼会议室举行。会议由区委书记、区长主持，邀请自治区统计局工业处、法规处、投资处的专家为港口区四家班子领导、各镇（街道）、区直各单位主要领导以及社区（村）统计员260多人进行统计业务知识讲解，通过培训全面提高政府领导组织驾驭统计工作的意识和能力，进一步提升全区统计业务水平和数据质量，确保各项统计数据更客观、真实、准确地反映全区经济发展成果。

（唐　昕）

食品药品监督管理

【概况】港口区食品药品监督管理局（以下简称港口区食药监局）内设综合协调股、食品生产流通监管股、食品餐饮监管股、药械保化监管股，主要负责组织实施港口区食品、药品、保健食品、化妆品和医疗器械监督管理，组织查处食品药品违法行为。局机关行政编制7名，后勤服务事业编制1名。下辖事业单位港口区食品药品稽查执法大队（港口区食品药品监督所、食品药品安全投诉举报中心），事业编制10名。同时还设立港口区企沙食品药品监督管理所、港口区光坡食品药品监督管理所、港口区公车食品药品监督管理所、港口区白沙万食品药品监督管理所、港口区渔洲坪食品药品监督管理所，为港口区食品药品稽查执法大队的派出机构，每所暂核定事业编制3名。

【严打违法违规行为】将稽查办案与日常监管相结合，利用抽检

10月30日，港口区2017年统计业务培训会在区政府七楼会议室召开
潘桂全摄

7月10日,港口区食药监局举行违法食品药品集中销毁活动
港口区食药监局供稿

监测手段和投诉举报渠道,切实提高检测靶向性和案件来源准确性,对社会关注度高、群众反映强烈的违法违规行为坚决打击遏制。2017年,共立案查处食品药品违法案件68宗,罚没款32.92万元,并及时公开案件处罚信息。受理办结投诉举报77起,根据投诉举报线索,对符合立案条件的6宗投诉件进行立案查处。在案件查办过程中,加强与司法部门的联系沟通,逐步健全行政执法与刑事司法衔接,2017年,共移交公安机关案件2宗。

【食品安全抽验检测】 不断加大对食品药品监督抽检力度,采用监督抽验和风险监测相结合的工作模式,及时发现安全隐患和监管薄弱环节。2017年,共开展食用农产品监督抽检242批次,合格239批次;食品添加剂监督抽检8批次,合格8批次;保健食品监督抽检8批次,合格8批次;餐饮环节专项监督抽检24批次,合格23

批次;药品监督抽检30批次,合格30批次;化妆品监督抽检14批次,合格14批次。

【餐饮服务监管】

重大活动食品安全保障 2017年,承接自治区委托抽检(区抽)57批次,合格57批次。完成港口区"两会""国际龙舟赛"、中高考等9项重大活动食品安全保障任务,保障用餐人数3236人,开展食品现场快速检测362批次,活动期间无重大及以上食品安全事故发生。

学校食堂食品安全监管 采用餐饮服务电子监管系统,对春季和秋季学校开学期间学校食堂开展检查,2017年,共出动执法人员246人次、车辆62车次,检查学校(含幼儿园、托儿所等,下同)食堂225家,检查覆盖率100%,发现存在问题20家,下达责令改正通知书18份,出具食品安全监督意见书13份,督促各学校食堂健全完善食品安全管理制度、制定公布食

品安全承诺,同时,将检查中发现的问题致函港口区教育部门,以敦促相关学校积极进行整改。

农村集体聚餐管理 充分发挥"一专三员"的作用,对在农村非经营性场所举办人数超过50人以上的婚嫁、丧事等各种宴席活动食品安全进行管理。2017年共备案农村50人以上聚餐46起,指导用餐人数1627人。

开展餐饮量化分级评级工作 将量化分级评级与创建广西食品安全城市工作相结合,落实餐饮服务单位食品安全主体责任。2017年,港口区餐饮单位(含单位食堂)应量化数996家,其中共评定A级30家,B级105家,C级650家。

全面排查网络订餐餐饮服务经营者和网络食品交易第三方平台 2017年,共排查辖区提供网络订餐的餐饮服务经营者65家,未发现其他超范围经营或出借、伪造许可证等情形。

【食品流通监管】 各镇(街道)食品药品监督管理所认真贯彻执行《食品生产经营日常监督检查管理办法》和《食品生产经营风险分级管理办法》,按照广西壮族自治区食品销售日常监督检查规程,运用食品销售电子监管系统开展日常监督检查,截至11月30日,港口区有获证食品销售单位1384户,已使用食品销售电子监管系统检查449户,检查覆盖率32.44%。

婴幼儿配方乳粉标签标识规范和监督检查 以商场超市、批发市场、母婴店等为重点检查场所,婴幼儿配方乳粉的标签标识、存贮等为重点检查内容,督促婴

幼儿配方乳粉经营者建立进货查验记录制度。2017年,共出动执法车辆28台次、执法人员92人次,检查经营户37户次。

H7N9禽流感病毒防控 以禽类交易场、农贸市场为重点,监督7家市场开办者全面落实食品安全管理责任,督促活禽销售者认真落实食品安全主体责任,在10个市场同时开展流感防控知识的宣传教育,增强活禽经营市场开办单位和从业人员的责任意识,引导消费者树立理性安全健康的消费观念,提高自身防病意识和能力。

学校校园及周边食品安全整治 2017年,共出动执法人员152人次,车辆45台次,检查学校及其周边经营户104户次,对检查过程中发现存在安全隐患6户次及时发出责令改正通知书,未发现有销售"三无"(无厂名、无厂址、无生产日期)食品。

畜禽水产品专项整治 以落实集中交易市场开办者管理责任

和销售者主体责任为抓手,加强畜禽及水产品市场准入管理。严厉打击在销售过程中随意添加使用硝基呋喃、孔雀石绿等禁用兽药及化合物。2017年,共出动执法人员98人次、车辆32台次,检查农贸市场6家、超市5家,检查餐饮服务单位172家,责令整改12家;监督抽检50批次,合格率100%;立案查处违法案件1家,受理办结投诉举报1宗。

食品销售质量安全十百千万示范工程建设 制定港口区食品销售质量安全十百万千示范工程建设工作方案,确定辉龙市场参加食品安全示范农贸市场创建、21家食品经营户参加万家食品安全示范食品店建设。经过创建和验收,辉龙市场获得广西食品安全示范农贸市场命名,7家食品经营户获得广西食品安全示范食品店命名。

【食品生产监管】 港口区获证食品生产企业共32家,使用食品生

2017年高考期间,港口区食药监局工作人员到考点食堂巡察

港口区食药监局供稿

产企业现场监督检查系统检查获证食品生产企业32家,覆盖率100%。

食品生产环节风险排查 根据防城港市食品生产风险隐患排查治理工作要求,港口区开展食品生产企业风险隐患排查20家,排查出存在风险隐患企业2家,整改完成2家。

食用植物油专项整治 全面排查食用油生产企业质量安全隐患,共检查食用油企业9家,监督抽检14批次,合格率100%,排查食品安全隐患2个,下达责令整改意见书2份;检查小油坊4个,排查食品安全隐患4个,下达责令整改通知书3份,关停小油坊4个,监督抽样2批次,不合格2批次,立案查处2起,结案2起。

月饼专项检查 重点对月饼生产企业的生产许可、生产环境条件、生产过程等开展风险隐患排查和风险等级评定。共检查月饼生产企业3家,抽检样品3批次,排查食品安全事故隐患1个,下达责令整改通知书1份,整改完成1家。

食品添加剂企业专项整治 共检查食品添加剂生产企业13家,排查出风险隐患13个,下达责令整改通知书4份,回访企业4家。

【药品监管】 2017年组织各镇(街道)食品药品监管所对各辖区内的药品零售企业进行日常监督检查,共检查100家药品零售企业,覆盖率达到100%。

药品零售企业GSP跟踪检查 2017年对32家药品零售企业开展GSP跟踪检查和复查,任务完成100%。对不符合药品GSP要求的药品经营企业,已提请市食品药品监督管理局收回其《药品

GSP 证书》。

药品不良反应监测 2017 年上报药品不良反应 148 例，其中新的严重病例 105 例，占上报总数的 70.95%，严重病例 25 例，占上报总数的 16.89%，新重病例占比排名全市第一。

【医疗器械监管】

三类医疗器械经营企业监管 2017 年，对港口区 12 家获证三类医疗器械经营企业进行重点监管，对检查发现的问题下达限期改正并对企业的整改情况进行复查，对整改企业跟踪检查覆盖率达到 100%。

医疗器械经营使用专项检查 2017 年，对港口区 2 家区级医院和 3 家卫生院进行超声仪器专项检查，进一步规范港口区医疗器械经营行为。

医疗器械不良反应监测 2017 年医疗器械不良事件任务数 51 份，已完成报告数 51 份，完成任务数的 100%，其中医疗器械严重不良事件 17 例，占上报总数的 33.33%。

【保健食品化妆品监管】

美容美发场所化妆品"颜色"行动 对美容美发场所染发类化妆品开展专项检查，共出动执法人员 30 人次，检查重点经营单位 5 家，立案查处化妆品违法行为 4 起，责令整改 5 家。

加强化妆品不良反应监测 把港口区人民医院建设为港口区化妆品不良反应监测哨点。2017 年化妆品不良反应的任务是 13 例，完成上报 52 例，完成任务数的 400%。

【食品药品安全宣传教育】 加大宣传力度，创新宣传模式，利用微信公众号、微博、网站、电视等媒体平台，发布科普知识、监管动态等信息 400 多条；开展食品安全知识大讲堂、食品药品安全知识进学校进社区等宣传活动 15 次，开展食品安全宣传周、安全用药月、食品药品投诉举报主题宣传日等集中宣传 8 次，指导监管相对人规范食品药品生产经营行为，引导消费者合理消费；畅通 12331 投诉举报渠道，加强主题宣传，利用投诉举报倒逼责任落实。年内共向

群众发放食品药品知识宣传单 3 万多份、宣传品 1 万多份，悬挂宣传横幅 200 余条。

【培训教育】 加强对执法人员的培训教育和管理，认真抓好执法队伍建设，提高综合监管水平。参加上级主管部门举办的业务培训班，参训执法人员 300 多人次，各类培训班的参训率达 100%；举办食品药品稽查业务技能大比武、食品药品知识竞赛，达到以赛代训、取长补短、交流经验、寻找差距的目的；制定局内部稽查办案工作方案，要求基层执法人员学习并开展稽查办案工作，逐步实现人人办案，并指定分管领导和稽查执法大队业务骨干对应辖区作为案件指导人，让基层执法人员在实践中得到学习和锻炼。

（谭 梦）

安全生产监督管理

【概况】 港口区安全生产监督管理局（以下简称港口区安监局）内设办公室、安全生产监督管理股、烟花爆竹监督管理股。人员编制 4 名；下辖港口区安全生产执法监察大队，事业编制 3 名，实有工作人员 18 人。

【安全生产检查和安全生产"打非治违"专项行动】 印发安全生产大检查方案和"打非治违"专项行动实施方案，强化宣传发动，引导社会积极参与，不断加强督促指导协调，确保安全生产大检查以及"打非治违"专项行动工作到位。年内，组织联合执法检查组共出动 86 车次 734 人次检查非煤

港口区食药监局开展化妆品"颜色行动"专项整治工作

港口区食药监局供稿

矿山企业23家、石油天然气管道间企业3家、危化运输企业9家、危货运输车辆230辆、在建工程项目23项、客运站1家、渡口3个渡船53艘以及粉尘企业11家和"三合一""多合一"场所30家,发现安全隐患238项,下发安全隐患整改通知书35份,责令停产整顿企业13家,查处非法运输车辆违章经营行为36起,对不符合安全生产条件的3家企业要求停业整顿,对因违反相关法律法规的4家企业立案处罚,处罚金额8000元。印发《2017年全区安全隐患大检查大整治活动工作方案》,要求各镇政府、街道办事处对辖区内生产企业开展安全隐患大检查大整治,督促所有生产企业都要制定具体行动方案,开展自查自纠并全面进行整改;检查各类企业140多家,发现隐患170多项,下达整改通知书70多份。元旦、春节、"三月三"、清明节、五一节、端午节、高温汛期、中秋国庆前、"十九大"期间,港口区安监局联合相关单位组织开展安全大检查,重点加强对非煤矿山、危险化学品、烟花爆竹、职业健康防治、建筑施工、工矿商贸、道路交通、水上交通、公众聚集场所消防、校园校车等行业和领域进行隐患排查和治理,下达整改通知书56份,其中停产整改通知书9份。春节后,港口区安监局组织对全区高危行业企业复产前设备检修、上岗前培训等情况进行专项检查,检查危化生产企业12家,建筑工地13个,发现安全隐患18项,已督促进行整改。

【安全生产标准化建设】 2017年,港口区安监局继续推进工矿商贸行业企业安全生产标准化工作,新增5家工矿企业、4家加油站通过三级标准化验收;7家企业完成标准化复评。

【安全生产宣传教育】 制定印发"安全生产月"总体活动方案并层层分解任务,通过开展警示教育、安全文化宣传活动等,调动社会各方面的积极性,积极参与到安全生产月的活动中来;在辖区各路口、楼盘等显眼位置悬挂安全生产宣传横幅120多处,在电子屏滚动播放宣传口号,营造安全生产氛围;6月9日组织区安委会成员单位参加市安委办举办的安全生产月活动启动仪式及安全生产警示教育图片展;6月16日组织23家成员单位及27家企业在企沙镇举行安全生产咨询日活动,展出安全板报近50块,发放宣传资料5000多份,现场接受群众咨询500多人次;6月13日在防城港市第四中学组织开展学校火灾事故综合应急演练,全区各相关部门、中心小学等单位近2500人参加,6月22日,区安委办召开事故警示教育会议并向辖区企业赠送安全生产知识读本。

【"五级"安全隐患排查与整改】 2017年度"五级"隐患38项,均按规定落实整改责任单位、做好整改方案并逐步开展整改;至12月底完成隐患整改32项,完成整改率84.21%。

【重点行业和领域专项整治】 根据自治区和市的要求,港口区安监局组织制定细化年度非煤矿山、危险化学品、烟花爆竹、道路交通、水上交通、公众聚集场所消防、建筑施工、农机等各重点行业专项整治工作方案并印发实施,1—12月检查各类企业848家,发现隐患568项,严重违法违规行为26起,对不符合安全生产条件的3家企业要求停业整顿,对因违反相关法律法规的4家企业进行立案处罚。全年下发安全生产行政执法文书35份。

【安全生产事故】 2017年,全区发生各类安全生产事故20起,同比下降13.04%;1人死亡,同比下降100%;5人受伤,同比下降16.67%;直接经济损失15.89万元,同比下降95.34%。其中:生产经营性道路交通事故5起,受伤5人;火灾15起,没有人员伤亡;其他行业领域没有发生安全生产事故。

(骆相任)

口岸管理与服务

【概况】 港口区2017年边境贸易进出口额完成8095.85万元人民币,同比上升279%。吞吐量10.89万吨,出入船次76次,企沙口岸出入境旅客852人次。

【口岸开放管理】 企沙口岸是企沙镇主要的经济增长点。但长期以来,企沙港内完全对外开放的码头仅有5个,其他多个具备开放条件的码头未得批准开放通关,限制边贸发展。如云约江码头、中电码头、金川码头作为海关等联检部门特许的临时监管点,实行"一船一批"查验过货,未正式列入开放范围;潭油码头已具备开放条件,但未得相关部门验收批准开放通关。

【口岸基础设施建设】 企沙口岸已对外开放的卫东码头、海通码头、德城码头、康成码头和大沥码头共建有泊位37个，其中2000吨级泊位6个、1000吨级泊位19个、1000吨以下泊位12个，码头岸线总长约2580米，建设围墙长约3200米，水泥道路约2500米，地磅5个，已经投入使用的码头内有仓库27000平方米，堆场66200平方米。有一般货物5吨装吊设备3套，煤炭装卸设备15套，基本满足口岸业务量发展需要。企沙口岸各查验部门依法把关，全面推进口岸进出口通关业务的联合办公制度，实施8小时工作制以外的提前预约接受申报制度。逐步加强办公自动化、口岸查验中心现场、口岸闭路电视监控系统建设，切实改善口岸通关环境，提高口岸服务效率和质量。企沙港现有对外开放码头均属于私人业主所有(码头土地使用权和地上建筑物均属各个码头业主自有)，码头基础设施建设均由各个业主自行出资建设。

【电子口岸建设】 年内企沙口岸没有实现"三个一"通关，即一次申报(一次录入、分别申报)，一次查验(一次开箱、联合查验)，一次放行(一次对碰、联网核放)，口岸联检工作缺少统一的信息申报录入备检系统，缺少联检部门统一的公共信息平台。没能做到让企业对依法须报检报关的货物，在企业端一次性录入关检申报数据，该企业端再自动将录入数据拆分成报关、报检表单，分别发送至海关、检验检疫业务监管系统，由海关、检验检疫一次检验后将放行信息经公共信息平台发送到口岸经营单位，在卡口对货物实施一次放行。电子口岸建设尚未完成。

(张忠明)

产 业

农 业

农业综述

2017年,港口区农业局内设机构有秘书股、农业股和农村经济体制和经营管理股,下属二层事业单位有港口区农业技术推广站、农村合作经济经营管理站、种子管理站、农业行政综合执法大队。其中:区农业局核定编制5名,实有编制人员5人;区农业技术推广站核定编制6名,实有编制人员6人;区农村合作经济经营管理站核定编制6名,实有编制人员4人;区种子管理站核定编制3名,实有编制人员3人;区农业行政综合执法大队核定编制3名,实有编制人员3人。

2017年,港口区通过"调结构、抓示范、惠民生、促增收",大力发展"特、优、精"农业,全年农作物播种总面积7341公顷,比上年增长-1%。全区农林牧渔业总产值(当年价)319246万元,比上年增长5.12%,其中种植业产值13668万元,比上年增长-3.04%;林业产值4520万元,比上年增长13.09%;畜牧业产值7514万元,比上年增长5.85%;渔业产值289332万元,比上年增长5.42%;农林牧渔服务业产值4213万元,比上年增长4.82%。全区农民人均纯收入14310元,比上年增长10.4%。
（梅 花）

种 植 业

【粮食作物】 2017年,全区粮食播种面积4265公顷,比上年增长-4.9%;粮食总产量17811吨,比上年增长-4.3%。其中:谷物播种面积2971公顷,比上年增长-9.2%;谷物产量14982吨,比上年增长-6%。豆类播种面积176公顷,比上年增长5.4%;豆类产量212吨,比上年增长6.5%。薯类播种面积1118公顷,比上年增长6.9%;薯类产量13083吨,比上年增长5.6%。

【经济作物】 2017年,全区经济作物种植面积1079公顷,比上年增长6.3%,其中:花生种植面积807公顷,比上年增长6.7%;花生产量1591吨,比上年增长5.3%。甘蔗播种面积79公顷,比上年增长3.9%;甘蔗产量2803吨,比上年增长4.8%。木薯播种面积193公顷,比上年增长5.5%;木薯产量1645吨,比上年增长6.3%。

【蔬菜生产】 2017年,全区蔬菜种植面积1984公顷,比上年增长4%;蔬菜产量21660吨,比上年增长3.8%。

【水果生产】 2017年,全区园林水果种植面积1692公顷,比上年增长5.5%,主要品种及产量:柑橘类水果162公顷,比上年增长5.8%,热带水果1373公顷,比上年增长5.5%,其他水果157公顷,比上年增长5.4%。
（梅 花）

农业科技

【红薯脱毒种苗繁育】 由防城港市兴港福农业开发有限公司与中国农业大学签订产学研技术合作,在光坡镇光坡村吴屋组兴港福种植基地实施红薯脱毒种苗繁育技术项目,建设红薯脱毒繁育用房,配套繁育设施,引进小甜薯、一点红2个红薯脱毒种苗,繁育红薯脱毒种苗40万株,推广种植红薯新品种100亩。

（梅 花）

农村经济和经营管理

【**农业产业化经营**】 2017 年全区发展自治区级农业产业化龙头企业 2 家,市级农业产业化龙头企业 4 家,农民专业合作社 95 家、家庭农场 45 家,被认定为自治区级示范合作社 1 家,市级示范合作社 4 家。

【**农民减负**】 全区减轻农民负担共 1528.37 万元,其中农村寄宿生生活补贴 111.37 万元,营养餐补贴 868 万元、农村高中教育补贴 55 万,农业支持保护补贴 432 万元、农机购置补贴 62 万元。

【**土地确权**】 2017 年,港口区土地确权外业测绘工作,完成企沙镇、光坡镇和王府街道 16 个行政村(社区)265 个生产小组 4839 户农户土地承包关系调查,已建立 4748 份土地承包合同和土地承包经营权登记簿,完成确权面积 36249 亩,完成确权地块 118477 块,可颁证率达 98%。 （梅　花）

农业机械化

【**概况**】 2017 年,港口区农业机械化管理局(简称区农机局)内设秘书股、农机管理股,下辖港口区农业机械安全监理站。局人员编制 5 名,实有 6 人,站人员编制 5 名,实有 3 人,办公地址港口区渔洲坪建政路。2017 年农机总动力 132832 千瓦,比上年下降 5.85%;各类拖拉机拥有量 598 台,比上年下降 38.22%(其中:大中型拖拉机

10 台,小型多功能拖拉机 243 台,小型拖拉机 92 台,耕整机 253 台);农用排灌机械 1898 台,比上年增长 78.72%;插秧机 4 台,与上年持平;联合收割机 5 台,与上年持平。

【**农机购置补贴**】 2017 年,港口区共争取农机购置补贴资金 62 万元,其中:国补资金 60 万元,省补资金 2 万元。资金补贴完成 61.21 万元,占第一批资金任务的 98.7%。农机购置补贴严格按照《广西农业机械购置补贴专项资金使用管理办法》和《港口区农业机械购置补贴实施方案》的要求执行。在个人申请、网上申报、财政核实、农机部门公示的基础上,共完成 1527 台(套)农机具购置补贴,其中:水稻插秧机 1 台,微耕机 3 台,增氧机 1523 台。实现农机具购置补贴工作"三个百分之百",即:补贴资金 100%,资金结算率 100%,完成补贴任务 100%,满足广大农民、农机户和农业生产者的需要。

【**农业机械化作业**】 2017 年完成机耕面积 6050 公顷,比上年增长 10.54%,机播面积 254 公顷,比上年增长 52.11%,机收面积 2268 公顷,比上年增长 33.57%,全区耕种收综合机械化水平达到 42.46%,其中水稻耕种收综合机械化水平达到 70.88%。

【**农机安全监理**】 2017 年,按照市农机局、安监所和区安委会的统一部署,区农机局成立农机安全生产领导小组,制定并下发农机安全生产隐患排查实施方案,签订农机安全生产责任书,明确具体目标和任务。在分片包干、责

任到人的基础上,组织局干部职工和站监理人员,在全区范围内定期和不定期地进行农机安全生产隐患大排查,着力消除事故隐患,预防和减少农机事故发生。全年共年检拖拉机 301 台次,新车落户 4 台,核发驾驶证 8 本。全年共"田查路检" 31 天,检查拖拉机 65 台次,查处违章 17 台次,并督促及时整改修复,全面完成上级下达的各项指标,全年无一农机事故发生。 （郑振国）

林　业

【**概况**】 2017 年,港口区林业局下设办公室、林业改革发展股、营林站、林政站、森林防火办公室、森林有害生物防治站。全年完成造林任务 3000 亩(全为迹地更新);义务植树 35 万株,完成中幼林抚育 1 万亩,均占任务的 100%。林业产业工作中,完成花卉产值 2009 万元,占任务的 100.40%;完成木材加工产值 1.77 亿元,占任务的 177.50%;完成森林旅游收入 4100 万元,占任务的 102.50%。

【**森林覆盖率**】 2017 年全区森林覆盖率工作目标任务为 31.63%,已完成森林覆盖率 32.10%,占任务的 101.40%。

【**依法行政,规范林业执法**】 2017 年,排查出非法使用林地 2 宗,非法占用林地面积 0.81 公顷,为行政案件。

【**村屯绿化**】 2017 年完成自治区

示范村屯绿化任务170个,其中示范村17个,一般村屯153个,开工率、竣工率均为100%。

【林下经济工作】 2017年林下经济发展任务为年产值2亿元,发展面积4万亩,惠及林农人数4万人。年内已发展林下经济面积4.01万亩,占任务的100%;产值21051万元,占任务的105.30%;惠及林农人数4.03万人,占任务的100.80%。

【森林资源管理】 2017年全区共核发商品材采伐许可证189份,采伐面积126.53公顷,采伐蓄积3780立方米。加强伐区伐前、伐中、伐后的监督管理工作,杜绝超范围采伐的违法现象发生。加强林地保护利用,做好县级林地保护利用规划批准实施和调整修编工作,建立健全县级林地保护利用工作机制和规章制度,按照上级部门的部署,做好林地保护利用规划工作,做好占用征收林地的档案管理工作,加强管理监督,对已依法批准的占用征收林地使用情况及时进行跟踪检查,监督林地使用和林木采伐情况。按照占用征收林地审核(批)法律法规和定额审核进行审批,多措并举,做好征占用林地工作,2017年全区已审批占用征收林地项目14个,面积159.34公顷,全区占用征收林地项目征收的森林恢复费2388.79万元。

【森林防火】 贯彻"预防为主,积极消灭"的森林防火方针,加强制度建设和应急预案演练,建立健全森林防火领导机构,层层签订森林防火责任书,增强各级领导干部责任感和防火意识。坚持24小时防火值班制度,保持信息畅通。强化野外火源管理,严格生产用火审批手续。加强对森林防火专业队员的业务培训学习,积极开展森林防火演练活动,努力提高扑火能力。全年共发生一般森林火灾6起,火场总面积为13.23公顷,受害面积为3.02公顷,森林受害率为0.30%,全区无重大森林火灾、无人员伤亡和重大经济损失。 (林培霖)

畜 牧 业

畜牧业综述

【概况】 港口区畜牧业以生猪、肉鸡(光坡鸡)、肉鸭(海鸭蛋)的生产经营为主,兼顾耕牛及其他家禽的防疫,其中光坡鸡、红树林海鸭蛋是港口区名优特产品。2017年港口区渔业生产总产值完成29.18亿元,同比增长6.77%;全区水产品产量22.72万吨,同比增长3.68%。

【产业结构调整】 港口区水产畜牧兽医局作为港口区畜牧业生产的主管部门,负责畜牧业生产的二层机构有:港口区动物卫生监督所、港口区动物疫病预防控制中心、公车水产畜牧兽医站、光坡镇水产畜牧兽医站、企沙镇水产畜牧兽医站。 (江文书)

畜牧业生产

【家禽生产】 2017年家禽年末存栏74.24万羽,同比增加0.87%。其中鸡年末存栏45.99万羽,同比增加1.82%。

【生猪生产】 2017年生猪年末存栏1.72万头,同比增长0%。

(江文书)

动物卫生

【动物疫情监测】 根据上级部署,认真落实春、秋季重大动物防疫集中免疫工作,全年累计免疫家禽22.10万羽,家禽应免密度达100%;累计免疫猪口蹄疫、猪蓝耳病4.42万头,应免密度达100%;累计免疫牛口蹄疫0.25万头,免疫密度100%。牛、猪等大牲畜免疫抗体合格率平均达到85%以上,禽类免疫抗体合格率达到89%以上。

【动物检疫】 全年产地检疫生猪共2.36万头,屠宰检疫生猪8.71万头、牛羊0.13万头,共检疫出病害猪128头,共监督养殖场无害化处理病死猪206头,全部进行无害化处理,无害化处理率100%。加强畜产品质量安全监督工作,共出动车辆69车次,出动执法人员254人次,检查动物饲养场(户)67家次,兽药经营企业(店)36家次,定点屠宰场9家次,动物检疫申报点4个次,动物诊疗机构5家次,共下达2份整改意见书,在定点屠宰场进行"瘦肉精"检测共320份,在养殖场共抽检160份猪尿,检测结果均显示为合格。全年共查处10起动物卫生监督案件,共计罚款1450元。 (江文书)

渔　业

渔业综述

【概况】 2017年港口区渔业生产总产值完成28.90亿元，同比增长5.02%；全区水产品总产量22.27万吨，同比增长3.68%。

【休闲渔业】 随着市民生活水平的不断提高，港口区红沙湾、沙螺寮、簕山等养殖片区先后建成一批集养殖、垂钓、采捕、品鲜为一体的休闲渔业项目。企沙镇簕山心喜旅游专业合作社、港口区马龙港海水养殖专业合作社分别获得"全国休闲渔业示范基地""广西休闲渔业示范基地"称号。

（江文书）

渔业生产

【海洋渔业生产】 2017年海洋捕捞产量5.57万吨，同比增长－5%。

【水产养殖】 2017年水产养殖面积8.90万亩，产量16.70万吨，产值20.68亿元，同比分别增长0%、7.30%、7.31%。

【特色养殖】 在2016年防城港市红树林海洋渔业（核心）示范区获得自治区"三星级核心示范区"的基础上，2017年继续抓好示范区的建设工作，港口区水产畜牧兽医局结合港口区海洋渔业资源优势，利用防城港市鑫润养殖有限公司、港口区马龙港海水养殖专业合作社等重点养殖企业（合作社）资金、技术等优势，努力打造港口区红树林海洋渔业（核心）示范区。鑫润养殖基地采用"渔光互补"新模式，积极推广生态健康养殖技术，示范区核心区面积7100亩，示范辐射带动面积达20000多亩。

（江文书）

渔业行政管理

【渔业安全生产】 抓好渔港、渔船安全生产。积极开展渔港渔船安全隐患检查排查，重点对渔船通信、救生、消防、信号等安全设备配备及使用情况、船员配备及其安全技能实际操作情况、渔港安全基础设施配备及运行情况、安全生产责任制及突发事件应急值班和处置措施落实情况等进行全面深入排查，发现问题及时整改。2017年，组织190多次渔船安全生产检查，全年共登临检查渔船（含机动排筏）800艘次，发出整改通知书12份，落实隐患整改率达100%。

【渔政执法】 港口区将清理禁用渔具工作作为打击非法捕捞行为的常用手段来抓，落实农业部、自治区清理禁用渔具工作部署及海洋捕捞网具最小网目尺寸制度。积极开展打击电炸毒鱼和清理"三无"船舶专项行动，2017年共悬挂有关横幅65条，印发宣传资料1500份，将政策法规宣传到位，让渔民群众了解电炸毒鱼行为的危害，进一步提高认识，争取渔民群众对电炸毒鱼违法行为整治行动的理解和支持。2017年区渔政大队联合市渔政支队、海警支队多次在港内外开展打击电炸毒鱼以及清理"三无"船舶专项行动，累计开展联合专项行动2次，独立执法行动70多次，检查渔船130多艘次，收缴电力捕捞工具7套，禁用渔具（地笼）450条，集中销毁禁用渔具（网）行动2次。加强伏季休渔执法监管。加强执法执勤联管机制建设，先后与海警二支队、企沙海事处、边防港口大队联合开展海上执法勤务联动，有力震慑休渔期间非法捕捞行为，维护辖区渔港渔船安全。

（江文书）

工　业

工业综述

【概况】 港口区辖区有防城港市经济技术开发区（由企沙工业区、大西南临港工业园、东湾物流园三大省级重点园区组成），园区基础设施完善，路、水、电、气、港等配套齐全，投资成本低，环境容量大，工业基础雄厚，已形成钢铁、有色金属、能源、化工、新材料、装备制造、粮油食品和现代物流产业基地。防城港钢铁基地、红沙核电、金川有色、盛隆冶金、大海粮油等大批企业建成投产，建成植物油籽加工基地和磷酸出口加工基地，中铝防城港基地、中储能钒钛产业园、硬质合金和海工装备制造基地正在建设中，规划建设新材料产业园和新能源汽车生产基地,引导基础金属产业集聚,发展循环经济。依托大西南丰富的矿产资源和装备制造业基础,天然深水良港、独特的区位优势,以"产业支撑、辐射带动、环境优先、可持续发展"为原则,全力打造以钢铁、装备制造业、磷硫化产业为龙头的工业区和以资源加工型企业为主的大西南出口加工基地和物流仓储基地。2017年,港口区规模以上工业总产值1287.99亿元,同比增长24.20%。

【临港工业】

工业产业集聚 2017年,港口区规模以上工业产业集聚,六大支柱产业工业产值增速呈"五升一降"态势,实现总产值占港口区规模以上工业产值比重高达92.30%。分产业看,食品产业产值同比增长12.90%,化工产业产值同比增长28.20%,能源产业产值同比增长32.40%,有色金属产业产值同比增长67.30%,钢铁产业产值同比增长7.90%,装备制造产业产值同比下降14.30%。

亿元企业加快发展 2017年,港口区54家规上企业累计完成工业总产值超亿元以上的企业达45家,累计完成工业总产值占全区规模以上工业总产值的99.80%。其中产值超10亿元的工业企业有17家;产值超百亿元有4家,分别是盛隆冶金、金川有色、大海粮油和惠禹粮油。亿元企业发展加快。

生产增长、产销衔接 2017年,港口区规模以上工业总产值同比增长24.20%。其中轻工业产值同比增长11.40%,占工业总产值30.40%;重工业产值同比增长30.74%,占工业总产值69.60%。港口区规模以上工业企业实现销售产值同比增长25.90%,产销率达95.20%。

非公经济 2017年,港口区规模以上工业非公有制企业总产值同比增长20%,占港口区规上工业总产值的58.60%。

【信息化和工业化企业】 2017年,大海粮油、核电两家企业通过信息化和工业化融合管理体系贯标企业认证,"两化"融合水平进一步提升。组织企业完成规上企业两化融合评估诊断和对标引导工作,掌握企业两化融合现状,探索科学、分类、定量、持续推进"两化"融合的新模式。通过开展学习企业交流活动,举行企业"两化"融合综合培训会,提升企业"两化"融合创新发展意识、丰富"两化"融合管理思路和实施措施。

【化学工业】 港口区磷化生产企业多,规模小,技术水平不高,主要生产工业磷酸、食品级磷酸和部分磷酸盐。磷酸纯度一般为85%,产品附加值低。2017年,港口区有规模以上磷化企业12家,产值同比增长28.20%,占港口区规模以上工业总产值的4.80%。港口区所产磷酸除少量(<5%)用于本地食品加工外,其余全部出口,远销美国、印度、东南亚等。

【建材工业】 2017年,港口区辖区规模以上商砼(商品混泥土)生产企业4家,产值同比增长34.90%,占港口区规模以上工业总产值的2.10%。　　(胡亚平)

交通运输业

【概况】 2017年辖区纳入交通运

12月17日19:00~24:00时,港口区道路运输管理所联合交警部门在沙企一级路开展道路运输车辆非法改装和超限超载治理

港口区道路运输管理所供稿

5月，港口区县乡公路所对现有路面进行日常小修保养

港口区县乡公路管理所供稿

输系统管养的农村公路共计62条，约203.07千米，其中，县道3条，29.80千米；乡道20条，91.43千米；村道39条，81.88千米。农村公路经常性养护率达98%，公路技术状况（MQI）平均值达82%，路面技术状况（PQI）平均值达86%，宜林路段绿化率100%，历年来的文明示范路均能达到市局的标准，保持良好的路况及路容路貌。

年内辖区合法登记道路运输企业：机动车维修企业99家，其中，一类机动车维修企业7家，二类机动车维修企业30家，三类机动车维修企业62家；普通货物运输企业220家，登记货物运输车辆3183辆；机动车驾驶员培训机构6家，登记教练车辆283辆。

【道路运输管理】　坚持"依法治运、综合治理、疏堵结合、平稳有序"的原则，执法人员深入运输市场调查，以客货运市场为整治重点，制定督查检查方案，集中开展整治非法营运、城市公交服务质量提升及道路运输市场秩序等专项行动，加强道路旅客、货物运输的监管，确保道路运输市场整体有序发展。

全年开展执法行动：执法人员出勤督查检查1385人次，对违法违规行为警示教育74起，处罚违法违规行为206起，其中，年审超期116起、无从业资格证3起、货物飘撒2起、非法改装16起、海警移交非法营运33起、超限超载36起。所有行政处罚均无行政复议和诉讼案件发生。

开展道路路政巡查，定期检查24次，针对项目的专项检查4次，共发现施工安全隐患2项，下达整改通知书2份。经复查，整改合格率100%。

【公路运输营运】　2017年，道路客运量75.80万人，同比下降2.80%；道路客运周转量9069.70万人千米，同比下降3.80%；道路货运量2005万吨，同比增长15.50%；货运周转量317480.30万吨千米，同比增长15%。客货运周转量318387.30万吨千米，同比增长15%。

全年新增：道路运输普通货物运输企业34家，机动车维修企业11家，机动车驾驶员培训机构1家；营运车辆472辆，其中，普通货

5月9日，港口区航务管理所在企沙镇山新渡口检查渡船

港口区航务管理所供稿

物运输车辆 415 辆, 教练车 57 辆。

【基础设施建设】 认真开展扶贫攻坚工作, 实施王府街道白沙村牛栏棚道路硬化工程等 12 个扶贫攻坚基础设施(交通)项目, 硬化改建里程约 15.72 千米, 累计投资约 344 万元。实施区农村公路生命防护工程 4 个: 光坡至中间坪生命防护工程、光坡至红沙道路生命防护工程、企沙大梆至簕口道路生命防护工程以及光坡企石至王府街道白沙村道路生命防护工程, 共投资约 56 万元。在王府街道沙港社区中新村新建便民候车亭 1 个, 投资 4 万元。

【公路养护与运输服务】 加大投资, 提升农村道路路面路貌、路肩、路口、水沟边坡整治及绿化等各方面水平, 日常小修保养完成约 102 千米, 设置补充公路标牌 98 块、整治路肩水沟约 100 千米, 累计投入约 65 万元; 积极争取上级资金, 完成自治区下达的路面大中修工程项目光坡至潭油公路路面大修工程, 提升全区农村公路养护的整体养护水平。

加强农村公路安全防范工作。进一步做好农村公路、桥涵的巡查工作, 重点加强监控临江、沿河、傍山等隐患路段, 完善安全标志牌及设施; 加大雨季水毁公路的修复力度, 确保雨季公路安全畅通。

(韦宇晖)

水路运输业

【概况】 港口区航务管理所负责水路运输归口管理和日常督查检查工作。辖区内登记管理的水运企业两家: 防城港新海信船务有限公司, 主营范围水路货物运输, 拥有国内货运船舶 19 艘、总运力 1.87 万吨; 广西明港国际船务股份有限公司, 主营范围水路旅客运输, 拥有高速客船 1 艘, 共 368 个客位, 主要经营防城港至越南下龙湾航线及辖区内三岛三湾游航线。

辖区内便民渡口 3 个: 港口区北码头渡口、光坡镇红沙渡口, 企沙镇山新渡口。乡镇客圩渡船 4 艘, 总客位 256 个, 其中, 标准化客圩渡船 3 艘。

【水路运输管理】 4 月, 依法组织开展水路运输行业核查工作, 核查辖区内水路运输企业 2 家、客圩渡船 4 艘, 核查参与率 100%, 核查达标率 100%。

为确保重大节假日、汛期和"十九大"期间辖区水运交通安全稳定, 积极组织人员开展安全生产大检查大排查和水运稽查执法工作, 全年派出执法人员 386 人次参与市航务管理处联合巡航检查 96 船次, 下发责令改正通知书 17 份, 约谈水运企业 1 家, 处罚船只违法违规行为 5 起。2017 年辖区无水运安全事故, 水路运输安全畅通。

【沿海运输】 依靠良好的水运交通条件和天然的港口设施, 全年完成水路客货运周转量 237.73 亿吨千米, 同比上升 1.90%。

【港口生产】 辖区中小港口货运吞吐码头主要集中在企沙镇企沙港, 少量分散在光坡镇大龙码头、潭油码头等, 全年完成货物吞吐量 802.47 万吨, 同比上升 10.5%。 (韦宇晖)

商贸物流业

商贸业

【概况】 2017 年港口区批发业商品销售额完成 91.01 亿元, 同比增长 20.10%, 完成全年任务的 107.23%; 零售业商品销售额完成 25.42 亿元, 同比增长 13.10%, 完成全年任务的 98.34%; 住宿业营业额完成 0.89 亿元, 同比增长 13.20%, 完成全年任务的 99.22%; 餐饮业营业额完成 3.07 亿元, 同比增长 11.90%, 完成全年任务的 96.85%。2017 年港口区外贸进出口额完成 67.13 亿美元, 同比增长 69.25%, 其中进口总额达 65.54 亿美元, 出口额 1.59 亿美元。完成防城港市下达进出口总额指标任务 45.36 亿美元的 148%, 超额完成全年任务 48 个百分点, 占同期防城港市外贸进出口额 59.10%。

【市场建设】 港口区投入运营的专业市场有采珠市场、海珍路小商品市场、金海市场、海珍农贸市场、企沙卖米坳市场、企沙海港市场、光坡市场、公车富康农贸市场、公车农贸市场、渔洲坪农贸市场、辉龙农贸综合市场、爱尚家家居广场、司瑞娜家居建材广场、金海湾农贸市场一期、德城商贸中心市场、企沙海产品市场等 16 家。启辰祥云农贸市场已经建成并于 8 月运营。西湾集贸市场、金海湾农贸市场二期、玉葵岭农贸市场等 3 家专业市场已基本建成但未运营正在招商中。企沙北港农贸市场和光坡大龙农贸市场正在开展项目前期工作。

【市场监管】

信息监测和预警　安排专人定期到定点监测的市场采集蔬菜、瓜豆类、菌类、肉、鱼、蛋等鲜活农产品和食用油近 20 种零售价格；安排春节、五一等黄金周节日市场运行专人值班，做好信息预警工作，对重点商场、重点商品节假日无休监测，急事特报。全年港口区商品流通市场供求平衡，价格指数总体稳定，没有发生群众抢购或商户囤积行为。根据商务部生活必需品市场监测系统和重点流通企业监测系统显示，在重点监测的 11 大类商品中，粮、油、蛋类、食盐和奶制品的价格基本平稳，猪肉、水产品、水果、蔬菜和食糖的价格受季节天气和节假日的影响，稍有波动，但仍在正常范围内。

落实制度，提升市场运行保障　继续开展生猪活体储备制度，落实港口区猪肉市场应急供应保障工作。年内完成三轮 900 头生猪储备工作，向代储企业支付代储费 27000 元。坚持落实成品油销售情况的周报、月报和年报制度，及时掌握成品油流通情况。2017 年辖区成品油市场共计零售 15687 吨，其中汽油销售 6879 吨，柴油销售 8808 吨。

企业安全生产专项整治　按时启动单用途商业预付卡管理工作。2017 年组织开展 5 次单用途商业预付卡专项执法检查行动，执法人员 30 人次，未发现不符合管理规定的情况出现。辖区符合条件、应在市级商务主管部门备案发卡企业有 3 家，均已完成备案。组织餐饮场所开展全区加油站、大型超市等商贸企业（场所）进行安全生产专项大检查，组织并参与成品油销售管理执法 15 次，出动执法人员 75 人次，多次联合相关部门开展统一执法行动，各加油站店对散装油销售管理逐步完善。2017 年港口区共开展商务行政执法 5 次，执法人员 40 人次。全区商务系统没有一起食品安全和安全生产事故发生。

（张忠明）

物资流通业

【概况】　2017 年港口区重点物流企业 350 家，累计纳税额 11842 万元，同比增长 13.22%，占港口区重点纳税企业纳税总额的 7.96%。防城港益嘉物流有限公司、广西防城港中外运东湾仓储物流有限公司、广西防城港锦航船务有限公司、广西晟宇通物流有限公司、广西鑫隆物流有限公司等 15 家物流公司纳税过百万元。东湾物流园区已经先后获得"国家级示范物流园区、全国优秀物流园区、广西示范物流园区、广西现代物流集聚区"等荣誉称号。

【东湾物流加工园区】　东湾物流园加工区作为广西唯一一家上报参选国家级示范物流园区，港口区两大物流园区之一的东湾物流加工园区总规划面积 21.05 平方千米，园区入驻企业达 76 家，落户有中外运长航集团、北部湾国际港务集团、广西沿海铁路公司、中华粮集团、明利集团、香港汇通物流（国际）有限公司等多家大型央企、国企、知名民企和外企。园区正逐步发展成为集港口吞吐、口岸通关、港航服务、保税物流、海铁公多式联运、区域分级配送、大宗商品交易等多功能为一体的现代港口区综合物流园。年内，大西南公车物流园区也在推进园区建设及招商引资工作。

（张忠明）

12 月 6 日，港口区粮食局在市直属粮库开展 2017 年港口区粮食应急供应演练　　　　　　　　　　　沈铭周供稿

粮　业

【概况】　港口区粮食局为副科级行政单位，核定行政编制 1 名，机关后勤服务聘用人员控制数 1 名，2017 年实有工作人员 5 人，内设秘书股，下辖港口区储备粮管理中心，办公地址位于港口区沙沥路 16 号。2017 年，港口区粮食局贯彻落实粮食安全行政首长责任制，强化仓储规范化管理，落实粮食市场调控措施，开展执法监督检查，各项工作有序推进。

【储备粮管理】　加大港口区直属粮库仓储设施建设力度，完成库区道路工程、排水工程等 5 项配套设施建设，投入 113 万元为 3#、4# 粮仓配备粮情检测、机械通风系统和充氮气调等储粮设备。港口区直属粮库于 2017 年 11 月投入使用，全区完好仓容达 0.85 万吨，完成市下达任务的 131%。开展 2017 年度库存粮食检查，坚持"有库必到、有粮必查、查必彻底"的原则，对区本级储备粮进行全面检查，检查发现所存储的储备粮储存安全，质量良好，"四无"粮仓率达到 100%。年内收购秋粮 980.80 吨，完成全年储备粮轮换入库任务，储备粮平均月末库存达市下达规模 97.07%，应急成品粮平均月末库存达市下达规模 100%，超额完成自治区和市下达的绩效考评任务。

【粮食调控】　鼓励粮食企业和粮油经营者积极参与粮食流通环节，2017 年港口区社会粮食销售量达 64 万吨（贸易粮），完成市下达任务的 2064%（市下达任务为 3.1 万吨）。健全粮食应急供应网络，开展粮食应急供应演练，增强应急加工能力，全区建立应急供应网点 6 个、放心粮油供应网点 16 个，确定应急加工企业 2 家，基本实现供应网点城乡全覆盖，保证粮食应急工作需要。加强粮食市场的统计分析和监测预报，确定价格监测直报点 3 个、供需平衡城镇和乡村居民抽样调查户 50 户，每周对大米、面粉等主要粮食品种价格采集、汇总和分析，及时掌握全区粮食价格信息，提高粮食调控预警能力。

【粮食流通监督检查】　依法做好粮食流通管理工作，推动规范管粮再上新台阶，全年开展综合检查 4 次，出动检查人员 10 人次，检查企业 10 个；开展粮食收购资格核查、粮油库存检查、粮食质量检查等单项检查 11 次，出动检查人员 53 人次，检查企业 18 个。

（曾　妍）

旅　游　业

【概况】　2017 年，港口区旅游局有工作人员 9 人，其中在职在编 3 人，军人家属安置 1 人，柔性人才 1 人，聘用 4 人。

【旅游行业】　2017 年港口区有星级酒店 5 家：国际迎宾馆、恒泰酒店、金湾宾馆、世纪利源酒店、德城宾馆均为三星级酒店；有旅行社 8 家，分别为：防城港市海鸥旅行社、防城港市畅游国际旅行社、防城港市国际旅行社、防城港市北部湾国际旅行社、康辉旅行社防城港营业部、中国旅行社防城港分社、海丝明港旅行社、平安国际旅行社有限公司。有广西二星级农家乐 13 家，分别为：簕山古村渔府、揽月居海鲜大排档、品海阁酒楼、红沙蚝排、红沙渔猎人部落、醉月堂海鲜大排档、海角七号度

12 月 7 日，区长朱靓（左三）实地调研区旅游产业发展　苏桂敏供稿

假小旅馆、红沙海逸蚝庭、凤英客栈、相思客栈、大龙口生态乡村、山新海边故事、山新农家小院；有广西三星级农家乐1家，为小八黑家庭生态农场。

【旅游接待量及消费】 2017年港口区接待游客304.16万人次，同比增长80.10%；旅游消费24.79亿元，同比增长57.50%。

【旅游执法】 严格落实安全生产"一岗双责，党政同责"责任制，认真履行安全生产工作职责。结合辖区旅游企业的实际情况，在国家法定节假日前，制定节前旅游安全专项检查方案，联合工商、交通、物价、消防、国土、交警、食品药品监督等部门，开展旅游安全生产联合大检查，2017年共开展旅游安全联合检查、专项检查11次，出动检查56人次。全区无重大旅游安全事故发生，无重大旅游投诉事件。

【旅游宣传推介】 组织参加市旅发委5.19"中国旅游日"暨欢乐西湾群众广场文化活动、广西边关旅游联盟赴成都和重庆开展旅游推介活动、2017年北京旅游博览会、2017年中国-东盟博览会旅游展广西旅游形象展（桂林）、广西边关旅游联盟组团赴深圳和广州开展广西边关旅游（粤港澳）推介会等旅游宣传促销活动，发放旅游宣传资料，宣传推介港口区的景区（点）及旅游资源。

【旅游景点建设】

簕山古渔村　以"村民自主、资源共有、利益共享、理事会管理、公司化运作"的经营管理模式，开展"农户+集体"景区管理和旅游服务。簕山古渔村建设已完成投入4900多万元，其中政府投入4000多万元，引导农民投入800多万元，完成公共设施和旅游基础设施项目60多项。为进一步提升簕山古渔村旅游特色品牌，组织材料申报创建国家3A级景区和自治区四星级乡村旅游区。

大龙口生态乡村　组织材料申报创建自治区四星级乡村旅游区，通过"党建引领+公司+合作社"（防城港长天龙投资有限公司和港口区大龙口强发农村合作社）+农户的模式，大龙口组整合各方资金，总投资约5000万元，其中休闲民宿2500万元，休闲设施、绿化、立面改造800万元，餐饮500万元，其他1200万元，年内已完成2300万元投资。建设内容包括：百龙公园、百龙广场、儿童游乐园、烧烤区、停车场、办公用房、公共服务中心、旅游厕所、足球场、垂钓区等项目，并结合当地资源特色，发展种养产业，种植向日葵园、蜜柚园、黄花风铃景观树和养殖光坡鸡等。　　（苏桂敏）

房地产业

【房地产开发】 2017年，港口区房地产开发投资呈现缓慢前进态势，完成房地产开发投资45.14亿元，同比增长6.11%。

【商品房销售】 2017年，港口区围绕推进供给侧结构性改革目标，加强房地产市场分类调控，去库存压力有所缓解，商品房销售面积保持增长。全区完成商品房销售面积181.70万平方米，同比增长40.6%。

【房地产市场监管】 2017年，共办理辖区各类产权确认640宗，办理档案查询达1801次，为群众提供房产行业审批咨询服务1000余人次，产权确认办结提速率90%以上。

对东湾·桃花苑、碧海紫金城、海天云都等9个住宅小区开展物业服务企业精细化管理工作，指导辖区住宅小区物业管理更加科学化、规范化；协调处理现代小城、东湾·桃花苑等小区物业纠纷5宗，及时化解矛盾。　　（巫彬）

资源·建设·环保

国土资源

国土资源管理

【概况】 防城港市国土资源局港口区分局（简称国土分局）位于港口区渔洲坪建政路58号，是防城港市国土资源局的派出机构，加挂防城港市港口区不动产登记局牌子。内设5个股室：办公室、财务室、耕地保护与规划利用股、地籍与测绘股、矿产股；4个二层机构：港口区国土资源执法监察大队，港口区土地市场管理所，港口区土地整理中心，港口区不动产登记中心，共有干部职工46名。

其主要职责是：贯彻执行国家、自治区有关国土资源的法律法规和方针、政策；负责辖区范围内的土地、矿产、测绘等专项规划编制和审查工作；协助辖区范围内的土地征用、拆迁工作；负责辖区内各类农用地转用、土地征用、建设用地、采矿权、探矿权报批材料的组织和初审工作；负责辖区耕地保护工作；查处违法用地、采矿案件；负责辖区土地、矿产资源调查和地籍、矿权、地质灾害调查以及土地、矿产统计工作；负责有关矿产规费征收工作；负责土地资源调查（含变更调查）工作；承担辖区不动产统一登记工作；负责辖区土地权属调处工作。

【土地利用】

用地计划及用地报批 年内获批建设用地总面积54.82公顷（折合822.33亩），解决硬质合金项目、景昇隆新材料项目、川金诺磷化项目、兴城建材装配式建筑项目等一批产业项目及光坡中学扩建项目、大龙安置区五期等民生、城市建设项目的用地。组卷上报防城港市2017年第三、第十五、第十七共3个批次城市建设用地和3个独立选址路网项目的建设用地，总用地面积103.07公顷（折合1546.08亩）。项目获批后将解决企沙城北片区商业用地、低丘缓坡剩余指标项目、企沙冰厂、白沙小学、光坡路网工程建设项目、大西南临港工业园区公车大街延长线项目、企沙城北区路网建设等项目用地。

土地供应 2017年，供应国

4月23日，区长朱靓（右三）带领国土、发改、工信、征地、镇（街道）等部门深入市大西南临港工业园指导项目用地、征地拆迁和拆违工作

朱权武供稿

6月25日,国土分局在桃花湾体育馆前举办项目用地、农宅审批、土地执法等法律法规宣传活动　　朱权武供稿

有建设用地面积183.66公顷,总价款为23523.28万元。其中挂牌成交地块17宗,成交面积为117.13公顷,成交价款为22617.31万元;协议出让地块2宗,划拨转出让面积为0.03公顷,出让价款26.43万元;划拨地块57宗,划拨面积为66.50公顷,划拨价款为879.54万元。完成企沙镇山新村新富五黑鸡养殖专业合作社五黑鸡养殖项目、光坡镇大坡社区大坡一组世耀养殖场项目、王府街道白沙村下中组万丰种养有限公司的综合养殖项目、光坡镇光坡村正详养殖有限公司的综合养殖项目、防城港长天龙投资有限公司生态养猪示范基地共5宗设施农用地的审查备案。

【安置用地办证工作】 2017年,国土部门把安置用地和被征地农民生产发展留用地办证工作作为民办实事的重要事项来抓,主动联系对接区、镇(街道)征地指挥部、征地工作组和征地镇(街道),定期召开安置用地办证工作协调会议,研究讨论安置用地办证工作中遇到的各种问题。

年内完成大龙、和平、沙港等集中安置点的建设用地保障工作,获批大龙安置区拆迁安置用户划拨用地共544户,核电项目输出线路群众安置用地67亩新增建设用地已报自治区待批复。完成原公车村、沙港村留用地511亩用地报批;钢铁、金川项目660亩集体留用地新增建设用地已报自治区待批复;已办理渔洲坪西茶组留用地不动产权证22.90亩;办理冲孔村下三组留用地不动产权证53.50亩。

【农村宅基地审批管理】 国土部门在做好日常地籍登记办证工作的同时,利用宣传手册、板报和下乡宣传等多种形式大力宣传农村宅基地的审批管理政策,规范农村宅基地的审批和管理要求。

2017年,港口区批准1个批次共24宗农村宅基地,面积共3120.22平方米。

【耕地保护】 2016年港口区永久基本农田划定方案确定的基本农田面积为1023.24公顷,市级规划下达港口区基本农田保护任务为850公顷,多划基本农田173.24公顷。2017年港口区永久基本农田划定方案和土地利用总体规划调整完善方案能得到衔接,其中辖区三镇土地利用总体规划调整完善方案4月8日获得自治区国土资源厅批复。

年内重点完成永久基本农田全域划定相关工作,全面落实"落地块、明责任、设标志、建表册、入图库"五项工作任务,共签订基本农田保护责任状42份,发放基本农田保护权利义务明白卡6000份,完成3块镇级永久基本农田保护牌的更新制作,完成14块村级简易保护牌的制作安装和208块国家标准界桩的制作埋设。全区耕地保有量和基本农田保护面积不减少、耕地质量不降低。

【土地整理】 根据供地面积所占用的耕地按20%计算需要进行耕作层土壤剥离的任务要求,2017年港口区国土部门正在实施的公车物流园安置住宅区项目建设占用耕地耕作层表土剥离项目,面积共73.79亩,年内已完成耕作层土壤剥离任务的40%。在"旱改水"工作方面,正在实施的项目有光坡镇沙螺寮村20.49公顷的"旱改水"项目和企沙镇牛路村14.64公顷土地开垦项目。沙螺寮村试点项目已开工实施,但由于部分土地存在权属纠纷,群众阻挠施工,已停工;企沙镇牛路村土地开垦项目于11月份通过项目立项,12月2日开工建设,年内已完成工程量的100%。

【不动产统一登记工作】 2017年,按照自治区国土厅和市国土局的工作部署要求,联合房产、海洋等部门完成3个部门原有的各类不动产登记业务流程的清理汇总和再造,并对不动产档案资料进行了移交。年内海洋部门已经完成档案移交90宗、房产部门已经移交电子档案6621宗,纸质档案于11月16日以"交钥匙"形式实现移交。加大不动产登记业务人员的培训,做好不动产登记工作,2017年,港口区共办理不动产登记1493宗,其中产权登记301宗,抵押登记185宗,注销抵押登记210宗,预告登记、预告抵押登记784宗,海域使用权登记13宗。

【国土资源信息化建设】 2017年,港口区国土部门加强信息化建设和应用,OA信息办公系统、地籍管理系统、建设用地审查报批系统和土地供应系统保持正常运行。通过信息化系统的建设,推进土地和矿产资源网上交易出让,并加强系统的管理。

【国土资源执法监察】

土地矿产卫片执法检查 2017年,港口区国土部门严格执行国土资源动态巡查工作制度,利用手机移动执法监察平台,切实加强巡查工作力度,及时发现、制止各类国土资源违法违规行为。2017年累计开展巡查32次,巡查发现违法违规用地共2宗,面积共165亩,其中督促补办临时用地手

续1宗,制止于萌芽状态1宗。港口区2016年度土地卫片执法检查工作涉及疑似违法图斑18个,总面积129.20亩(其中耕地22.35亩)。针对疑似违法图斑进行整改,立案查处图斑2个,面积4.5亩(其中耕地面积1.17亩),案件已于2017年3月14日执行完毕,罚没款共计4053元。其余16个图斑作为非立案查处图斑,联合区综合执法局拆除整改图斑3个,总面积32亩(无耕地),其他图斑已整改。港口区2016年度违法占用耕地面积22.35亩,年度新增建设用地占用耕地总面积为481.56亩,违法占用耕地面积占新增建设用地占用耕地总面积的比例是4.60%。年内港口区2016年度矿产卫片执法监督检查工作已经通过市级和自治区级的检查验收,实现"零问责"的目标。

处理国土资源信访 严格按照《信访条例》的有关规定处理各种国土信访案件。2017年,共处理群众来信来访6件。

闲置土地处置 4月,自治区国土厅下发本区疑似闲置土地图斑共34个,面积397.49公顷。经初步核实,确定上报闲置土地图斑7个,面积27.34公顷。在7个闲置土地图斑中,1个图斑已动工建设,另6个图斑未动工建设,主要原因是存在征拆问题造成闲置的有3宗,分别是广西耀辉新型建材有限公司、广西防城港百闻电气有限公司、广西西城山饲料有限公司;因业主自身原因造成闲置的有2宗,分别是港口区城市建设投资有限责任公司承建的企沙镇凤凰路东侧地块、防城港市港工基础设施建设开发投资有限责任公司承建的公车物流园

一号路网工程地块;因政府原因进行规划调整的有1宗,即东湾大道建设调整置换的梁姐名下用地。针对闲置原因,国土部门加大与业主沟通对接,下发《闲置土地调查通知书》,要求业主协助调查。同时加快征地拆迁,协调解决相关存在问题,确保闲置地块开工建设。对不具备开工条件,短期内无法进行开工建设的闲置土地按有关法定程序收回。通过加大闲置土地的处置,使闲置土地工作管控到位,处置及时,促进土地的开发建设。

【矿产资源管理】 认真抓好"春节""两会""清明""五一""中秋""国庆""两会一节"等节日的安全生产大检查工作。按照安全生产年的活动方案深入到各矿山开展安全生产监督检查工作,对存在安全隐患的地方,进行限期整改,达不到要求的一律停产整顿;大力开展"六·五"世界环境日和"安全生产月"宣传活动,与区直有关单位一起在城区设立咨询点,制作宣传板报,拉横幅,发放非煤矿山安全生产宣传单、地质灾害防治知识等宣传材料1000余份。对辖区矿山建立安全生产动态巡查制度,多次到各矿山进行安全生产检查,确保矿山的安全。通过对页岩矿区的管理,全面规范采矿权审批管理、矿产资源有偿使用制度、矿山生态环境恢复补偿制度、矿产资源开采准入管理、矿产资源开发监管责任机制,建立正常的矿产资源开发秩序,加强和规范矿产资源开发管理。

【地质灾害防治】 2017年入汛

前,国土部门组织人员对全区地质灾害隐患点进行排查,共排查出地质灾害隐患点23处,完善各隐患点的警示牌、监测人联系电话等内容的更新。同时开展全区村、镇管理干部以及各隐患点监测人员参加的地质灾害防治知识培训,提高他们的防灾意识。进入汛期后,加强汛期值班和隐患点的巡查监测,做到24小时不间断值班,隐患点巡查全覆盖,并建立完善的防灾、救灾抢险体系。通过多项有力措施,2017年辖区无一例地质灾害事故发生。(朱权武)

征地拆迁

【概况】 港口区征地拆迁办公室原隶属港口区国土资源局,2009年10月列入参照公务员管理事业单位,2010年3月正式挂牌成立,是主管港口区征地拆迁工作的政府职能部门,主要负责本级土地征地搬迁安置相关工作,依法对征用土地的合理建筑进行拆迁。内设综合股、财会股、法规套价股、建规安置股、技术股、征地拆迁股6个部门。核定编制40名,2017年全体干部职工46人,其中,在职在编干部26人,柔性人才4人,聘用人员16人。

【征地进展】 2017年,探索完善征迁体制,优化流程,减少12个环节,大幅提升征迁效率,共完成土地征收11128亩,签订房屋搬迁协议1815户,搬迁拆除房屋1708户,迁移坟山2273座,交地施工14843亩,交地面积比上年同期增长140%。按期完成生态铝、亚行贷款、企沙污水处理厂、市气象观测站、玉石滩大道、中央预算投资工程等自治区、市级重点项目征迁任务,其中生态铝项目仅用34天就完成土地征收工作;采取百日攻坚行动突破完成聚馨麦芽、密尔维克危化品、华晨矿业二期、东洋包装材料、蛇纹石等15个产业项目征迁任务;此外,妥善解决江山大道西线、纬二线、公车路网、环境与海岸保护工程等项目征迁

多年久拖未决的历史遗留问题,全部交地施工。

【征地安置】 2017年,坚持"文明征地,和谐搬迁,幸福安置"的理念,落实搬迁群众永久安置977户2506人,持续推进生态铝、中心区统征统拆、东湾大道等项目搬迁群众的宅基地及公寓房分配工作。采取公寓房、公建临时房及货币自行临时安置的方式落实371户918名搬迁群众的临时安置。

(黄月锋)

海洋管理

【概况】 防城港市海洋局港口区分局(简称港口区海洋分局)是防城港市海洋局的派出机构,分局的领导干部实行双重管理体制,以市海洋局党组管理为主,港口区委协助管理。2017年内设有6个机构:办公室、海域和海岛管理股、海洋环境保护和海洋预报减灾股、法规和规划科技股、项目管理办公室、纪检监察室(筹)。下设二层机构:港口区国家海域动态监管中心、中国海监防城港市港口区大队(副科级)。海监大队内设有综合中队、执法维权中队、装备管理中队;镇(街道)有海监中队:企沙镇中队、光坡镇中队、沙潭江街道中队、白沙万街道中队、渔洲坪街道中队、王府街道中队。

港口区海洋分局主要职责:贯彻执行国家、自治区和市有关海洋资源的方针、政策和法规;负责辖区各类海域使用报批材料的组织和初审工作;负责辖区海洋资源保护工作,协助查处有关海洋资源违法案件等。

5月16日,沙港住宅区分配搬迁户宅基地现场　区征地办供稿

【海域规划利用】

海域使用审批及海域使用金征收 2017年共完成38宗用海的报批工作,其中37宗为续期使用海域,1宗为变更海域使用方式。按照《广西壮族自治区海域使用管理办法》的规定,组织养殖用海的审批工作,确保审批工作的延续性。根据《关于加强海域使用金征收管理的通知》(桂财综〔2007〕15号)精神,2017年港口区养殖用海共收取海域使用金61.99万元。其中,逐年交纳的海域使用金为60.13万元,续期用海一次性缴纳海域使用金为1.85万元。

广西海域海籍基础调查项目(三期) 完成广西海域海籍基础调查项目(三期)在防城港市海域外业核查工作。配合自治区海洋研究院做好港口区海域范围内的确权用海项目权属调查、现状调查。

开展海域招拍挂前期工作 贯彻落实自治区相关政策,做好海域使用招标、拍卖、挂牌工作。委托国家海洋局北海海洋环境监测中心站做好红沙海域的养殖用海规划工作,合理划分养殖区、限制养殖区、禁止养殖区,对养殖密度、航运航道做科学规划,规范用海。做好红沙养殖区海域价值评估工作,根据评估底价完善招拍挂出让方案。

【海洋环境保护】

实施海域专项整治工作和长效管理机制 以"美丽海洋"为抓手,以招标的形式聘请保洁公司对港口区重要海域片区开展专项整治工作。重点强化海洋环境整治,实行长效管理机制,实时跟踪、督促清洁公司完成日常海域清洁工作。每周定期或不定期巡查各海域的清洁情况,发现问题及时与清洁公司进行协调并处理,提高近岸海域环境监管的能力。

建立运行海洋生态环境巡查机制 制定港口区海洋环境巡查实施方案,建立运行海洋生态环境巡查机制。聘请15名工作人员,培训合格后充实到港口区"两镇四街"六个海监中队,购置6辆公务摩托车用于定期开展巡查,强化基层部门海洋环境管理职能,适时掌握近岸海域水环境质量状况,强化对海洋环境污染的预警和应急响应,保证海洋生态环境破坏和污染问题能早发现、早制止、早处理。

提高公众环保意识,大力开展宣传工作 深入学习《中华人民共和国海洋环境保护法》《中华人民共和国海岛保护法》《中华人民共和国海域使用管理法》《广西壮族自治区海洋环境保护条例》《广西壮族自治区海域使用管理条例》。组织编写活动的横幅标语、宣传展板以及宣传册等,开展2017年世界海洋日暨全国海洋宣传日活动。通过宣传车巡回宣传、有奖竞答、专家咨询等形式,在红沙码头大力宣传"三法两条例"与合理合法用海的内容,推动海洋法律知识普及教育,为保护海洋营造社会舆论。

组织开展首届6·8海洋日"扬波大海,走向深蓝"主题征文比赛。2017年的6·8海洋日宣传通过创新模式,开展首届以"海洋日"为主题的中小学生征文比赛,此次活动得到中国海洋报社的大力支持,进一步提升中小学生对海洋的热爱及其个人保护海洋、爱护海洋的意识和观念。

开展红树林护林活动。港口区第三小学红树林护林队结合学校开展的环境保护系列活动,教育广大少先队员深刻认识到保护环境的重要性和紧迫性,激发他们的历史责任感和使命感,积极投身环境保护活动中。

在光坡镇沙螺寮村开展以"保护蓝色海洋 依法依规用海"为主题的宣传活动。利用宣传车辆走访沙螺寮村一带,沿途路经沙螺寮小区及沿岸海堤等,更好地普及全面保护海洋知识,传达有关海洋环境保护的政策,从而提高群众依法依规用海的观念。

与防城港电视台、防城港市新闻网等媒体合作,通过多种途径和渠道宣传世界海洋日暨全国海洋宣传日以及"三法两条例"的作用及意义,积极引导群众携手共建美丽海洋。

加强赤潮灾害监测与防范 12月,港口区海洋分局配合防城港市海洋局举办以"苦练应急基本功,从容共创平安城"为主题的2017年广西(防城港片区)海洋赤潮应急演练。本次演练活动由自治区海洋和渔业厅、防城港市人民政府主办,防城港市海洋局、防城港市应急办、港口区人民政府承办,防城港市海洋局和港口区海洋分局负责具体实施工作,有22家单位到会观摩和参演,达到检验预案的科学性和操作性,加强赤潮灾害监测与防范,进一步明确赤潮灾害应急响应程序及各成员的职责,检验各成员单位的应急处置能力,有效快速减轻赤潮灾害造成的经济损失和对海洋生态环境的影响等。

加强入海河流和入海排污口监视监测 2月，港口区海洋分局组织工作人员开展入海排污口摸底调查工作，工作人员分别巡查东西湾沿岸、渔洲坪工业园区、光坡镇、企沙镇等沿海岸线，采集有关数据、图片，做好记录存档，不断加强港口区入海排污口监视监测。

【海洋维权执法】

充实海洋装备执法力量 保证执法车辆和船艇需求。中国海监1129艇自2016年交付使用后，就聘用专人看护。同时配有海监执法车辆(桂PRK599)和六个镇(街道)中队的执法摩托车，定期检修保养，并做好记录，保障海洋执法人员用车便利及用车安全。购置一批执法设备(包含3台执法记录仪、3台数码相机)，并把这批设备合理分配到各个中队。要求执法人员按要求进行记录、拍照和做好视频资料台帐等工作，提高日常海洋行政执法巡查效率，加大对港口区岸线及用海工程项目监管力度。

开展整治填海、围霸海及非法养殖联合清理拆除行动 1月，联合中国海监防城港市支队、广西海警第二支队一大队、港口区城市综合执法局、港口区渔政大队对企沙钢铁基地附近海域非法围网设施共同开展清理整治行动；6月，参与港口区政府组织相关执法部门，对非法占用东湾渔洲坪海域修建的水泥结构构筑物等设施进行依法拆除行动，清理非法占用海域面积3210平方米；9月，组织执法人员对企沙镇牛路村簕山古渔村大门附近海域一处围填堤坝进行依法拆

除，拆除围堤坝两处开挖宽约5米的缺口。9月15日，组织执法人员及机械对港口区企沙工业南路道路工程(光坡镇潭油村段)附近海域新增二处非法填海造地进行清理。

开展打击盗采沙石违法行为 4月接群众举报企沙镇山新海域有人正在海滩盗采海砂，在施工现场看到山新海滩有大面积海砂被盗采用于海堤加宽平整，执法人员口头对其责令停止施工，要求其对破坏的海滩进行恢复原状，现已恢复海滩的原状。8月，中国海监防城港市支队执法人员联合港口区海洋分局打击企沙镇天堂滩非法采砂行为，令其恢复该海滩原貌。

【海域动态监管】 根据国家海洋局《县级海域动态监管能力建设项目总体实施方案》和《港口区县级海域动态监管中心能力建设项目》的项目进度安排，已完成视频监控点的专线接入及无线通信基站建设，能正常连接国家—省—市—县四级节点，共同监视监测辖区海域，并能全天监控红沙海域情况。6月，港口区海洋分局监控指挥车完成验收工作并投入使用，每周开展外业监视，监测辖区内海岸线、重点海域、海岛以及疑点疑区情况，保障项目用海合理合法，以实际行动监测打击非法占海霸海行为。

【海洋项目建设】 加快推进两个项目前期工作。①山心沙岛生态岛礁建设工程项目。山心沙岛生态岛礁建设工程项目2017年主要完成项目选址、水深测量报告、水动力分析报告、完成单岛规划

送审稿及其评审工作、可行性研究报告送审稿及其评审工作，正在推进编制海岛开发利用设计方案、海域使用论证、海洋环境评估报告等前期工作。②东湾红树林生态修复工程项目。一期项目完成初步设计及其评审、施工图设计及其审核、财政评审、招标、报建与备案；二期项目完成初步设计及其评审等工作。③东湾红树林生态修复工程项目。一期于8月24日施工开标，中标人为广西大业建设集团有限公司，一期建设工期2017年9月—2017年12月，共130天。年末施工建设已完成：清退自建码头350平方米及400米绿道底面铺装；清退当地村民出海便道修筑、施工便道修筑；完成出海口A平台的主体结构施工；完成观景平台灌注桩的混凝土浇灌。 (郑 喆)

水利资源

水利资源管理

【概况】 港口区水利局内设综合股、水政水资源股，二层机构有区防汛抗旱指挥部办公室、区水利管理站、区水土保持站、区水政水资源管理站(水政监察大队)，下辖港口区自来水厂。2017年，在职干部职工75人。

【水利水文】 2017年，全区有各类水库4座，其中小(一)型水库1座，为官山辽水库，小(二)型水库3座，分别为南蛇山水库、栏冲

水库、三沟水库,水库设计总库存717万立方米,有效库容525万立方米。山塘188座,坡坝6座,灌渠222千米,登记在册的水利部门直接和协助管护的海堤防总长36.13千米,堤围内保护耕地4.71万亩,保护人口3.30万。港口区自来水厂日供能力为2万立方米,农村饮水安全工程37处,7.20万名群众饮水问题得到改善。

【水资源管理】 2017年,港口区加强饮用水水源地保护监测、重点污染企业监管、河道管理以及水资源监管队伍建设。全面贯彻落实最严格水资源管理制度,全面建立"三条红线"和"四项制度",将港口区用水总量控制在2.21亿立方以内,万元地区生产总值用水量比2015年下降14.8%,万元工业增加值用水量比2015年下降10.4%,农田灌溉水有效利用系数继续提高到0.50,主要江河水库水功能区水质达标率100%。

7月7日,港口区防汛办联合市防汛办、区消防、应急办、各镇人民政府、各水管单位等单位在港口区官山辽水库开展2017年水上救生演练

港口区水利局供稿)

【水库维护与建设】 2017年,根据港口区人民政府《征收土地预公告》,十二岭水库、大水车水库被纳入征收范围,库区大部分将被平整开发,水库已丧失防洪、灌溉、供水、发电、养殖及旅游等功能。港口区对十二岭水库、大水车水库进行报废处理。

【农村饮水安全提升工程】 按照精准扶贫、脱贫攻坚的要求,2017年港口区发展贫困村连片供水,实施自来水入户工程。实施港口区光坡镇火筒镜Φ63PVC人饮扩建工程等5个农村安全饮水巩固提升工程,总投资235万元,解决饮水困难人口1450人,巩固提升受益人口520人。

【防汛抗旱】

洪涝灾害 2017年港口区总体降雨量比往年偏多,降雨不均衡,局部地区短时间内出现大暴雨。进入汛期以来,先后遭受6次持续强降雨、3次台风(第13号台风"天鸽"、第14号台风"帕卡"、第19号台风"杜苏芮")和1次热带低压的影响,受灾人口4870人,倒塌房屋3间,直接经济损失75万元,其中:水利设施直接经济损失55万元。无人员伤亡。

光坡镇栏冲村老围妈山塘维修加固工程,图为施工现场

港口区水利局供稿

防汛工作　调整防汛抗旱指挥机构和落实各项防汛抗旱责任制，修订完善《防城港市港口区防御台风应急预案》《防城港市港口区洪涝灾害应急预案》《防城港市港口区干旱灾害应急预案》等预案，加强抢险救灾队伍建设和做好防汛抗旱物资储备工作。镇（街道）组织309名人员组成的抢险队伍，从4月1日起，开始实行每天24小时防汛值班制度。组织安全大排查，汛前、汛中，组织对辖区内水库和海河堤防进行全面排查。

抗旱工作　根据春耕春种生产用水的轻重缓急和当地水库蓄水情况，分作物、分时段做好春耕春种生产供用水计划。利用现有的塘库、陂坝放水灌溉，协调防城港市群峰水利供水公司利用长歧左干渠输送水确保工业和农业用水。2017年，港口区无旱情发生。

【河长制】　根据开展"河长制"工作要求，列入港口区"河长制"管理的主要河流共2条，分别是防城江、沙潭江；列入"库长制"管理的小（一）型水库1座为官山辽水库；列入乡镇级"库长制"管理的小二型水库3座，分别为南蛇山水库、栏冲水库、三沟水库。2017年全区区、镇（街道）、村三级河长制工作方案和6项工作制度已全部出台；三级河长体系全部建立，全区共明确区级河长4名、乡级河长7名、村级河长8名；明确13个区一级责任单位主要领导为主要责任人；港口区河长制办公室挂牌成立；江河湖库河长制公示牌完成设立；聘请2位河长制工作义务监督员；全区共开展巡河38次，并对存在的问题进行督查。

实现区、镇（街道）、村三级河长全覆盖。

【水土保持】　对开发建设项目未编报水土保持方案的加大查处力度，加强对已审批水土保持方案项目施工现场的巡查及监督管理，督促业主严格按水土保持方案落实"三同时"制度。按行政许可的要求，保证依法行政，使水土保持方案编报审批工作走向制度化、规范化。2017年审批开发建设项目水土保持方案7个，完成水土流失综合治理面积2平方千米，征收上缴水土保持补偿费121.40万元。

【小型水利工程管理体制改革】　2017年纳入港口区深化小型水利工程管理体制改革范围的水利工程主要包括：小型水库3座（栏冲水库、南蛇山水库、三沟水库）、小型堤防29处、农村饮水安全工程1个共21处、农田水利44处，年内已完成机构设立、方案出台、资金拨付、业务培训、工程权属调查等工作。　　　　（梁佳力）

建　　设

建设项目

【新开工项目】　2017年开工项目53项，完成开工任务的94.3%，完成投资15.50亿元，完成投资任务的97.32%。

【竣工项目】　2017年竣工项目23

项，完成竣工任务的91.3%，完成投资10.20亿元，完成年度投资任务的122.48%。　　　　（陈艳宁）

市政建设

【概况】　港口区住房和城乡建设局为港口区人民政府工作机构，是港口区人民政府主管城乡建设的行政职能部门。内设办公室、建设工程管理股、城乡建设管理股、住房保障和房产管理股、公用事业和市容市貌管理股5个机构；下辖建设工程质量安全监督站、建设工程招投标管理站、道路照明设施管理所、城市管理综合执法大队、环境卫生管理站、园林管理站6个单位；3个挂牌机构为港口区房产管理局、港口区人民防空办公室、港口区城市管理综合执法局；3个其他性质单位：墙改办、劳保站、房屋交易管理中心。2017年，核定编制97名（含二层机构），实有在编人员78人。其中：局机关在职在编8人（行政编制7人，后勤服务事业编制1人）；港口区环境卫生管理站编制18名，实有16人；港口区城市综合管理执法大队编制35名，实有25人；港口区园林管理站编制13名，实有12人；港口区建设工程质量安全监督编制8名，实有4人；港口区建设工程招标投标管理站编制4名，实有3人；港口区道路照明设施管理所编制8名，实有7人；港口区房屋交易管理中心编制2名，实有1人。临时工人（含公益性岗位）：局机关49人；港口区园林管理站91人；港口区城市综合管理执法大队10人；港口区环境卫生管理站403人；港口区道路照明设施管理所2人；港口区房屋交易管理中心 3 人;港口区墙体材料改革办公室 1 人。办公地址:广西防城港市港口区东兴大道 728 号。

【市政基础设施建设】 2017 年,投入 139.45 万元对辖区城市道路破损严重的路面、人行道进行修复,路面维修 6515.24 平方米、人行道铺设 385 平方米、安砌路缘石 65 米、安装减速带 3038.35 米、更换维修中间隔离栏 25.24 米、绿化带护栏 567 米、砌筑树池 2 个、安装亚红花岗岩挡车石球 88 个。投入 102.60 万元对辖区排水系统进行清淤、维修及改造,安装管道 248.60 米,改造管道 496 米、雨水口 18 座、检查井 5 座,清淤管道 4848 米、雨水口 354 座、检查井 231 座,更换雨污检查井盖 349 套。同时,确保燃气网点安全经营,对全区 35 家液化石油气供应站点开展燃气检查 8 次,发出整改通知 15 份。辖区质量安全目标实现零死亡、零重伤、零投诉。

【安置区建设】 2017 年,投入 324 万元完成王府永久安置区项目土方平整及小区排洪道建设;冲孔村上二组临时安置点项目总投资为 1579 万元,已完成总工程量的 90%;共组织 7 次宅基地分配会议,分配落实宅基地共 549 户 1633 人。

【市政执法】 2017 年,依法整治清理流动摊 3000 多起,处罚 8 人,口头教育 300 多人;共清理小广告 5000 余张,覆盖乱涂鸦 3000 多平方米;扣押广告牌 82 个;发放占道经营、乱摆乱卖等“五乱”整改通知书 418 份。办理道路开挖等行政审批事项 25 件,提前办结率达

100%,满意率为 99%;受理群众城管投诉件达 200 多宗,做到事事有落实,件件有回音。联合交警、工商等部门对拥军路水果摊违法占道经营行为开展联合整治行动,共整治占道经营摊点 16 起,口头教育 18 人;联合区综合执法局、区环保局等 12 个相关部门开展为期 3 个月的露天烧烤摊点专项整治行动,出动 182 人/次,整治违章经营烧烤摊点 14 个,暂扣烧烤炉 11 个、灯箱 2 个、桌子 2 张、凳子 10 张,对 10 余个摊点进行教育。投入 19.48 万元完成云南路路段增设禁停、摄像拍照提示牌,苗壮幼儿园门口施划安全标线,珍珠路、凯乐路标线标识翻新,东兴大道桃中路口安全设施等项目。

【城建土地执法】 2017 年,启动无人机巡查,建立地面 + 空中的立体化巡查模式,强化“两违”整治力度,发现并报告新增违建共 540 宗,涉及总面积 93134 平方米,自行发现率达 99.07%;共组织拆违 364 处,面积达 81304 平方米,累计新增违建拆除率达 87.30%。依法拆除城市建成区存量违建共 531 间,涉及建筑面积 26866.75 平方米,围墙 936 米,进度达 52.86%。开展打击园博园、中铝等重大项目征地范围内的违法抢建抢种行为的行动 62 次,拆除违法建设 260 处 51313 平方米,其中:园博园项目 30 次,拆除违建 171 处 39903 平方米;中铝项目 32 次,拆除违建 89 处 11410 平方米,清除各类违法抢种物 67838 棵;维护纬二线、污水处理厂等重大项目施工 111 次 111 天。加大执法宣传力度,悬挂宣传横幅 100 多条,粘贴宣传标语 200 多条,媒体

报道 1 篇,防城港日报报道 8 篇,其他平台信息 12 篇。配合公安、工商、环保、安监等相关职能部门各种专项行动 10 多次,参加人数超 1000 人次。

【园林绿化】 2017 年,投入 63.7 万元用于城市绿化花草树木的养护管理和维护、园林机械车辆费用、人工费、园林劳保用品及其他工作业务经费。投入 25.80 万元,补种永福路、灵秀街、和谐街、紫园街、小康路、广场环路等绿化以及平安街绿化改造提升、火车站广场南边通道绿化带改造等,补种乔木 60 棵,种植整形灌木 221 株,绿篱带 1170 平方米。投入 1.60 万元,铺设人行道砖 120 平方米,维修路缘石 225 米。投入 20.60 万元,开展企沙镇车坡岭凤凰公园绿化、大龙口新农村花带补种等工程。投入 48.20 万元,开展街道迎春小品造型和港口区街道迎国庆小品造型等工程,小品造型分布于区委区政府大院大门、渔洲坪铁路口等,并摆设有花卉盆栽,迎春期间建政路、东兴大道等部分街道人行道树悬挂灯笼。

【城市环境卫生】 2017 年,城区垃圾清运处理量 44012.91 吨,日均处理垃圾 120.58 吨,城区生活垃圾收运率达 100%,收取垃圾处理费 480 万元。拥有道路清扫车 6 辆、洒水车 3 辆、压缩车 3 辆、喷雾车 1 辆,垃圾清运车 18 辆,三轮车 250 辆,清扫面积 428 万平方米。投入 62.65 万元对北部湾大道、渔洲坪片区、东兴大道、中心区片区、桃花湾片区等区域进行卫生整治,共清理各类垃圾 2845 吨。扎实推进泥头车整治工作,查处

各种违法违章行为 223 宗。对扬尘污染严重的迎宾路、滨海路、北部湾大道、中华路、珍珠路、桃源路、拥军路、广场环路等城区道路每天派洒水车洒水 6 次以上，其他路段视扬尘污染情况进行合理安排洒水，冲洗，每月用水量近 2500 吨。投入 184.50 万元新建改建城镇 12 座市政公厕，建筑面积 733 平方米，其中：新建 418 平方米，改建 315 平方米。农村垃圾两年（2016—2017 年）攻坚项目（建设 21 个村级垃圾集中收集点，其中：企沙镇 5 个、光坡镇 10 个、沙潭江街道 3 个、王府街道 3 个；采购钩臂式垃圾车 15 辆，垃圾箱 180 个，电动三轮车 140 辆，人力三轮车 35 辆，总投资 695 万元）全部完成，设备采购交各镇（街道）使用。

【道路照明】 2017 年，投入 266.78 万元对城区路灯进行改造，其中：渔洲坪八街道路照明设施建设工程，安装 13 杆 6 米高 LED 单臂路灯，投资 18 万元；渔洲坪红星小区路灯安装工程，安装 6 米高 LED 单臂路灯 18 套，投资 9.2 万元；站前小区路灯安装工程，安装 6 米高 LED 单臂路灯 10 套，投资 5.08 万元；渔州城道路 LED 路灯改造及安装工程，改造路灯 6 米 LED39 杆，9 米 LED146 杆，新安装 6 米单臂 LED 路灯 146 杆，9 米双臂 LED 路灯 62 杆，12 米三火泛光灯 4 杆，投资 172 万元；插排尾路灯安装工程，安装 6 米高 LED 单臂路灯 3 套，LED 附墙路灯 10 套，投资 2.5 万元；公车大道及 A 线路灯维修工程，恢复公车大道及 A 线路灯电缆 5000 米，安装 8 米高 LED 双臂灯杆 15 杆，灯具总成 30 套，投入 60 万元。完成路灯维修

940 盏次，更换地下电缆 2500 米，更换 LED 灯具 120 套，镇流器 295 个、触发器 276 个、钠灯灯泡 410 个、恒流器 185 个、交流接触器 15 个、定时器 40 个，路灯设施完好率达到 95% 以上，主干道路亮灯率达到 98% 以上。清除路灯设施的"牛皮癣"，清洗路灯路灯杆 1300 杆、路灯专变箱 6 个、控制箱 24 个，清理路段长约 20 千米，清理小广告 8000 多张。维修光坡镇过境公路路灯 25 盏次；对企沙镇部分路段的坏损路灯实施企沙镇路灯修复工程，方便群众安全出行。

（巫　彬）

村镇规划和建设

【村镇基础设施建设】 2017 年，投入 1985.80 万元实施大街小巷改造、百镇建设示范、外立面改造、幸福社区等项目，其中：投入 1449.64 万元实施渔州城道路绿化提升、LED 路灯改造及安装、道路改造及人行道提升、铁路道口改造提升、围墙、大村大街小巷道路（横一街、横二街、纵一路）硬化、西茶旧村大街小巷道路（横一街、纵一路）硬化，公车大道绿化提升，珊瑚路与碧园街交汇处大街小巷道路硬化，企沙镇北港大道绿化带路缘石改造等工程；企沙镇百镇建设示范工程投入 129.20 万元（累计投入 2321.90 万元）完成德城大道改造工程、兴企路配套工程、垃圾中转站工程、公厕改造工程、港口区农民渔民转产转业综合服务中心及配套设施项目—环境配套工程、企沙镇车坡岭绿化及附属设施配套工程等 10 个项目；投入 198 万元完成光坡镇红沙村新

村组外立面改造工程，房屋外立面改造 37 栋，面积 8900 平方米；投入 208.96 万元完成"幸福社区"和平社区综合服务用房工程。

【特色村镇建设】 2017 年，投入 530.86 万元实施企沙渔港古镇（一村一镇）建设项目，其中：企沙镇入城景观工程，广场铺装 4200 平方米，绿化 6000 平方米，投资 169.29 万元；德城大道、北港大道绿化提升工程，移植换种行道树 380 棵，改造提升绿化带 4000 平方米，投资 162.53 万元；山新村容村貌改造工程，改造房屋外立面 30 栋，外立面改造 3500 平方米，新建坡瓦顶 1000 平方米，投资 199.04 万元。

【农村危房改造】 2017 年，港口区农村危房改造任务为 66 户（企沙镇 14 户、光坡镇 40 户、王府街道 12 户），建筑面积 4997.30 平方米，总投资 374.80 万元（各级财政补助资金 140.8 万元，其余为农户自筹），已全部竣工验收。

（巫　彬）

建筑施工管理

【建筑市场监管】 2017 年，审批报建工程项目 29 个，总投资 65348.10 万元，建筑面积 399694.6 平方米，其中：公建项目 19 个，总投资 64999.03 万元，建筑面积 392967.27 平方米；私建项目 10 个，总投资 349.07 万元，建筑面积 6727.33 平方米。开展建设工程招标 78 项，中标金额 75093.56 万元，其中：公开招标 51 项（含流标 1 项），金额 72146.02 万元；邀

请招标27（含流标2项）项，金额2747.54万元。应招标项目已全部招标，应公开招标的已全部公开招标，招标率达100%。处理拖欠工程款及农民工工资案件11起，涉及935人，金额2600万元。缴纳劳动保险费282.38万元，受理建安劳保费核退申请5起，核退金额422.32万元。

【建筑工程质量监管】 2017年，共受理公建项目质量安全监督登记手续项目26个（包含已竣工项目），其中：房建项目9个，建筑面积196129.58平方米，造价34395.63万元；道路8条，长14186.57米，造价22739.08万元；桩基础及绿化8个，造价11306.43万元；供水管网项目1个，供水管径DN1200，全长2330米，地理管路1516米，地面814米，造价1247.50万元。私建质量安全监督登记手续项目（含已完工补报监项目）15个，面积8097.68平方米，造价365.48万元，其中：3个已完工补报监项目，面积1122.13平方米，造价58.50万元。组织各类专项检查19次，查出质量安全隐患问题3584个，发出限期整改通知书40份，停工通知书76份，监督记录400余份，对项目实施动态扣分45次/项，下发扣分通知书194份，被列为"严管重罚"项目11个，新办理工程质量终身责任制项目24个。全年无重大质量事故，零死亡、零工伤，完成全年工程质量安全管理目标。

【建筑节能】 积极开展砖瓦及砼砌块工艺设备登记备案及定期监察工作，对符合备案条件的新型墙体材料企业进行备案登记，发放墙体材料工艺设备登记备案书；加大宣传力度，按照国家有关规定和标准推广新型墙体材料，普及墙改法律法规和政策；加大扶持墙改企业，协助企业进行技改，按照规定烧制页岩矩形多孔烧结砖。

（巫 彬）

环境保护

【概况】 港口区环境保护局内设秘书股和综合管理股，下设2个二层机构分别为港口区环境监察大队和港口区环境监测站。2017年有工作人员31人，其中在编14人。年内港口区环境保护局组织开展世界环境日、安全生产月活动，大力宣传环境保护知识，提高群众环境保护意识。

【生态环境宣传教育】 港口区环境保护局多角度全方位加强环境保护宣传工作，以世界地球日、消费者权益日、安全生产月等为契机，利用制作宣传栏、悬挂横幅、发放宣传手册以及安排业务人员等多种形式向群众宣传环保知识，不断提高群众环保意识，提高公众参与环境保护的自觉性和积极性。

【建设项目环境影响评价审批】 2017年，港口区环境保护局共完成建设项目环评审批82项。其中项目环境影响报告表46项，项目备案27项，项目竣工环境保护验收报告表9项。

【环境执法】 港口区环境保护局集中检查辖区内涉重金属企业污染物产生、处理处置和排放情况，各类工业园区和重点排污单位环保设施运行情况以及固体废物和危险废物产生、使用或经营单位的情况。2017年共出动环境执法人员312人次，检查企业105家次，通过对企业排污口规范化管

6月9日，港口区环境保护局到企沙镇开展安全生产月宣传活动，向群众分发环保手册，讲解环保知识   任文婷供稿

2017年大西南磷化园设置污水处理点现场　港口区环境保护局供稿

理、环保处理设施建设和运行、尾矿库安全等涉及环境安全隐患情况逐一排查。针对存在问题企业下达《环境检查通知书》及《环境违法行为限期改正通知》17份，及时巡查确保存在问题企业完成整改，对环境违法行为进行立案处罚12起，已全部完成处罚。2017年，群众环保意识明显增强，环境投诉明显增多，实行定案、定人包干责任制，全程负责案件的处理、结案、回访等工作，确保让群众满意。全年受理各类环境信访案件177件，保证随时有问题随时处理，已处理办结投诉177件，正在处理4件，案件处理效率100%，共出动人次310多次。规范排污费征收，完成园区内所有企业的申报工作，申报率100%。严格申报、审核、核算和复核程序，执行率100%。完善建档工作，实现一户一档，排污费通知书、收据、开票、排污费季度报表等专人负责。严格征收标准，无协议收费、人情收费和随意减免排污费等现象。

严格"收支两条线"，无截留和挪用现象。2017年，按排污单位的排污申报和现场监察情况，依法全面、足额征收排污费105.7万元。

【污染防治】

大气污染防治　2017年继续抓好粉尘污染防治，重点对东湾物流园区、城区道路、施工工地、餐饮油烟、露天烧烤等影响城区空气质量的区域和行业进行综合治理。继企沙煤码头粉尘污染整治专项行动后，港口区人民政府制定印发《环境空气污染专项整治责任分工方案》《港口区东湾物流园区、东兴大道粉尘污染整治工作方案》等粉尘治理相关工作方案，港口区政府分管领导召开专题会议布置，明确要求东湾物流园区企业、堆场必须落实三面抑尘挡风墙、出口洗车平台、场地固定喷淋设施及煤堆遮盖等四大抑尘基本措施的建设。港口区环境保护局、交通运输局、住建局、交警大队、环境监察大队等部门

联合开展东湾物流园区扬尘、道路扬尘及露天烧烤油烟等影响环境问题的整治工作。

水污染治理　3月20日，《广西海洋环境监测中心站关于防城港市东湾、西湾海域水质下降情况的报告》显示：防城港东湾GX009（国控）和防城港西湾GX007（区控）监测站水质均为劣四类，近岸海域海水水质下降明显。根据市政府的工作部署，港口区安排相关单位进行入海排污口排查并负责大西南磷化园和渔洲坪工业园区污水治理工作。港口区成立专项整治工作组，启动污染应急处理程序，共出动排查整治人员226人次，两次下达应急监察通知书，责令辖区14家涉排水企业停产治理一个月，对欧劳福林、宏昌科技、越洋科技、五星化工、盛农化工、博拉暨广顺化工共6家企业外排废水超标行为给予行政处罚，并责令其整改；在大西南磷化工业园设置两个污水处理点，对超标污水进行中和、搅拌、沉淀达标后方可外排，出动钩机52台次，工人247人次，使用石灰400吨，投入处理经费约100万元，大西南磷化工业园污水治理取得一定效果，近岸海域海水水质略有改善。同时港口区人民政府出资20万元聘请广西大学环境学院对防城港市港口区东湾西湾污染原因进行分析并提出治理方案，年内该成果已提交。

农村生活污水综合整治　按照"天常蓝，水常清，树常绿，共建美丽港口"的工作方针，根据港口区农村建设实际情况，结合生态旅游发展的实际需求，以推进生态村镇建设为契机，组织开展以农村生活污水、养殖污染治理等

为重点的整治工作。

固体废物综合整治 组织防城港市嘉宇新型墙体材料有限公司及防城港市格瑞特建材有限公司两个环保节能建筑墙体材料项目,申报国家专项建设基金项目,港口区环境保护局对专项建设基金投向、申报工作计划、基金承接方式以及项目业主需要了解的其他内容等进行指导服务。

噪声污染防治 在中、高考期间严格控制噪声污染,在考期前加强环境现场监察,做好宣传教育工作;按规定责令考点周边的建筑施工单位停止一切产生噪声污染的建筑施工以及一切产生环境噪声污染的行为。中、高考期间共出动监察人员20人次在城区内的考点值班及周边的现场巡查,保持考点环境的安静。

【环境监测】 港口区环境监测站现有在岗监测技术人员3人,其中工程师1人,助理工程师2人。根据《关于下达2014年第二批中央重金属污染防治专项资金的通知》(桂财建〔2014〕346号)要求,港口区环境监测站将需购置的重金属仪器设备上报自治区环保厅,由自治区环保厅统一组织设备招标采购。自治区环保厅分配到港口区重金属监测能力建设资金130万元,其中77万元已通过自治区环保厅统一组织设备招标采购,28台仪器设备均已到位;剩余的53万元专项资金根据需求自行组织采购。2017年,港口区环境监测站按照自身建设的需求已完成相关仪器设备的采购。

【农村环境整治】 投入扶贫资金75万元建设光坡镇新兴村大龙口生活污水处理设施YJFB设备工艺一套、厌氧预处理+生态系统工艺一套以及配套管网约0.5km。年内该项目已竣工通过验收。2017年继续落实光坡镇沙螺寮村农村环境综合整治项目集中式污水处理设施的后续工作,督促施工单位抓紧时间做好污水管网的建设工作,打通最后一公里,对污水处理池进行试运行做好调试工作。做好光坡镇新兴村、沙螺寮村的生态村创建申报工作,创建自治区生态村。

【核与辐射安全管理】 2017年港口区环境保护局对医院X光机、DR机等三类射线装置进行日常监管,全年共出动66人次对辖区内拥有射线装置的四家医院进行监管。配合市环保局对辖区二类射线装置及放射源进行监管,先后对大海粮油、益海粮油、枫叶粮油等九家放射源企业和防城港检验检疫局、防城海关两家二类射线装置企业和辖区内的通信基站进行检查监管。年内配合自治区检查组完成放射源大清查工作。

(任文婷)

教育·科学

【概况】　港口区教育局位于港口区渔洲坪兴教路88号,内设人秘股、教育股、计财基建股3个股室。机关行政编制3名,后勤服务事业编制1名。实有正科级干部4名,副科级干部1名,事业副科干部1名。二层机构3个,分别是区教学研究室,编制12名;区学生资助管理中心,编制2名;区青少年学生校外活动中心,编制3名。2017年教育局机关实有人数48人。

【教育事业发展概况】

学校数和学生数　2017年,港口区有义务教育阶段中小学幼儿园83所,在校生29776人。其中幼儿园51所,在园幼儿10473人;小学27所,在校学生15221人;初中5所,在校学生4082人。

专任教师数和师生比　全区有专任教师1098人。其中,小学专任教师822人,中学专任教师276人。小学的师生比为1:18.50,初中的师生比为1:14.80。每万人口在校生:幼儿园500人,小学生951人,中学生255人。

基本办学条件　占地面积及生均情况:小学校园总面积40.57万平方米,生均26.65平方米,普通初中校园总面积5.79万平方米,生均22.53平方米。校舍面积及生均情况:小学校舍面积14.71万平方米,生均9.66平方米;普通初中校舍面积4.29万平方米,生均16.19平方米。九年一贯制学校校园总面积12.55万平方米,生均39.21平方米。

【教育经费投入和支出】　2017年港口区教育经费总投入19989.70万元,比上年增加3357.60万元,增长20.18%。教育经费总支出18327.7万元,比上年增加支出3205.30万元,增长21.19%。总支出中,人员经费支出10151.30万元,公用经费支出403.10万元,基建支出2664.40万元,其他支出6126.80万元。

薄弱学校改造　2017年农村义务教育薄弱学校改造计划新建项目5个,建筑面积3857平方米,计划投资682万元,年内已开工项目5个,开工率为100%;完成投资350万元,完成投资率为51.32%。新建附属工程项目1个,建设面积2660平方米,计划投资162万元,年内已开工项目1个,开工率为100%;完成投资95万元,完成投资率为58.64%。

校舍维修改造　2017年农村中小学校舍维修改造资金附属工程建设项目8个,建筑面积3735平方米,计划投资300万元,年内已开工项目8个,开工率为100%;完成投资223万元,完成投资率为74.33%。

【学生资助】　认真做好教育扶贫工作,把教育帮扶作为年内教育工作的重要任务,严格按资助政策要求完成本年度的下达资金项目计划任务,做到应助尽助。其中学前教育阶段:2017年共免除85名建档立卡贫困户幼儿保教费,资助金8.85万元。义务教育阶段:全年共资助家庭经济困难寄宿学生4275人,发放寄宿生生活费补助金额约266万元;为14623名学生提供营养膳食,膳食补助金额约584万元。高中阶段:港口区2017年秋季学期起实施农村籍普通高中学生免学费教育政策,共发放965名农村籍高中学生免学费补助54.02万元。高等教育阶段:为567名大学生办理生源地助学贷款,贷款金额约402万元;为港口区588名获得2016年基层学费和国家助学贷款补偿资格的高校应届毕业生，发放补偿金额422.66万元。

【教师队伍建设】 2017年，港口区公开招聘教师控制数42名，聘请顶岗教师160名，通过教师大会、继续教育培训等加大岗前培训力度，提升新教师业务能力，规范教师从教行为。港口区评选出优秀教师66名，优秀班主任24名，优秀教育工作者26名，媒体宣传报道先进教师事迹6例，自治区级、市级、区级各项赛课活动表彰优秀教师93名。实施义务教育学区制管理改革，港口区设立5个学区，建立学校帮扶制度，设立小学学科备课组和中学学科团队建设。召开学区研讨会和开展教研活动达7次，在学区教研的促进下，中考文化总分达A等以上共291人，其中A+有76人，达A率比上年有所提高。7月，港口区被确定为全国第二批义务教育教师队伍"县（区）管校聘"管理体制改革示范区，全国30个，广西唯一一个。以校本研修、国培、区培计划为基础，义务教育阶段教师、校长均实现全员培训。完成"国培计划"28个班次，共63人次。"区培计划"5个班次，共11人次。校长培训班共13人次；其他培训共160多人次。秋季学期开学前举办教师集中培训大会，1000多名教师参加培训。通过各种培训，提高教师的整体素质。

【教育督导工作】 贯彻落实国务院《教育督导条例》，根据自治区、市相关要求，认真开展义务教育均衡发展督导，查找出港口区小学数学科学（初中理科实验）仪器达标率、音体美器材配备达标率等方面的薄弱环节，指导落实整改措施。加大对学校规范办学行为的督查力度，严格禁止违规办学。实地检查学校、幼儿园88所，实现港口区教学单位检查全覆盖，针对督导发现的问题，下发整改意见书，督促各地强化落实，改善农村义务教育学校基本办学条件。监管义务教育学生营养改善计划推行，实行农村义务教育学生营养改善计划双月通报工作，督促各镇认真实施营养改善计划，加快食堂建设工作，推进食堂供餐。教育专项工作督查。每期开学，督查开学工作准备、学校安全、控辍保学、办学行为、校风校貌等，通过督查加强学校管理，确保学校安全，降低辍学率，规范办学行为，优化学校环境，促进学校全面发展。抓好项目的督导工作，督导农村义务教育薄弱学校改造土建项目6个，校舍维修改造资金项目8个。推进义务教育质量监测工作。组织开展义务教育阶段学生体育与健康测试，开展素质教育督导，举办港口区教育系统师生文艺汇演，提高中小学学生艺术素质。抓好"控辍保学"、学校安全等督导工作。严格落实职称评定，及时受理教师职称评定过程中的举报和投诉，对有滥用职权、以权谋私损害群众利益的苗头性行为，及时予以制止和纠正，杜绝违纪违法行为发生。

【教育交流与合作】 加大力度，组织各种教师培训。以校本研修、国培、区培计划为基础，义务教育阶段教师、校长均实现全员培训。幼儿园教师网络研修及校本研修2班次，共200人次，乡村教师网络培训1个班次共100人次。加强青年教师培训工作，要求各校要在教研组（备课小组）安排的基础上，做好青蓝工程，确定教龄2年内新教师的指导老师，签定相对稳定的"师徒结对"关系，帮助青年教师成长。举办教改名师专题报告会5场，帮扶引领教师300多名。举办教师基本功大赛，58名参赛教师获奖励。

【教学研究工作】 深入一线，全员教研，发挥教学引导作用。教研人员坚持深入一线，扎根乡镇教学基层，关注重点。进入到学校推门听课、议课、指导，深入了解教师的课堂教学动态，教研员每人每学期听课不少于40节，覆盖港口区中小学。加强学科工作室建设。11月成立小学语文学科、小学数学学科、中学班主任（德育）三个学科工作室，共同研究教材梳理及各类教材教学的基本要求和方法、课标学习、听课、评课、校外交流等教学指导及诊断活动，通过加强学习、研究、交流和协作，形成学科研究氛围。坚持教研为先，以学区为单位开展学校帮扶制度，设立学科备课组、学科团队建设。以优质带动薄弱，通过教育资源共享、学校文化共建、教育教学互补等方式互助成长，达到全体全面提升的目标，促进教学质量的提高。年内召开学区研讨会4次，开展学区教研活动5次。积极组织教师教学技能大赛，大赛共设小学语文、数学、英语、科学四个学科和中学语文、英语、数学、政史地、理化生等9大学科，共有86人次参赛。抓住"一师一优课，一课一名师"活动，全区中小学教师积极对待、团结协作、认真参与，共有872名教师注册，共晒课712节，上送市优秀课例评选112节，获市级优秀课例56节，其中一等奖9节，二等奖27节，三等奖20节。积极参加市、自治区各类教学技能比赛活动。通过组织参加各级各类教学比赛，为教师提供历练的平台，为教师实现自身价值创造条件，为骨干教师的发展提供空间，达到以赛促提高，以赛促成长的效果。　　（刘文满）

基础教育

【学前教育】 全区共有幼儿园51所，其中公办幼儿园3所（乡镇2所，城区1所），普惠性民办幼儿园48所（城区34所、乡镇14所），普惠性幼儿园覆盖率达90.20%。自治区级示范幼儿园1所。年内，港口区学前教育毛入园率88%。全区在园学生数10473人，其中城区7145人，乡镇3328人；全区幼儿教师585人，具备教师资格证321人，占教师总数的68.90%，保育员363人，取得保育资格证的295人，占保育员总数的81.3%。2017年秋季学期，实现乡镇中心幼儿园全覆盖目标。落实多元普惠性幼儿园的申报和学前教育集团化办园的试点工作，17所民办园通过自治区多元普惠幼儿园评估，一个学前教育集团通过自治区认定且与两所农村幼儿园结对开展帮扶指导工作。港口区教育局配备专职学前教育管理干部，增强学前教育管理工作水平，加强教职工提质增量工作，逐步推进学前教育改革发展实验工作。

【义务教育】 全区小学学龄儿童入学率为99.63%，辍学率为0.09%，小学毕业升学率为99.43%；初中辍学率为0.49%，初中毕业生升学率为89.53%。　（刘文满）

干部教育

【干部教育培训】

全面推动领导干部思想政治建设 以十八届六中全会、党的十九大精神和习近平新时代中国特色社会主义思想教育引导领导干部提高政治站位、树牢"四个意识"、坚定理想信念，坚决维护以习近平同志为核心的党中央权威和集中统一领导。上半年，结合"两学一做"学习教育，先后举办党的十八届六中全会精神暨习近平总书记系列讲话精神专题讲座2期，分别邀请自治区政协黄健、自治区人大刘耀龙等领导作专题讲座，全区约450人次参与培训，同时实现对科级干部轮训一遍的目标。下半年，在党的十九大胜利召开后，在全区迅速掀起学习宣传贯彻党的十九大精神的热潮，区处级领导带头深入机关、企业、学校、农村、社区等基层一线开展宣讲活动，并举办全区处级领导和科级单位主要负责人学习贯彻党的十九大精神专题研讨班，研讨班由区委书记黄炳利作专题辅导，全区约140名领导干部参加培训。

统筹推进各类干部培训开展 围绕贯彻落实《干部教育培训工作条例》及全年培训计划，将干部教育培训工作纳入各单位绩效考评指标，确保各项培训按时完成。5月，开展以现场教学和户外拓展

为主要培训方式的"青春引擎"青年（团）干部培训班；十一月，在广西干部学院开展新任科级干部培训班以增强港口区新任科级干部综合素质，增强领导能力；结合港口区农业发展现状，邀请广西农科院党委副书记林树桓作"农业供给侧结构性改革""农业互联网+""现代农业发展"等专题授课；根据港口区实际，利用港口区"周末讲坛"邀请相关专家教授开展海洋开发与保护、财务管理、公务礼仪、保密工作等专题讲座。全年共举办各类培训班（讲座）21期，培训人员4000多人次，其中委托部门办班16期，培训干部3000多人次。　（刘　阳）

科　学

社会科学

【概述】 2017年，港口区科学技术局（简称港口区科技局）内设秘书股、业务股，加挂港口区知识产权局牌子，有行政编制4名，事业编制2名，实有工作人员10人。

【科技项目管理】 2017年组织辖区企业申报工作，申报国家及自治区科技项目20余项，项目涵盖工业、农业、海水养殖、新材料新能源、创新创业、人才基地等领域，获得自治区级以上立项4项共560万元。获得市级立项项目11个扶持资金138万元，获得立项的项目侧重在环保、新品种和平台建设方面。

【科技交流】 积极组织有关部门、企业参加各种科技交流活动。4月组织辖区企业13家、共有14个项目以高新产品展示为主参展广西第26届科技活动周;6月组织丰禾曲辰农业科技公司参加北京科博会;10月组织参展第七届广西发明创造成果展览交易会,港口区有11家企业共18个项目参加展出,项目涉及工业、高新技术产业、农业和名优特产品等领域;11月组织丰禾曲辰农业科技公司参展第二十四届中国杨凌农业高新科技成果博览会,同月,组织辖区企业参加第十八届中国国际高新技术成果交易会。

【科学技术宣传普及】 在港口区组织开展科普宣传与科技培训活动15次,5月举行全国科技活动周港口区活动;8月举行文化科技卫生"三下乡"活动;年内,港口区科技局结合科技特派员扶贫项目,分别在企沙镇政府、王府街道白沙村委会、企沙镇山新村委会、光坡镇栏冲村委会、光坡镇光坡村委会开展6期科学技术培训班,共有400余人参加。

【培育发展高新技术产业】 港口区有11家广西高新技术企业,年内新增5家获得认定,创历年新高,涉及冶金、配件制造、新材料、新能源、节能与环保等行业。

【科研项目成果奖励】 在2017年防城港市科技颁奖活动会上,辖区企业包揽2016年度防城港市科学技术发明奖全部奖项,其中越洋化工完成的低聚合度聚磷酸铵水溶液的研发与应用获得一等奖;广西盛隆冶金有限公司完成

的红土镍矿生产高强度抗震耐腐蚀(500、600、700MPa)建材开发及示范获得二等奖;防城港核电有限公司完成的核岛堆芯冷却相关系统设备优化设计与应用获得三等奖。广西金川有色金属有限公司完成的120万吨/a闪速熔炼铜渣选矿项目技术创新与应用获得防城港市科学技术进步奖三等奖。

【推进科技成果转化】 围绕市科技局下达的年度科技成果转化绩效指标开展工作,向辖区40多家企业发放调查表,走访企业20多家次了解科技成果转化情况,完成4项科学技术成果转化,超出市下达绩效任务一倍。根据企业的需求,引导企业应用新技术、新工艺、新设备等进行科技成果转化工作,促进产业转型升级,提高经济效益。

【知识产权工作】 按照《防城港市港口区专利双倍增计划(2016—2020年)》工作目标和任务,调动辖区各行业发明创造和技术创新的积极性,深入企业开展专利工作,对企业进行专利申请指导,委托专利代理公司做好专利申请服务工作,开展贯标企业和优势企业的培育工作,2017年港口区发明专利申请385件,授权发明专利14件,有效发明专利拥有量145件,每万人口发明专利拥有量8.56件,并兑现上年专利申请资助奖励。

【科技扶贫】 按照《港口区"十三五"贫困村科技精准扶贫规划》和《港口区脱贫攻坚科技文化扶贫实施方案》,协同相关部门认真组织实施,主要从完善科技基础和服务设施、实施科技项目助力扶贫、实施科技种养技术示范建设、实施科技特派员工作制度、开展科技下乡和举办科技培训班等方面开展帮扶,助力实现整村脱贫目的聘请8名科技特派员,服务活动累计80余次,涉及贫困人口200多人次;下达7个区本级科技扶贫项目,建设产业科技扶贫

10月27日—30日,港口区科技局组织防城港澳加粮油工业有限公司等6家企业参加第七届广西发明创造展

彭世钦供稿

示范基地;王府街道白沙村中华蜂养殖扶贫基地项目和牛古大力种植;光坡镇栏冲村雁鹅生态养殖示范推广项目;光坡镇光坡村红香薯新品种实验示范基地建设项目;企沙镇山新村五黑鸡养殖示范基地;王府街道白沙村三角井南美白对虾三级养殖示范项目;光坡镇光坡村红薯脱毒育苗基地建设项目。

（彭世钦）

【社会科学研究】 年内,向自治区社科联申报课题《港口区红树林生态环境保护的现状与对策》获得立项。成立由港口区社科联、海洋局、林业局等单位组成的课题研究领导小组。组织课题成员先后到港口区红树林片区、东兴北仑河红树林保护区,广西北海市银海区金海湾红树林自然保护区、合浦县山口镇国家红树林生态自然保护区、海南省海口市东寨港国家自然保护区等进行考察调研。完成《港口区红树林生态环境保护的现状与对策》调研报告,并获得自治区优秀课题三等奖。

（周小燕）

自然科学

【概况】 港口区地震局是港口区人民政府直属事业单位,相当正科级。2017年编制2名,其中科级领导职数1名,人员经费为财政全额拨款。

港口区地震局主要职能:负责建立本行政区域内的地震监测预报工作体系;会同有关部门建立震灾预防体系;承担本级人民政府抗震救灾指挥机构的职能;负责震情和灾情速报;承担区委、区政府和上级部门交办的其他工作。

【地震监测预报】 12月12日,组织辖区9个地震宏观监测员到市地震局和港口区地震局参加地震宏观监测员业务培训学习。

【地震灾害预防】 2017年共受理一般建设工程抗震设防要求技术咨询21宗。年内投入5000元资金给渔洲坪街道渔洲社区用于地震安全示范社区的维护工作。

【地震应急】 4月8日,与市地震部门联合在黄沙水举行地震监测仪现场架设与实地操作演练。5月11日,会同区教育局、区红十字会在桃源小学开展地震应急避险演练。5月12日,会同区教育局、区红十字会在光坡中学开展地震应急避险演练。7月26日,与市地震部门联合在防城区水营村开展地震救灾帐篷搭建演练。

【防震减灾宣传】 5月12日上午,在光坡镇政务大厅前开展防震减灾科普宣传活动,发放宣传资料500份。6月30日上午,在企沙镇开展地震知识宣传活动,共发放宣传资料1000多份。7月28日上午,在公车中心校开展防震知识进学校、进家庭活动,共发放宣传资料500多份。8月4日上午,在渔洲坪街道渔洲社区组织开展地震应急疏散演练及地震知识培训活动,现场发放印有防震避险知识的购物袋、围裙及宣传材料1000多份。

（罗　丽）

4月14日,港口区科技局结合扶贫工作在企沙镇政府职工之家举办水产养殖技术培训班　　　彭世钦供稿

文化·体育

文化

【概况】 港口区文体广电新闻出版局内设办公室、文体广电新闻出版股、文化市场管理股(行政审批办)3个股室,核定行政编制3名,事业(参公)编制3名。下辖港口区文化馆、图书馆(2017年5月挂牌成立)两个事业单位,核定事业编制4名;其中文化馆核定事业编制3名,图书馆核定事业编制1名。

公共文化

【公共文化设施建设】 完成26个村级公共服务中心建设并投入使用,按照"六个一"功能打造,设置有戏台、篮球场、宣传栏等公共文化服务设施,室内设文化活动室、培训室、电子阅览室、棋牌室、农家书屋等功能室,简称"四室一屋",充分发挥功能。在建三个村级公共服务中心列为自治区为民办实事项目工程,并完善相关配套设施。建成簕山古渔村文化墙,宣传古渔村的乡贤名人、名士文

化。先后投入经费80万元成立白沙沥、渔洲坪、沙潭江、王府四个街道文化站,设置有多功能活动室、图书阅览室、培训室、电子阅览室、辅助用房,购置3000多册图书及设备一批,并逐步完善相关设施,打破建区以来街道无文化站的历史。

【群众文化工作】 以区文化馆、图书馆和各镇(街道)文化站为依托,实施文化设施免费开放工作。区文化馆举办公益培训班3次,分别是成人健身球、爵士舞、芭蕾舞培训班,举办流动演出8场。4月12日,区文化馆选送器乐马头琴合奏《万马奔腾》参加全区第五届基层文艺汇演,获器乐类二等奖。2017年有各类民间文艺团体16个。节日文化、企业文化、社区文化、特色文化等丰富多彩。以"壮族三月三·八桂嘉年华"为载体的送文化下乡、体育竞技活动在各镇(街道)文化站和41个村(社区)全面开展,各类文化活动达80多场;开展颂党恩跟党走宣传贯彻十九大精神暨创建国家公共文化服务示范区流动文艺演出35场;完成戏曲进校园共17场。

【文化人才队伍】 全区39个村(社区)配有文化管理人员,通过

管理人员成立文艺队、体育队、文化志愿队,年内组织文化管理人员培训15次,确保镇(街道)、村(社区)基层文化专兼职人员参加集中培训时间每年均不少于5天。加大培训力度,提高各级公共文化单位工作人员的业务素质。

【公共图书馆】 港口区图书馆于5月19日挂牌成立并开馆,有藏书120000册,设置一般阅览室、少儿阅览室、多媒体阅览室、电子阅览室、报刊室、自修室,全部免费对外开放。开展送书读书活动30余次,送出书册1200册。打造"文缘号"海上流动图书室亮点,年内已有"文缘号"海上流动图书室3艘(个),均已挂牌成立图书室,建立书屋管理协议,完善管理制度,开展相关活动。

【非遗、文物、文博、传统文化保护与传承】 以抢救传承为重点,持续推进非文化遗产保护。年内,通过开展非遗线索大普查,掌握非遗数量、类别、分布等情况,纳入区级非物质文化遗产名录有50个项目,其中2项已纳入市级名录,1人成为市级非物质文化代表性传承人,正上报材料将2项纳入市级名录申报自治区级。

继续抓好企沙石龟头炮台、

"皇城""皇帝沟"等重要遗址保护、研究和开发。加强对民间音乐"企沙山歌"和人生礼俗"疍家婚礼"等重点非物质文化遗产的保护。

【文化市场专项整治】 加强文化、出版物市场安全生产管理工作。开展辖区内的歌舞娱乐、电影院、网吧、印刷企业、音像制品、书刊零售等经营场所安全隐患大排查，重点检查消防通道是否畅通、消防器材是否齐全、疏散标志是否明显等，督查经营业主建立消防安全管理制度及应急预案，坚决堵塞安全死角和漏洞。利用LED、横幅等媒体，大力开展安全宣传和教育工作，使文化市场从业人员自觉树立安全生产意识，落实文化经营场所《全面落实企业安全生产主体责任、安全生产月》，对经营单位开展业务培训3次和组织3次安全生产培训会。全年共开展21次安全生产大检查，共出动工作人员80多人次，检查歌舞KTV娱乐场所13家、网吧15家、电影院4家、出版物经营场所65家，确保不发生任何安全事故。

【"扫黄打非"活动】 积极配合市文化市场稽查支队，出动30多人次到文化经营场所和社区居委会开展"扫黄打非"工作。严格依法查处文化市场经营户的违规违纪行为并在桃花湾体育馆组织集中销毁，做到"保护合法、打击违法、取缔非法"；大力发展以"电影、电视、新闻出版、文化艺术、网络文化、文化休闲娱乐、音像制品、文化产品"等为主的文化产业，全年港口区文化市场管理工作做到工作思路清晰、目标任务明确、工作

措施有力。加强文化市场经营户法律法规的学习和培训。为提高广大文化市场经营户的法律法规知识，增强知法、守法的意识，对文化市场经营单位进行以文化市场管理法律法规、禁毒防艾、扫黄打非等为主要内容的法律法规培训，共有80多人参加培训。

（潘 雷）

电 影

【电影市场概况】 2017年港口区有电影院4家。完成农村社区公益性电影放映，全年共放映公益性电影475场，观影总人数达4.1万人次，其中农村公益电影放映329场，完成全年放映任务的101%；社区公益电影放映146场，完成全年任务的101%。

（潘 雷）

地方史志编纂

【概况】 中共港口区委党史研究室与港口区地方志办公室合署办公，一套机构两块牌子。2017年有编制4名，实有工作人员11人，其中在编4人，军属安置1人，柔性人才1人，聘用5人。

【党史工作】 整理完善征集到的新民主主义革命时期的党史资料。整理完善采访的谢王岗、吴葆营、王权才、韦雄、宋森、叶兆文、张克绍等7位老干部资料，6月中旬报送市委党史研究室；按照市委党史研究室《关于开展加强地方党史工作情况专题调研的通知》文件要求，6月底完成港口

区党史工作情况汇报材料和港口区党史部门基本情况统计表填写报送工作。

完成《中共港口区委2016年执政纪事》的撰写、送审和报送工作。执政纪事文字部分约6000字，图片5幅，9月中旬报送市委执政纪事编辑部。

与防城区委党史办公室合编《中国共产党防城区港口区东兴市历史(1927—1949)》简明读本，9月份形成约7万字的送审稿，10月初送市委党史研究室审核。

做好港口区廉洁文化史料关于与港口区有关联的历史人物和老革命老战士的勤廉风采等材料报送工作。报送刘镇夏、杨立、陈凤鸣3位烈士传略和简介以及回忆文章《忆镇夏》《奔赴延安抗日与十万山武装斗争》，党史人物专题研究成果《南天英雄——英烈刘镇夏和他的战友们》等。

完成中共防城港市党史专家库专家的选送工作。11月底前共选送区政协、区人大办、区委党史研究室各1名人选和1名烈士后代人选作为港口区党史专家人选报送市委党史研究室。

做好新民主主义革命时期已征集资料的整理工作。打印、冲晒、归档人物、实物图片约300张、文字图片约2000张。

【地方志工作】

地方志修改 根据2016年3月三级评稿会中自治区地方志学术委员会专家们所提出的意见建议，编写组成员对各自负责编撰部分的志稿内容，继续与有关单位联系，补充更正内容。全书80万字基本修改完毕，所有数据检查1次至2次以上，基本达到送交

2017年12月22日,《防城港市港口区志》审查验收会议在防城港深航国际酒店举行　　　　港口区地方志办供稿

审验要求。

地方志总纂和经营预算　5月开始进行总纂,至10月完成总纂工作。总纂后,全书采用记体、用语、用字、计量单位标准规范一致;前后重复、矛盾,基本消除。完成总纂报告撰写工作;完成志稿修改情况汇总工作;完成人员组织工作、经费预算计划方案。

地方志审查　12月22日,《防城港市港口区志》审查验收会议在港口区召开。通过专家评议打分,《防城港市港口区志》以82.96分通过审查验收。

【年鉴工作】　做好《广西市县概况(2006—2015)》材料的编写工作。根据自治区地方志办下发的《关于配合做好〈广西市县概况(2006—2015)〉组稿编纂工作的通知》要求,积极做好《广西市县概况(2006—2015)》港口区概况材料的收集以及编写工作,于6月初上报市地方志办公室。

做好《港口年鉴·2016》的编写工作。完成《港口年鉴·2016》的编纂工作。全书约40万字,卷首图片37幅,内文图片116幅。6月底完成定稿,9月份通过政府采购方式,交出版社审验待出版,11月份,已完成出版社2次审稿。

做好《港口年鉴·2017》的编写工作。5月份制定《编纂方案》报区政府审批印发,6月份至8月份,根据编纂方案指导各承修单位编写年鉴材料,对所报材料提出修改意见,9月份收集整理形成初稿进行核对和修改。初稿约40万字,内文图片133幅。10月底完成修改并发至各单位征求意见。

【史志业务培训工作】　积极组织人员参加各类培训。分别于4月、6月、10月和11月派员参加党务工作者培训、党史地方志业务培训、全国县级党史部门负责人培训和新任科级干部培训等培训共5人次,进一步提高工作人员思想政治素质和业务工作能力。

（骆振慧）

档　　案

【概况】　港口区档案局与港口区档案馆合署办公,是区委、区政府直属事业单位,一套班子,两块牌子,内设办公室和档案监督管理股,2017年有工作人员5名。全年接收文书档案39448件308034

6月9日,港口区档案展览厅正式对外开放　　　　骆泽生供稿

9月4日,港口区档案局联合港口区扶贫办在港口区档案局六楼举办2017年港口区精准扶贫档案管理工作现场推进会　　骆泽生供稿

页,接待利用档案者53人次,提供归档文件26卷又138件共436页,查阅档案资料查全率、查准率达100%。

【档案展览厅开放】 4月,在港口区档案局二楼开始筹建档案展览厅,展厅布展内容分为港口区辉煌成就图片展和爱国主义教育"三光企"起义专题展两大部分,通过档案展览,以史为鉴、鉴往知来,真实记录和反映港口区发展的艰难历程和辉煌成就。展厅6月9日正式对外开放,开放当天接待339人参观展览。

【档案宣传】 6月9日—16日,港口区档案局开展以"档案—我们共同的记忆"为主题的系列档案宣传活动,现场发放宣传单1000份,接受群众咨询80人次,并通过悬挂宣传横幅、挂图、播放电视、刊登防城港日报、组织有奖竞赛、征文、参观档案展览等形式进行宣传,进一步增强全社会的档案意识和档案法制观念。

【档案业务培训】 2017年,港口区档案局先后举办或配合相关部门举办五期档案业务培训班,参加培训人员达370人次,其中,根据牵头部门的统一安排,针对精准扶贫档案和土地确权档案的分类整理,专门举办四期培训班和档案管理工作现场推进会,完成贫困村白沙村试点档案整理归档工作,并在全区进行推广。通过系统的培训和现场指导工作,提升港口区档案工作者的整体综合素质和业务技能,推动精准扶贫档案和土地确权档案等业务工作开展。

【档案执法监督检查】 港口区档案局根据制定的档案年度检查工作指标,年内共检查全区79个单位的档案。对档案质量不合格的单位,进行现场指导和提出整改意见,待整改结束后给予复检,加大档案执法监督检查的力度,促进全区各机关单位档案管理水平和档案质量的提高。

【档案数字化工作】 2017年,共完成纸质档案数字化共39448件,画幅308034页,其中文书档案38293件、项目档案799件、照片档案356件356张。 （骆泽生）

体　育

【概况】 2017年,港口区文体广电新闻出版局全面贯彻习近平总书记关于体育、卫生与健康的系列讲话精神,围绕全民健身建设和全面建成小康社会的总体目标,启动"全民健身实施计划",进一步加快推进镇(街道)、贫困村体育设施建设,成立体育社会组织,发展壮大群众体育组织和人才队伍,广泛参与和开展各类全民健身活动,群众健身意识不断增强,全民健身成为社会时尚,体育人口占总人口30%以上;积极举办各类群众体育赛事,认真开展国民体质监测活动,大力推进农村体育设施建设,满足人民群众的健身健康需求。全区26个村(社区)建有篮球场和舞(戏)台,增加健身路径6条、新建和更新健身设施12个。

【社会体育组织】 全区有港口区足球协会、港口区武术协会、港口区老干部体育协会、港口区新海港足球俱乐部等4个社会体育组织。

【体育产业发展】 以体育健身俱乐部为主要内容的体育服务业持续发展，全区经营性游泳场（馆）4家。体育产业作为"朝阳产业"，有较好的发展前景。

【体育市场管理】 抓好高危险性体育经营场所体育经营项目管理，指导受理审批高危险性体育项目行政许可。对全区体育服务行业进行政策引导与项目检查。做好游泳救生员资格培训鉴定工作，开展应急演练及安全知识宣传，落实安全管理工作，全年全区有许可的经营性游泳场所未发生责任安全事故。

【全民健身运动】 广泛开展全民健身活动及全民健身宣传活动，辖区城市居民经常参加体育锻炼的人数比例达到35%以上。开展社会体育指导员培训，2017年，参加自治区本级体育专项培训3次，举办2期三级社会指导员培训班，分别是8月28日—30日举办一期健身气功、八段锦培训班，9月1日—6日举办一期十八式陈氏太极拳培训班，培训人员50多人次，并给予培训合格人员颁发三级社会指导员证书。8月8日，在桃花湾广场举办第九届广西体育节开幕式港口区分会场暨第二届广西万名全民健身志愿者服务百县千乡活动，开幕式当天进行健身气功、八段锦和陈氏十八式太极拳展示活动。7月17日—19日分别在桃花湾广场体育馆和光坡镇龙兴社区开展国民体质监测活动，对辖区内城市体力、非体力劳动者人群和农村劳动人群200名不同年龄段人员进行测试，将完成监测的数据进行整理上报自治区体科所，为构建全民健身公共服务体系的建设和《全民健身计划》的实施提供科学依据。

【群众体育赛事】 3月30日在光坡镇大龙口生态村广场举办"壮族三月三·八桂嘉年华"——民族体育炫群众足球、篮球争霸赛，参赛队伍26支，参赛人数301人；4月，由自治区体育局主办，广西桂超公司和广西足球协会承办的2017年广西第七届"桂超杯"超级联赛在全区打响，港口区分赛场由港口区文体广电新局主办，并组织港口区新海港足球俱乐部参加比赛，主场设在港口区企沙镇邓氏足球场，每个比赛日当场观看人数逾700人。与港口区总工会联合举办港口区第十届职工运动会。9月，组织港口区足球协会代表参加防城港市11人制足球锦标赛；10月—12月，与港口区总工会、美丽乡村办、防城港长天龙投资有限公司共同举办"美丽乡村足球杯"比赛。10月2日，港口区武术协会在参加全市八段锦和太极拳比赛中，获得团体赛第二名，获得成年男子组第一、四名，获得成年女子组第二名。11月19日协助市政府举办2017年中国－东盟国际马拉松大赛，动员组织机关事业单位干部职工426人以及社会各界群众积极参赛，活动取得圆满成功。

【国际海上龙舟节】 5月28日，协助市文促会举办力峰杯2017年防城港市海上龙舟赛。港口区组织一支龙舟队参加比赛并取得第三名。　　　　（潘　雷）

医疗卫生·计划生育

卫生计生

【概况】 2017年，港口区辖各级各类医疗卫生计生机构106所，其中区人民医院1所，区计划生育服务站1所，社区服务中心5所，卫生院3所，计划生育服务站6所，门诊部及诊所73家，村级卫生所23所；医务人员、职工433人，其中，高级职称20人，中级职称60人，初级职称206人，其他147人。

医疗卫生

【新型农村合作医疗】 2017年，新农合人均筹资标准由原来的30元/人提升到540元/人，参合率由原来的60%提升到99.85%；农村重大疾病保障病种达到27种，政策范围内住院和门诊补偿比分别达75%、50%左右，大病保险实现全覆盖。从7月1日起，新农合工作移交人社部门管理，整合工作做到无缝衔接、有序过渡。

【基本公共卫生】 2017年，基本公共卫生服务逐步均等化工作正常开展。累计建立居民健康档案14.36万人份，建档率84.79%；累计建立规划化电子档案人数13.95人，规范化电子建档率82.33%。

年内签约家庭医生式服务协议书共66554人，签约率为39.3%；辖区重点人群数43205人，重点人群签约家庭医生式服务协议书共26433人，签约率为61.18%。全区贫困户数509户，已签约509户，签约率为100%。各项目实施单位资金到位862.05万元，资金到位率101.78%，资金使用率93.04%。

新生儿访视3153人，访视率为89.62%；0~6岁儿童保健覆盖系统管理人数19811人，健康管理率为93.27%；辖区内活产数3518人，孕13周之前建册并进行第一次产前检查的产妇数3074，产后访视产妇数3136人，产后访视率89.14%。

全区65岁及以上老年人15301人，建档健康管理累计12883人。

全区高血压患者管理9223人，规范管理高血压患者累计人数6777人，糖尿病患者管理3236人，规范管理糖尿病患者累计人数2283。

重性精神疾病患者登记管理613人，按要求规范管理613人。

【疾病防治】

传染病监测　辖区医疗机构共报告法定传染病，登记传染病病例数377例，报告传染病病例数377例，传染病报告率100%，报告及时率100%。

卫生应急　加强全区突发公共卫生事件应急管理系统建设，完善疫情监测、医疗救治等卫生应急专业队伍，突发公共卫生事件报告及处理工作及时。全区共报告突发公共卫生事件5起，及时报告率为100%。

艾滋病防控　辖区共报告艾滋病病人和感染者26例（上年同期26例），与上年同比持平；艾滋病病死率0.89%（上年同期1.34%），同比下降33.46%。

结核病防治　全区结核病应管理人数185人，实际管理人数185人，管理率100%；已治疗人数169人，规则服药人数159人。

免疫规划　全区各类免疫规划疫苗报告接种率均达到绩效考核要求。全区出生上卡3227人，出生上卡率19.16‰，五苗报告接种率为：卡介苗99.74%；脊灰糖丸99.72%；百白破99.65%；麻疹99.82%；乙肝99.70%；其中首针应种 2997 人,24h 及时接种 2931 人,及时率 97.80%。扩大国家免疫苗接种率为:乙脑疫苗第 1 针 99.60%,第 2 针 99.44%;流脑 A 群第 1 针 99.64%,第 2 针 99.63%;流脑 A+C 群第 1 针 99.63%,第 2 针 99.72%;甲肝 99.67%。

【妇幼健康】 全区产妇数 1617 人,孕产妇死亡人数为 0;活产数 1637 人,婴儿死亡 0 例,婴儿死亡率 0;五岁以下儿童死亡 0 例,死亡率为 0;无新生儿破伤风病例。住院分娩活产数 1637 人,住院分娩率 100%;农村住院分娩产妇数 1011 人,获得"降消"项目补助 378 人,使用补助资金共 15.78 万元。高危孕产妇 531 人,高危孕产妇管理 481 人,管理率 90.58%。孕产妇艾滋病、梅毒及乙肝检测均为 1087 人,检测率均为 100%,无艾滋病、梅毒感染产妇,乙肝表面抗原阳性孕产妇所生婴儿 123 人,注射乙肝免疫球蛋白婴儿 123 人,注射率 100%。结婚登记(初婚)1382 人,婚前医学检查 1380 人,婚检率 99.86%。符合产前筛查补助人数 991 人,已补助 700 人,产前筛查补助率 70.64%,使用补助资金共 8.05 万元。新生儿疾病筛查 1593 人,筛查率 97.31%;符合新生儿疾病筛查补助人数 995 人,已补助 711 人,新生儿疾病筛查补助率 71.46%,使用补助资金共 3.9036 万元。新生儿听力筛查 1600 人,筛查率 97.74%;符合新生儿听力筛查初筛补助人数 741 人,已获得初筛补助 741 人,符合复筛补助人数 35 人,已获得复筛补助 35 人,共使用补助资金共 4.33 万元。地贫基因诊断补助 36 对,补助金额 2.88 万元,地贫产前诊断补助 11 对,补助金额 1.43 万元。地贫基因诊断和地贫产前诊断补助率均 100%。叶酸服用率 100%。

计划生育

【诚信计生扩面提质】 采取有效措施,规范诚信计生管理,推动诚信计生扩面提质。区委、区政府专门下发《关于建立诚信计生长效机制的意见》,政策覆盖面涉及民政、林业、社保、教育、卫生、拆迁安置等各个领域。建立各具特色的诚信计生小组,如在光坡镇红沙村建立海水养殖协会诚信计生小组,以点带面,扩大诚信计生辐射,让更多的已婚育龄群众参加诚信计生,自觉实行计划生育。投入 10 万元资金创建区、镇(街道)、村(社区)三级诚信计生示范单位,重点打造王府村社区 10 个诚信计生示范社区(村),以点带面,不断扩大诚信计生服务范围。全区已建立诚信计生小组 2239 个;签订诚信计生协议 12953 人,占依法育龄妇女数的 91.32%,覆盖全区村(社区)覆盖率达 100%。评选出优秀诚信计生小组长 122 人,兑现奖励 1.22 万元,兑现政府承诺。

【综合治理出生人口性别比】 港口区将此项工作列入重要工作日程,成立专门的领导机构和工作机构,健全相关工作管理制度,形成党委领导、政府负责、部门配合、社会参与、标本兼治的综合治理出生人口性别比的格局。全年先后开展 4 次集中联合检查,11 次督查,形成通报 4 次,严厉打击"两非"违法行为,推动综合治理出生人口性别比工作。

【免费孕前优生检查试点】 作为国家免费孕前优生健康检查项目试点县区,港口区多渠道推进免费孕前检查工作。在各村(社区)树立永久性宣传牌,印制免费孕前检查宣传手册 1 万多册分发给服务对象,编发手机短信 30 万条宣传孕前优生健康检查,组织全区计生系统干部和镇村干部入户宣传,动员对象参检。与防城港市妇幼保健院签订协议,在婚检时征求对象意见,在自愿情况下进行免费孕前健康检查。多渠道培训相关医技人员。全区参加市以上举办的孕前优生健康检查项目培训班人员 40 余人次。不定期对免费孕前优生健康检查项目工作开展情况进行督导,将督导结果进行通报,增强各镇(街道)和计生部门的紧迫感和责任感,形成工作合力。

【计生惠民政策实施】 按时足额落实计划生育奖励扶助政策,为农村计生家庭成员 3000 多人代缴每人 180 元个人承担部分的 2017 年新农合参合费,兑现资金 54 万余元。开展"关爱计划生育家庭,新春送温暖"活动,为 55 户计划生育贫困家庭送去 300 元/户的慰问金。在"六一"节前将每人 240 元的独生子女保健费一次性发放到对象手中,总计达 18 万余元。为 60 岁以上农村计划生育家庭奖励扶助对象 116 人发放奖励金 16.70 万元,为 55~59 岁农村计划生育家庭奖励扶助对象 61 人发放奖励金 4.39 万元。确认国家特别扶助对象 19 人,发放特别扶助对象帮扶金 29.21 万元。发放城镇居民独生子女父母年老奖励金 13 人 1.54 万元。

【流动人口基本服务】 全年先后开展流动人口宣传教育活动 6 次,使外来人口享受到均等化服务。开展 2017 年元旦、春节期间流动人口计划生育集中宣传服务专项活动,就群众普遍关心的"全面两孩政策"进行耐心讲解,并向群众发放"优生优育知识、计生技术机构免费服务项目、流动人口维权保障"宣传资料。让老百姓知晓计划生育政策、法律、法规以及优生优育、出生缺陷干预、传染病的防治等知识。完成 2017 年国家流动人口动态监测工作。白沙沥街道沙沥社区、兴港社区被国家卫生计生委确定为 2017 年流动人口动态监测抽样调查点。为了做好此项工作,港口区认真组织,及时安排部署,指导白沙沥街道计生办做好有关工作,2 个样本点的流动人口动态监测调查对象 40 人花名册编制录入工作全部完成。

【项目建设】 光坡镇中心卫生院业务用房、桃花湾社区卫生服务中心、防钢生活社区卫生服务中心、金海湾社区卫生服务中心、区急救中心、区人民医院公租房、企沙中心卫生院公租房、光坡镇中心卫生院公租房、公车镇卫生院公租房已建成并投入使用。公车镇卫生院业务用房基本完工;港口区疾病预防控制中心项目已开工建设。 　　　　　　　（梁巧琦）

社会生活

婚 姻

【婚姻登记】 依法做好婚姻登记管理工作,进一步强化婚姻登记服务质量,认真履行职责,有效提高婚姻登记工作效率。2017年,港口区办理结婚登记1030对、离婚登记402对,补发婚姻登记212对,婚姻登记合格率100%。

（卢皆池）

妇女·儿童

【妇女儿童权益维护】 2017年,区妇联以"建设法治港口·巾帼在行动"为主题,形式多样地开展"三八"妇女维权周活动。3月9日,联合港口区法院、检察院、公安分局、司法局、卫计局等多家单位在市供电局大厦门前开展"建设法治中国 巾帼在行动"港口区2017年"三八"维权宣传活动。3月15日,联合区法院到桃花湾社区举办《反家庭暴力法》培训班。9月14日,协助市妇联在港口区

桃花湾社区开展"男女平等基本国策进社区"宣讲直播活动。11月25日,为遏制家庭暴力行为,倡导文明和谐社会风气,以"拒绝家庭暴力,创建平安家庭"为主题的反家庭暴力日宣传活动在港口区海珍市场开展。11月30日,区妇联联合区民政局在区民政局婚姻登记处创建"惜缘婚姻家庭辅导室"。全年,接待妇女群众来信、来电、来访6起,其中涉及家庭暴力案件5起,信访调处率达100%。

【关爱弱势妇女儿童】 加大关爱项目实施力度,积极争取上级妇联支持,为辖区5名患"两癌"贫困妇女发放救助金5万元,帮助贫困妇女缓解就医压力。深化"三留守"人员关爱活动,注重对留守妇女、留守儿童的关爱帮扶,开展系列关爱活动。"六一"期间到贫困村的小学 – 白沙小学开展以"关爱儿童 快乐成长"为主题的庆"六一"活动;联合区财政局、区民政局、区国税局等爱心单位到企沙、光坡、王府、白沙沥、渔洲坪等5个镇（街道）对留守儿童、贫困儿童进行慰问。10月27日,联合港口区交警大队西湾女子示范岗开展"贯彻十九大精神,弘扬中华敬老美德"重阳关爱慰问活动。年内,全区各级妇联组织走

访慰问困难儿童、困难妇女200多名,发放慰问品和慰问金折合人民币5万多元。

（卢少丽 陈晓红）

青少年

【青年就业创业服务】 2月4日,共青团港口区委员会在IT小镇门户港口区青年扶贫示范点召开返乡创业青年经验分享座谈会,返乡青年及本地创业青年代表共10人参加座谈会。

7月14日,共青团港口区委员会联合港口区商务局在市人才中心举办港口区电子商务就业创业培训班。

【青年志愿者工作】 10月,共青团港口区委员会成立港口区青年志愿者协会,协会有413名青年志愿者,在宪法和法律的范围内组织和开展青年志愿服务活动,以奉行"奉献、友爱、互助、进步"为准则,结合宣传、扶贫、教育、环保等志愿服务主题,青年志愿者来自基层团组织、学校团委、青年文明号单位、企业团组织等各领域,志愿者们利用节假日时间,深入

一线、乡村、学校集中开展活动，发挥社会各界青年的力量，为群众排忧解难、为公益事业尽心出力。

【少先队建设】 2017年，共青团港口区委员会着力加强少先队基层组织建设、创新丰富少先队实践活动以及服务少年重点成长需求。加强中小学少先队标准化建设，规范基础队务、队前教育和入队程序，规范少先队标志、标识及其使用。实施活力工程，创建特色大、中、小队集体和红领巾小社团。加强学校少先队阵地建设。开展少先队鼓号队等基础设备援建项目。在均衡教育的基础上，在企沙镇牛路小学援建一个少先队工作室，配备日常工作所需设备。5月9日，共青团港口区委员会联合区教育局和防城港市第四中学(以下称市四中)团委组织开展以"不忘初心跟党走·做合格共青团员"为主题的中学生离队入团教育活动，然后以市四中为典型，在全区各中学开展离队入团仪式。另一方面，积极依托市区两级的青少年活动中心、科技馆、少先队室等教育实践基地，打造多样化社区及校外少先队阵地。广泛开展"红领巾书屋""四点半课堂""雏鹰假日小队"等活动。结合全区精准扶贫的部署，将少先队工作纳入政府扶贫协作机制和脱贫攻坚安排，积极改善贫困地区少先队组织工作条件。开展"红领巾四点半课堂"服务项目，为农村留守儿童、进城务工人员子女等重点青少年群体提供节假日慰问、学业辅导、心理辅导等服务。5月31日，共青团港口区委员会组织志愿者到企沙镇板寮小学，为学生们带去书包、牛奶等慰问品，

让学生度过一个快乐、祥和、向上的"六一"国际儿童节。（黄君欢）

残 疾 人

【残疾人康复】 认真贯彻落实《广西壮族自治区残疾人精准康复服务行动实施方案》精神，加强推进残疾人康复服务工作，为满足全区残疾人基本康复服务需求，大力开展精准康复服务，通过康复训练，居家抚养，辅具适配，医学治疗等方式共为490名残疾儿童和持证残疾人提供康复服务，推动残疾人"人人享有康复服务"目标的实现。 （潘思华）

社 区

【社区基础设施和服务体系建设】
认真贯彻落实区委、区政府《关于创建幸福社区创新社会管理服务的实施意见》《防城港市创建幸福社区"三网四联五达标"工程(2015—2017年)实施方案》等文件精神，港口区需要建设的10个城市社区(白沙沥4个;渔洲坪4个;沙潭江2个)已建设完成并投入使用。经评估，本区城市社区服务活动场所已达标，其中1000平方米以上的11个,500平方米以上1000平方米以下的4个。

【社区管理】 实施社区服务活动场所建设攻坚工程，采取市级补助、开发配建、公益捐助、政策扶

持、资产划拨、县级兜底等方式，按照每百户居民不低于20平方米的标准配套建设社区服务活动场所，确保社区服务活动场所不低于300平方米，普遍达到500平方米以上，其中1000平方米以上占30%左右，努力满足社区管理和服务需求。建立社区服务群众专项经费制度，按照每个城市社区和城关镇社区每年不低于20万元、每个非城关镇社区每年不低于10万元的标准落实，所需经费由市、区(县)两级财政按1：1比例分担。村级干部基本补贴按照自治区确定的最新补贴标准落实，健全社区干部待遇稳定增长机制，所需经费由市、区(县)两级财政按1：1比例分担。同时，按有关规定为社区干部落实在职期间基本养老、失业、基本医疗、生育、工伤保险等保障待遇;继续完善离任社区干部生活补助制度，对正常离任但没有享受相关社会保障待遇的，根据任职年限给予一定生活补助。 （兰 伟）

劳动就业

【就业与再就业】 2017年，全区实现城镇新增就业5021人，完成年度任务3500人的143.5%;失业人员再就业301人，完成年度任务250人的120.4%;困难就业人员再就业111人，完成年度任务80人的138.8%;城镇登记失业率1.19%，控制在目标4%以内;农村劳动力转移就业2862人，完成年度任务2800人的102.2%。

【农村劳动力转移就业】 开展就

业专项活动,搭建劳动力供需服务平台。利用就业援助月、春风行动、民营企业招聘周、"三送"活动和每月28日的定期招聘会。年内,共举办和协办各类招聘服务活动22场,其中就业扶贫专场招聘会2场,参会企业80多家,提供招聘岗位3360多个,共帮助和促成就业1062人次。

【职业技能培训】 通过整合定点培训机构资源,强化各种形式宣传活动,大力促进创业就业技能培训。2017年,全区开展职业培训4期共87人,其中创业培训82人。落实培训补贴99.57万元。

【劳动市场管理】 制订工作计划,把目标任务分解落实到各镇(街道)就业社保服务中心。2017年,累计悬挂培训就业宣传横幅180多条,印发培训就业宣传资料64000多份;收集、发布招聘信息36期,提供空岗3950多个,不断强化就业服务政策宣传。

【劳动关系管理】 通过组织筹备,2017年在中国十九冶公司(防城港)设备结构有限公司举办港口区农民工技能大赛,共有6家单位57名选手参加技能大赛,其中39名选手参加钳工和焊工初级技能比赛,18名选手参加养老护理、育婴师职业的初级技能比赛。同时选送优秀选手参加市级比赛。通过职工技能大赛促进企业农民工学技能的积极性,更好地促进农民工稳定就业创业的劳动关系。

【劳动工资管理】 加强工资管理,做好日常工资和正常调资的审核

审批工作。及时与财政部门协调,完成全区机关、事业单位中参加财政统发工资单位的工资审核工作。做好全区机关事业单位转岗、调动、新录用工作人员及"柔性人才"见习期(试用期)满后转正定级的工资核定工作。

【劳动安全监察】 通过全面开展劳动保障监察年度审查、清理拖欠农民工工资专项行动,加强劳动保障专项检查及投诉举报案件查处力度。

【劳动争议仲裁】 2017年,共为劳动者追讨工资1999.51万元,涉及劳动者742人,结案率达到95%以上,依法保障劳动者合法权益。

(区人社局办公室)

居民生活

【居民收入】 全年城镇人均可支配收入34137元,增长8%,其中,工资性收入20784元,增长7.70%;经营净收入8282元,增长10.10%;财产净收入1491元,增长7.90%;转移净收入3580元,增长5.10%;农村居民人均可支配收入14310元,增长10.40%;其中,工资性收入5818元,增长11%;家庭经营收入5997元,增长8.90%;财产净收入1106元,增长26.50%;转移净收入1389元,增长3.70%。

【消费支出】 年内,城镇居民生活消费支出21757元,增长8.50%,各项支出中占前三位的分别是

食品、居住、交通通信支出,其中食品支出7750元,占消费总支出的35.60%,增长4.90%;居住支出2914元,占消费总支出的13.40%,增长8.50%;交通通信支出3087元,占消费总支出的14.20%,增长7.90%,三项支出占总支出的63.20%;农村居民生活消费支出10728元,增长13.40%,各项支出中占前三位的分别是食品、居住、教育文化娱乐支出,其中食品支出3961元,占消费总支出的36.90%,增长4.10%;居住支出2590元,占消费总支出的24.10%,增长31.30%;教育文化娱乐支出947元,占消费总支出的8.80%,增长21.20%,三项支出占总支出的69.90%。

(唐 昕)

住房保障

【保障性安居工程管理】 2017年,按照公共租赁住房申请"三审两公示"的操作流程,完成128户新申请家庭的准入登记工作。年内,港口区公共租赁住房985套(含商铺16套)入住858套,入住率87.10%。租赁补贴保障户数150户,发放租赁补贴专项补助资金11.76万元。实施公共租赁住房保障的1035户(租金261户、实物774户)家庭开展年度复查工作,对收入或住房面积等情况发生变化的家庭将作出变更或退出保障公示。聘请14名工作人员负责水电、房租收取以及保安、保洁物业管理工作,定期开展安全检查、卫生检查,保证公租房小区各项秩序稳定。2017年共收取

公租房租金 72.25 万元，全部上缴区财政。　　　　　　（刘明阳）

住房制度改革

【概况】　港口区住房制度改革委员会办公室（简称港口区房改办）是主管港口区国家机关和企事业单位住房制度改革的职能单位，下辖港口区经济适用住房中心。2017 年有编制 8 名，在职在编人员 8 人。

【住房二级市场】　港口区房改办贯彻执行自治区和防城港市有关公有住房上市交易实施细则等文件，做好已售公有住房交易工作。2017 年，办理已售公有住房上市交易 7 宗（含析产及继承），贷款抵押登记 2 宗。

【保障性安居工程建设】　2017

年，市政府下达港口区棚户区住房改造开工共 2114 户（含 2016 年自治区新增城市棚户区发行征拆类项目目标任务 1052 户）；公共租赁住房基本建成 60 套，棚户区住房改造基本建成 200 套；2013 年底前政府投资开工建设的公共租赁住房 1125 套，2017 年，棚户区住房改造实际开工建设 2114 套，完成开工任务的 100%；公租房基本建成 60 套（公车镇卫生院公租房），棚户区住房改造基本建成 200 套（大龙安置住宅区），完成任务的 100%；2013 年前，港口区政府投资建设的公共租赁住房共 140 套（不含原廉租住房），2017 年分配入住 126 套，占 90%。港口区政府投资建设的公租房（不含原廉租住房）分配入住 130 户，其中光坡镇政府公租房分配入住 20 户，港口区渔洲城公租房分配入住 54 户，企沙镇政府公租房分配入住 56 户，入住率为 92.80%，为年度分配入住目标任务的 103.17%，超额完成分配入住

任务。

【城市棚户区改造】　2017 年，港口区开工建设公车物流园安置区、企沙棚户区改造工程、旧公车安置住宅区等城市棚户区改造项目 2114 户（含 2016 年自治区新增城市棚户区发行征拆类项目目标任务 1052 户），总建筑面积 51.29 万平方米，计划总投资 4.12 亿元，年内完成 1.29 亿元。续建的沙港安置住宅区、和平安置住宅区、豪丫市场配套安置住宅区、北港安置住宅区（三、四期）、大龙安置住宅区、缪屋二期安置区、冲孔安置住宅区、垭港二区住宅区、渔民上岸棚户区改造等城市棚户区改造项目基本建成 200 套（户），年内施工面积 465.13 万平方米，完成投资 3.79 亿元。

【公共租赁住房建设】　续建的公车镇卫生院公租房项目基本建成 60 套，建筑面积 1850 平方米。

【限价商品房建设】　2017 年港口区无开工、续建经济适用住房项目和限价商品房项目。

（黄晓城）

社会保障

【城乡居民最低生活保障】　进一步完善最低生活保障制度，按"应保尽保、应退尽退"原则抓好落实，加强对低保对象实行动态管理，严格操作程序，规范管理制度。积极落实低保资金，确保低保资金按时按标准发放。同时，做好农

12 月 7 日，市政府副秘书长陈培伟到棚改贷款项目企沙棚户区改造项目（黄泥潭地块）调研　　　　　　港口区房改办供稿

村低保与脱贫攻坚的有效衔接工作。2017 年，全区享受低保待遇 1529 户 3187 人，累计保障金额 857.88 万元。其中农村低保 1115 户 2452 人，累计保障金额 529.88 万元，人均补差 186.27 元，其中建档立卡扶贫对象 466 户 1308 人已纳入农村低保，重合率达到 53.34%；城市低保 414 户 735 人，累计保障金额 328.00 万元，人均补差 335.67 元。

【特困人员供养】 对全区农村特困供养对象实行水电费补贴，每人每年至少分发冬装棉被各一套，医疗费用全额报销，有效提高特困供养对象的生活水平。2017 年港口区农村特困供养对象基本生活费标准为每人每月 390 元，城市特困供养对象基本生活费标准为每人每月 663 元，全年累计发放保障金 148.75 万元。

【城乡医疗救助】 2017 年审批城乡医疗救助 404 人，共计 160.42 万元，其中门诊医疗救助 69 人，住院救助 335 人。实施临时救助 59 人，共 17 万元，资助困难群众 1128 人，缴纳医疗保险费和新农合 16.92 万元。

【孤儿救助】 2017 年全区符合孤儿供养条件的儿童 117 人，累计发放补助金 85.60 万元，为孤儿提供全方位的救助，使他们的学习和生活得到较好保障。

【关爱农村留守儿童】 严格按照"确定关爱内容、落实关爱责任、制定关爱措施"的工作要求，全面建立"政府、社会、家庭"三位一体关爱服务保护体系，初步形成"党

9 月 29 日，港口区民政局、王府街道民政办一同慰问白沙村农村留守儿童 港口区民政局供稿

委领导、政府主导、部门联动、家庭尽责、社会参与"的工作格局，保障留守儿童、困境儿童健康成长。2017 年国庆、中秋节期间，对 3 个镇（街道）的 16 名家庭困难农村留守儿童、困难儿童进行走访慰问，为他们带去中秋月饼、牛奶以及慰问金，了解他们的生活、学习、亲情状况，并向他们普及基本的安全知识，让他们在节日来临之际感受到政府的温暖。

（韦辰霖）

【城乡居民基本养老保险】 通过区、镇、村三级联动，进一步推动社会保险覆盖面的扩大和基金规模增长。2017 年，城乡居民基本养老保险参保 17619 人，参保率 95.23%，城乡居民基本养老保险费收入 1455.32 万元。

【城乡居民基本医疗保险】 城镇基本医疗保险参保人数 91844 人。

【工伤生育失业保险】 工伤保险参保人数 10710 人，完成全年任务的 105.62%；工伤保险费征缴收入 482.70 万元，完成全年任务的 209.87%；生育保险参保人数 6100 人，完成全年任务的 105.17%；生育保险费征缴收入 280.22 万元，完成全年任务的 136.03%；失业保险参保人数 12692 人，完成全年任务的 104.89%；失业保险费征缴收入 792.94 万元，完成全年任务的 127.89%。

【"五险合一"服务管理】 城镇职工基本养老保险、城镇职工医疗保险、失业保险、工伤保险和生育保险五项保险统一登记、统一基数、统一征缴和统一稽核，进一步优化服务质量，整合服务资源，实现一站式办理，"一条龙"服务。

（港口区人社局办公室）

社会福利

【老年人福利】 围绕落实"六个

老有",抓好养老保障服务体系建设,及时办理老年人优待证。2017年共办理老年人优待证390个,其中70周岁以上的老人发放红卡320个,60周岁至69周岁的老人发放绿卡70个。

【残疾人福利】 认真组织实施残疾人两项补贴审核审批发放工作。2017年在领残疾人"两项补贴"的共1877人,其中在领困难残疾人生活补贴的541人,累计发放困难残疾人生活补贴26.49万元;在领重度残疾人护理补贴的1336人,累计发放重度残疾人护理补贴77.16万元。

(沈凤清)

灾害事故

【洪涝灾害】 2017年港口区总体降雨量比往年增多,降雨不均衡,局部地区短时间内出现大暴雨。年内先后遭受6次持续强降雨、3次台风(第13号台风"天鸽"、第14号台风"帕卡"、第19号台风"杜苏芮")和1次热带低压的影响。受灾人口4870人,倒塌房屋3间,直接经济损失75万元,其中:水利设施直接经济损失55万元。无人员伤亡。

(梁佳力)

【安全生产事故】 2017年,全区发生各类安全生产事故20起,同比下降13.04%;1人死亡,同比下降100%;5人受伤,同比下降16.67%;直接经济损失15.89万元,同比下降95.34%。其中:生产经营性道路交通事故5起,受伤5人;火灾15起,没有人员伤亡;其他行业领域没有发生安全生产事故。

(骆相任)

镇（街道）概况

企沙镇

【概况】 企沙镇位于港口区东南部，光企半岛南端，三面临海，距离市中心区32千米，距离防城港港15海里，外海与越南海域相连，距离越南海防港148海里，行政区域面积94.10平方千米，海岸线长51千米。企沙渔港是广西第二大渔港，设有国家一类边地贸易口岸，是对外开放的沿海边境贸易口岸之一。企沙工业重点布局钢铁、有色金属、新材料、装备制造、能源、船舶制造以及与之配套的相关产业，依托商贸物流、电子商务等现代物流业逐步加快发展。簕山古渔村、山新滨海休闲旅游区、企沙渔港、天堂滩等景点年接待游客达60万余人次，其中簕山古渔村休闲渔业示范区被评为广西县级现代特色农业示范区。2017年企沙镇山新村、牛路村获评第五届全国文明村。

企沙镇下辖11个行政村、4个社区、243个自然村（屯），2017年末户籍人口3.57万。实现农林牧渔业总产值12亿元；粮食作物种植面积5000公顷；肉类产量2478.50吨；水产品产量95809吨；耕地面积511公顷；地区生产总值225.96亿元；全部财政收入5658万元；城镇居民人均可支配收入29875元；农民人均纯收入13100元；镇驻有工业企业36家，实现工业总产值250.85亿元。其中，规模以上工业企业4家，实现工业总产值198亿元，利税总额34万元。

【重大项目推进】 企沙镇始终把服务项目建设作为经济发展最强有力引擎的工作，推进辖区38个市区重点项目征地搬迁，完成钢铁配套区、电厂二期、金川铁路等项目用地全面扫尾，推进华侨棚户区、北港四期、茅企一级路、云约江南路等项目的建设，确保微藻农业一期、蛇纹石、盛鑫物流园等重大项目开工建设，全力推进防城港生态铝项目的征拆工作。2017年辖区共征收土地4487亩，签订房屋拆迁协议1136户，拆除房屋1075户，迁坟1389座、虾塘52张（含中铝、中电新灰场项目）。同时，配合落实发展留用地、分配宅基地及公寓房，使金川敏感区搬迁三年的群众得到宅基地分配。

【三农工作】 2017年，企沙镇加快推进现代特色农业示范区建设，现代特色农业加快发展，红衣花生、红香薯等特色种植业增产增效，"山新五黑鸡蛋"品牌效应打响，优势传统海洋渔业做大做强，农村土地确权登记工作基本完成，农林牧渔业实现增加值1亿元，同比增长9%。脱贫攻坚工作扎实开展，2017年，免费为贫困户发放鸡苗8563羽，发放以奖代补资金共26.60万元，"3+1"特色产业覆盖率达91.16%；完成危房改造14户，危低房改造补助35.60万元；贫困人员报销补偿共81人次，报销费用合计34.79万元；完成扶贫小额信贷122户548万元，覆盖率达87.14%；"雨露计划"资助贫困户子女共34人，发放资金9.50万元。年内完成82户341人脱贫任务，通过自治区"四合一"扶贫核验。

【基础设施建设】 企沙镇大力实施"一村一镇"示范工程建设，完善城乡基础设施，提升公共服务水平，努力实现镇村协调发展。以打造"渔港古镇"为发展主线，先期实施入镇景观、沿海海堤改造、建设钟楼、房屋立面风貌改造、北港大道绿化提升等6个重点项目。推进"宜居乡村"建设，完成山新村226户的改厨改厕、36户房屋外立面改造，开工建设一期10家民宿，新建山新村、赤沙村、兴企社区 3 个惠民服务点。实施"户集—村收—镇运—市处理"的垃圾处理模式，探索落实农村垃圾保洁员补贴长效机制，乡村建设机制实现常态化制度化。

【生态乡村建设】 2017 年，企沙镇新增加勾臂式垃圾运输车 5 辆，垃圾箱 60 个，垃圾清运电动三轮车 50 辆，新建垃圾集中收集点 5 个，垃圾清理效率整体得到提高。建立户集村收镇运市处理垃圾处理模式，日处理垃圾达 30 吨。硬化道路 11 条 6.90 千米。年内山新村完成改厨改厕 226 户，竣工率达 100%。产业富民紧密筹备，各村（社区）成立合作社，通过选举产生管委会和监委会，谋划集体经济发展方向。"百镇示范工程"已竣工，"一村一镇"建设按计划进行。

【综治维稳】 抓好矛盾纠纷调解工作，三级平台共受理矛盾纠纷 30 宗，调处率 100%，调结率 93.3%，无矛盾纠纷转化为重大刑事、治安案件和群体性事件的情况。抓好重大重要会议期间信访维稳工作，及时遏制非访等影响社会稳定现象的发生。落实安全生产"党政同责、一岗双责"机制，持续开展"安全生产月"等专项整治活动，加强食品药品、企业生产和消防安全等行业监管，健全各类安全事故的预防预警和应急处置体系，年内没有发生重大安全生产事故。

【社会民生保障】 2017 年，企沙镇各中小学校通过国家义务教育均衡发展督导评估验收；建立健全覆盖城乡居民的基本医疗卫生制度，积极开展诚信计生、"婚育新风进万家"活动和"关爱女孩行动"，加快幸福家园示范建设；国家公共文化服务体系示范区创建稳步推进，年内举办各类特色文体活动 30 余场。城乡医保和居民养老保险续保率达 85% 以上，养老、低保、医疗救助、廉租房租金补贴、生活补助和救济资金及时发放到位；农村劳动力转移就业新增人数 701 人，城镇新增就业人数 681 人。

（赖胜鑫 李秋莹）

光 坡 镇

【概况】 光坡镇位于港口区东南面，地处光企半岛中段，距防城港市中心 18 千米，东连钦州湾，南接企沙镇，西至暗埠口江，北靠王府街道，防企公路、防城港市东部沿海环岛公路由北向南贯通全镇。行政区域面积 143.45 平方千米，海岸线长 125 千米。辖 8 个行政村、2 个社区，有 198 个自然村（屯），2017 年末户籍人口 2.84 万。辖区驻有广西防城港核电项目，项目一期投资 310 亿元，已运行投产，年发电 150 亿千瓦。中学 1 所，小学 8 所，文化娱乐综合楼和农家书屋等文化场所完备。光坡镇建有"小八黑"农业生态示范园、火山岛、红沙沥万亩蚝排、红沙新村、大龙口示范村、沙螺寮新农村等一批旅游项目。地方特产有光坡鸡、红香薯、沙虫、文蛤、大蚝，其中光坡鸡享誉广西区内外，远销香港、澳门和东南亚地区。

2017 年，实现农林牧渔业总产值 6.71 亿元；粮食作物种植面积 400 万公顷；肉类产量 807.48 吨；水产品产量 86990 吨；耕地面积 1577 公顷；有林地面积 5300 万公顷，森林覆盖率 37.10%；地区生产总值 17.46 亿元；全部财政收入 2836 万元；城镇居民人均可支配收入 11418 元；农民人均纯收入 10815 元；辖区有工业企业 11 家，实现工业总产值 9.26 亿元。其中规模以上工业企业 2 家，实现工业总产值 4.65 亿元。

【脱贫攻坚】 2017 年围绕工作目标，光坡镇坚持"巩固八有一超成果、重抓产业促增收"思路，凝聚社会各方力量，深入推进基础设施项目建设、培育扶贫产业、劳动力转移等工作。提升基础设施建设，完成 6 户贫困户危房改造，村容村貌改造及公共设施服务项目 1 个，人饮灌溉建设项目 1 个，污水处理设施项目 2 个；道路建设项目 8 个（全长 7.70 千米）。深入推进"公司＋基地＋农户"模式，充分发挥农业产业示范区效应，强化辐射带动作用，做强做大农业产业，提升脱贫带富作用。光坡鸡、雁鹅、红香薯等特色产业不断发展壮大。引进红香薯新品种 2 个，建设示范基地 3 个，种植新品种红香薯 100 多亩，带动贫困户种植 20 多亩。贫困户养殖光坡鸡 2 万多羽。不断提升栏冲村雁鹅生态养殖基地建设，年内养殖 1 万多羽，带动贫困户养殖雁鹅近 0.50 万羽。此外，岗松种植、海鸭蛋、海水养殖、红衣花生等特色产业发展良好，光坡镇贫困户产业覆盖率达到 96%。搭建就业平台，提高贫困户收入，实现贫困劳动人口就近就地转移就业 182 人，占有劳动能力贫困人口的44.70%,共增加收入约130万元。2017年光坡镇脱贫113户389人,贫困发生率下降至0.67%。

【征地搬迁】 始终将征地搬迁工作作为"一号工程"攻坚,强力推进征地搬迁安置工作,用足用活各项鼓励政策,使群众利益最大化。2017年光坡片区负责29个项目的征地工作,累计完成土地征收924.60亩,迁移坟山158座,交地施工,签订房屋协议16户,搬迁拆除房屋5户。确保滨海公路、棚户区、聚鑫麦芽等一批重大项目的顺利推进。

【宜居乡村】 光坡镇实现全部行政村道路硬化,供电、通信全覆盖,实现农村环境和生产生活条件整体提升。建设226个垃圾池,配备152名保洁员,全镇198个村屯实现垃圾收集专人管理。通过土地流转方式,在大龙口建设水上乐园、乡村民宿等一批生态休闲旅游项目。通过"一村一镇"工程,新建红沙新村小广场,完成红沙新村立面改造。镇村面貌与人居环境不断改善。

【农业】 2017年,以现代农业示范区建设为抓手,加快特色农业发展,建成松柏山果蔬种植示范区、"小八黑"休闲农业示范区等5个种植示范基地,推广光坡鸡、光坡红香薯、红衣花生、"小八黑"黑色系列等一批优新良种。全镇"红+黑"新品种系列推广面积100公顷以上,占农作物播种面积25%以上。推广杂交稻面积504公顷,占水稻面积的98.50%;推广超级稻面积233公顷,占杂交水稻面积的45.75%;推广水稻测土配方施肥面积187公顷,占水稻面积的37%,与上年同比提高1.2个百分点。稳步推进农业机械化工作,机械化拥有量逐年增加,全年共推广新农机120多台套,为群众维修和保养农机50多台次。2017年度组织农机下田作业320台次,机耕面积153.41公顷,完成688.34公顷基本农田的认定和3000张基本农田保护明白卡的发放。核实耕地地力保护补贴面积共607.01公顷,发放补贴资金246.70万元,惠及188个

2017年,光坡镇栏冲村贫困户雁鹅养殖场　　高诗雅供稿

生产组共3328户农户。开展农民技术培训及跟踪指导服务,举办粮食生产栽培、超级稻高产栽培、红香薯高产栽培、测土配方施肥、无公害蔬菜生产等技术培训班7期,培训人数700多人次,举办水产畜牧养殖技术培训班6期,培训人员830人次。

【科教文卫】 义务教育均衡发展工作通过国家级评估认定。"戏曲进校园"活动得到落实。积极开展文化惠民系列活动,完成每个村一名文化专管员、一支文艺队伍、一支体育队伍、一支文化志愿者队伍的建设工作。举办春节、"三月三"、重阳节、采茶晚会等游园文化活动,7000余人参与。指导各村(社区)举办"三月三渔家歌会""五月初五端午之思"等文艺晚会,观众1500余人。戏曲进村进社区进学校演出共40场,电影下村进社区放映共20场,受益群众达1.20万人。新型农村合作医疗和城镇居民医疗参保率达100%,符合条件的农村贫困人口全部纳入医疗救助、重特大疾病救助范围。为辖区居民建立健康档案2.20万份,规范化电子建档率达81%。慢性病及精神病人管理覆盖率达100%,预防接种率持续保持在99%以上。

【维稳及安全生产】 2017年,光坡镇共受理刑事案件31起,破11起;受理治安案件63起,查处29起;抓获各种违法犯罪人员116人,拘留审查非法入境越南人2批71人;收缴作案车辆5辆,化解人民内部矛盾10起,收集有价值情报5条,掌握重点人员10人。共排查新的矛盾纠纷57起,调处36起,调

2017 年光坡镇新一届村(社区)"两委"干部培训会议　高诗雅供稿

结 35 起,调解成功率 97%,妥善处理群众来信来访 68 次,其中重访 16 次。举办"6.16 企业主体责任落实宣传活动",制作宣传板报 2 期,横幅 5 条,发放各种宣传资料 1050 份。开展安全生产大检查,对辖区的 9 家企业、13 家幼儿园和部分公共场所进行安全生产大检查,发现隐患 36 处,并全部完成整改。

【组织建设】　2017 年,光坡镇继续推动"两学一做"学习教育常态化制度化。开展"党员固定活动日",落实"三会一课"制度。完成村(社区)"两委"换届选举工作,选优配强村级"两委"干部,共选举产生 100 名村(社区)"两委"干部,其中支委 50 名,村(居)委 50 名,大专以上学历 17 名,高中(中专)学历 46 名;新进支部委员会及村(居)民委员会成员共 39 名,并对新一届"两委"班子进行培训。试点推行党员积分管理,营造支部班子带头学,全体党员争先进,比学赶帮超的良好氛围。集中抓好农村基层党组织"星级化"管理,科学化开展党建工作,申报五星级党组织 2 个,四星级党组织 1 个,三星级党组织 4 个,完成光坡村、龙兴社区 2 个软弱涣散党组织整顿转化工作。充分发挥党建引领工作机制,大力推进"先锋先行"党建工作,积极开展"村党组织建设年"活动,积极引导非公企业党组织参与脱贫攻坚工作,扩大贫困人口脱贫渠道。　(高诗雅)

白沙沥街道

【概况】　白沙沥街道地处防城港市港口区西南部、渔沥岛南部,东、南、西三面环海,北与渔洲坪街道相邻。办事处驻沙沥社区渔峰路东段和中华路交汇处,东北距港口区人民政府驻地 5 千米,行政区域面积 19.67 平方千米。下设沙沥、插排尾、兴港、仙人湾 4 个社区居委会,85 个居民小组,2017 年末户籍人口 2.19 万。居民主要从事商贸、轻工、饮食、建筑、服务等行业。辖区有驻中直、区(省)直、市直机构 1397 家,大中小型企业 2246 家。2017 年,工业生产总值完成 410 亿元,社会消费品零售总额 4.51 亿元,城镇居民人均可支配收入 2.01 万元。

【幸福社区创建】　在 2016 年完成仙人湾、沙沥及插排尾社区服务场所建设的基础上,继续投入资金 190 多万元用于兴港社区服务场所建设,年内已建成投入使用。仙人湾社区开设爱心超市、社区书屋、儿童之家等为民服务场所,沙沥社区利用社区集体留用地发展社区集体经济,年收入近 10 万元。全年整合自治区、市、区、街道、社区、辖区企业各方资金约 100 多万元,用于完善各社区政务服务大厅、党员活动室等功能室。

【党组织建设】　开展在职党员"到社区报到为群众服务"活动,联合社区党组织、机关党组织、非公企业党组织及其党员开展慰问、环境卫生整治、义诊等形式多样的各类党建活动,参加活动人员 1000 余人次。年内发展党员 7 名,转正 4 名,无失联党员,共缴纳党费 3.4 万余元。

【社区"两委"换届工作】　完成社区"两委"换届工作,社区"两委"成员年龄 35 岁以下 16 名,占 44%。大专以上学历 25 名,占 69%。

【妇联工作】　完成沙沥等三个社区妇代会改建妇联及仙人湾社区妇联增补选执委工作;组织街

道妇女积极参加各项活动，开展"三八"妇女维权月宣传和慰问活动；"六一"儿童节、国庆节期间，在沙沥、插排尾、仙人湾社区开展系列活动庆祝节日；举办育婴员、手工编织培训班；按照"七个有"标准做好插排尾、仙人湾社区儿童家园的创建工作；协调各方力量，依法依规维护妇女儿童合法权益，妥善处理来访来电15件，为15名妇女提供维权服务。

【安全生产】 继续加强与区安委会各成员单位以及各社区的沟通联系，形成上下联动的工作机制，进一步强化安全监管职责。全年深入开展安全生产专项整治督查行动5次，排查安全隐患26处，口头指令整改12处，发放《当场改正通知书》10份、《限期改正通知书》4份，开展3次安全生产宣传活动，发放宣传品1800份。辖区没有发生重大安全生产事故。以无物业小区和城中村环境综合整治为重点，建立健全"美丽广西·生态乡村"工作长效机制。年内整合市直联系挂钩单位、区住建局、美丽办和各社区的资金90余万元，投入到各项"美丽乡村"整治工作。

【民生社保】 统筹推进民生社保工作。积极落实城镇低保政策、优抚政策，落实老年人各项优待服务政策，做好孤儿生活救助保障、社会保障服务各项工作。建立和完善退休人员花名册，2017年，街道居住有退休人员5382人，其中市直单位退休人员3430人，中直区直单位退休人员42人，其他单位退休人员32人；另有供养人员28人。接管企业退休人员5172人，

企业退休人员接管率达100%。接管企业人事档案1312份，100%完成每年资格认证任务。非财政拨款企事业单位实行计划生育人员退休后依法享受增加待遇的申报人数333人。2017年参加区全民参保登记工作所登记纸质材料人数13124人，并系统录入。2017年新参保人数1200多人，续保9000多人。残疾和低保人员300多人。城乡居民养老保险开展以来，动员总人数1655人，60岁以上领取养老保险待遇的825人，正常缴费729人。协助做好每年三月的认证工作，上门认证46人，年内死亡人员67人。

【综治维稳】 年内矛盾纠纷排查总数30件，调处率100%，共立各类刑事治安案件462起，与上年同期比下降67起，下降12.7%，全年未发生一起越级、非正常上访及群体性上访事件。投入经费5万多元组织开展系列提升社会公众安全感和群众满意度宣传活动；做好中国－东盟国际马拉松赛期间及重要节假日维稳、安保工作。依托网格化管理，强化对信访人员排查稳控工作，积极创建平安社区。

【党风廉政建设】 推进全面从严治党反腐败工作，制作宣传板报10块，悬挂宣传横幅15条，切实提高党员干部和人民群众的知晓率和参与度，强化"四风"纠正，真正惩腐肃纪。领导班子带头学习贯彻《中国共产党廉洁自律准则》《中国共产党纪律处分条例》，组织全体干部职工观看《巡视利剑》专题片，不断加强作风建设。开展贯彻落实中央八项规定精神"回头看"工作。就贯彻落实中央八项

规定精神"回头看"工作进行再动员再宣传部署。明确开展贯彻落实中央八项规定精神"回头看"工作的目标、内容、要求等，并对工作步骤进行细化分解。带头改进作风，认真抓好自治区党委第二巡视组"回头看"反馈意见整改、中央第三巡视组对广西巡视"回头看"反馈意见整改的贯彻落实。针对巡视反馈意见建议，先后召开专题部署会2次、党工委会议4次，逐条梳理巡视组反馈意见，按照整改清单要求，逐项细化任务，逐条明确职责，确保整改工作措施实、职责清、时限明。

【征兵】 扎实做好年内征兵工作，完成全年征兵工作任务。

【计划生育】 加强计生工作，贫困计生家庭脱贫率、长效避孕率指标、计生奖扶政策兑现率等控制在区下达的指标范围内。

【帮扶活动】 制定《白沙沥街道2017年挂钩沙港社区、白沙村帮扶方案》，从加强基层党建、工作队员驻村、干部结对帮扶、部门协调互助、资金物资支持等方面，全方位开展帮扶活动。

【意识形态】 成立意识形态工作领导小组，把意识形态工作纳入党工委年度中心工作。深入学习宣传贯彻党的十九大精神，党工委书记坚持给党员干部上党课，广泛开展社会主义核心价值观和十九大精神学习。开展群众喜闻乐见的文体活动，如喜迎十九大、迎新春晚会，元宵游园活动、社区亲子活动等，激发广大居民群众积极参与社区各项服务活动的热

情。积极组织干部群众参与中国－东盟国际马拉松赛，开展向困难儿童赠送图书、党员读书日等活动，丰富居民精神文化生活。利用社区微信群、宣传栏、墙报板报等多种宣传载体，加大对社会主义核心价值观和群众性精神文明建设的宣传力度。引导辖区各个站所、社区和非公企业按时按质完成重点党报党刊征订工作。在各社区建立固定的工作宣传栏，并建立"三位一体"信息工作网，依托这些平台，宣传社会主义核心价值观等内容，扩大宣传面，提高影响力。

（苏帝文）

渔洲坪街道

【概况】 渔洲坪街道位于港口区渔沥岛北面，东与光企半岛隔海相望，南连白沙沥街道，西连西海湾，北邻沙潭江街道，是港口区委、区政府所在地；街道行政区域面积36.51平方千米，海岸线长35千米，南防铁路、钦防高速公路由北向南穿境而过直抵防城港，东湾大道、北部湾大道、东兴大道贯穿其中，区位优势突出，水陆交通便捷；滨海特色旅游品牌已初步打响，梦幻北部湾、西湾观光游、仙人山公园、桃花湖公园、伏波文化园、北部湾大道景观带等旅游文化项目已建成并对游客开放。街道辖渔洲、珠砂港、车辽、桃花湾4个社区，54个居民小组，2017年末户籍人口2.43万，拥有红树林约108公顷。2017年规模以上工业企业38家，具备亿元年产值能力19家。工业生产总值完成80.76

亿元，城镇居民人均可支配收入3.11万元。

【服务大项目】 统筹推进，突出抓好重点项目建设。落实"保交地、保施工、保稳定"的"三保政策"，推进项目建设和征地搬迁工作。2017年，新开工及续建项目30个（市级27个、区级3个），累计交地施工368亩。其中，亚行贷款海堤项目渔洲坪段（市海岸整治及环境保护工程）和市工商局项目已完成交地施工任务；市西湾红沙环生态海堤整治工程（三期）项目用地范围内的地上附着物已完成任务量的89%。珠砂港被征地98户人员名单已分批公示，宅基地分配方案正在完善中。东湾保税物流中心（B）型项目"小山岛"地上附着物已全部清点完毕可填土施工。完成防东高铁地上附着物的调查摸底工作。

【党组织建设】 坚持抓幸福社区建设，完成渔洲、珠砂港两个社区服务场所的改造升级，完成车辽社区新服务活动场所的建设。建立健全"三会一课"的考勤、会议记录等制度，推动"两学一做"学习教育常态化，通过专家授课、一把手讲党课、中心组专题研讨、实地参观红色革命基地等方式开展教育培训21场，受教育党员达1000多人次。在党的十九大期间，组织街道、社区及企业党支部党员360多人次集中收看开幕式、闭幕式特别报道，举行十九大报告精神学习座谈会5场次。优化"两新"党组织机构，年内新成立非公企业党组织3家，对一家不具备党组织运行条件的非公党支部进行撤销处理。严格按要求开展发

党员工作，全年培养入党积极分子25名，发展预备党员15名，进一步充实党员队伍。

【社区"两委"换届】 2017年，以桃花湾社区为换届试点，完成四个社区的换届选举工作，配齐基层党组织领导班子。四个社区共有54个居民小组，正式党员269名，登记选民22009人。推选产生206名居民代表、54名居民小组长。选举采用"公推直选"的方式，共选举产生40名社区"两委"班子成员，其中连任21人，占52.50%；新当选19人，占47.50%；交叉任职7人，占17.50%；高中文化13人，占32.50%；大专及以上文化25人，占62.50%；35岁以下20人，占50%，中共党员32人，占80%。

【社会保障】 2017年，社会保障体系进一步完善，低保、残疾人两项补贴、医疗救助、企业退休人员接管以及全民参保等各项工作稳步推进。2017年，全民参保录入系统22394人，提前完成全年任务数。城镇居民医疗保险新参保人数1355人，续保5835人。城镇居民养老保险正常参保997人，完成参保率93.79%，续保人员359人，完成续保率84.87%。低保续保74户127人，新增低保审批通过5户5人，累计发放低保金46.27万元。发放残疾人两项补贴5.81万元，发放医疗救助5万元，临时救助2.67万元，发放高龄老人补助6.40万元，孤儿补助2.16万元。

【生态乡村建设】 2017年海洲坪街道立足实际，强化环境整改，狠抓制度落实，对生活垃圾、建筑垃

圾、杂草、污水排放进行"四清"工作,共出动人工 578 人次,拖拉机 137 车次,后推车 32 车次,整治辖区 34 处环境卫生较差的小区和路段,累计清理建筑垃圾、生活垃圾 130 吨,重点完成珠砂港社区排污沟清淤修缮以及东湾物流园区、祥云路、拥军路延长线、东兴大道铁路沿线建筑垃圾清理等工作。强化宣传,在辖区范围内新增活动宣传横幅 9 条,更新警示牌 8 处,发放限期整改通知书 28 份。

【计划生育】 2017 年街道新出生人口 458 人,出生人口性别比为 112,出生政策符合率为 94.54%,人口自然增长率为 10.03‰。诚信计生奖励扶助政策落实率为 95.60%,人口计生基本公共服务覆盖率为 100%,贫困计生家庭扶贫项目覆盖率 63.50%。服务生育登记夫妇 444 对,审批发放《再生育证》11 本,发放《独生子女父母光荣证》13 本,查验和发放《流动人口婚育证明》767 本,依法立案查处计划外违法生育 27 起,申报国家计划生育特别奖励扶助 1 户,国家免费孕前优生健康检查任务完成 113 对,覆盖率为 100%。广西人口信息管理系统数据及时率为 99.50%,准确率 97.70%。年度各项指标数据均符合目标管理责任书要求。

【维稳与安全】 2017 年海洲坪街道严格落实目标管理责任机制,做好"三个年"活动开展,充分发挥阵地、网络等宣传资源开展宣传活动。累计拉挂宣传横幅 350 条,展出宣传展板 6 版,开展提升群众安全感主题晚会、培训班及其他大型活动 9 次,播放主题露天电影 12 场,向群众发放各类宣传资料 9000 多份。深化矛盾纠纷排查调解,排查各类民事矛盾纠纷 25 起,调处率 25%,成功率 90% 以上。开展领导干部包案下访接访、信访积案化解工作,2017 年受理上级交办的信访件 11 件次(其中自治区交办积案 2 件),办结 11 件,办结率达 100%。开展十九大期间信息的收集研判,十九大期间排查出重点群体 3 宗,重点人员 13 宗(人),重点事项 2 宗。

【安全生产】 2017 年海洲坪街道严格落实安全生产"党政同责、一岗双责、齐抓共管、失职追责"工作制,以"三个年"活动为抓手,落实"两个 3+1"隐患排查治理制度,全年累计排查发现安全隐患 86 处,已整改 84 处,整改率达 97%。结合"七进"方案,强化安全生产宣传,全年累计发放入户宣传单 1000 多份、防火知识宣传单 900 多份,张贴、悬挂宣传标语 500 多条,出动宣传车 50 台次。通过齐抓共管、集中整治,确保街道重大节假日及全国"两会"、党的十九大、国际马拉松等活动期间安全生产形势整体平稳。 (王日晟)

沙潭江街道

【概况】 沙潭江街道是市委、市政府所在地,是全市政治文化中心。地处防城区与港口区、渔沥半岛和光企半岛的结合部,三面环海,水陆交通便利,是通往防城港、企沙、钦州龙门港的交通咽喉,境内主要交通干线有北部湾大道、金花茶大道、江山大道、公车大道(现更名为沙潭江大道)、东湾大道和沙企一级路,北靠防城区文昌街道,西临防城江,南与渔洲坪街道渔洲社区相连,东与王府街道公车社区衔接。下辖 4 个社区,68 个村民小组,居住有汉、壮、瑶、京等多个民族 2017 年末户籍人口 1.63 万。行政区域面积 41.75 平方千米,有耕地面积 67 公顷,林地面积 834.40 公顷,浅海滩涂面积 72.17 公顷。辖区内有北部湾海洋文化公园和白鹭公园,有北部湾高中、防城港市第四中学、公车中学等 3 所中学和金湾小学、公车中心校 2 所小学,有图书馆 1 个、体育馆 1 个、科技馆 1 处、影剧院 1 处、青少年活动中心 1 处、集贸市场 3 个。

【经济发展】 2017 年,沙潭江街道完成国内生产总值 3.93 亿元,增长 12%;财政收入 1602 万元,增长 11%(其中税收收入 1599 万元,增长 20%);实现工业总产值 358.42 亿元,增长 16.30%;其中规模以上工业实现产值 356.04 亿元,增长 15.90%;全社会固定资产投资完成 3.37 亿元,增长 15%;农业总产值 1.71 亿元,增长 5%;农民人均纯收入 7873 元,增长 10%;城镇居民人均可支配收入 21028 元,增长 8%;社会消费品零售总额 0.80 亿元,增长 14%,限上社会消费品零售总额 0.19 亿元,增长 7%。

【"三农"工作】 核实上报农业支持保护(耕地地力保护)补贴面积 273.70 亩,发放惠农资金合计 7.42 万元;协助有关部门调处山林纠纷,维护森林资源安全并做好森林防火的宣传、监控。年内年审 6 个木材加工厂、木业公司的木材经营许可。对小龙门高沙头、老鼠墩、油柑坪地脚等海域的 1000 多亩红树林进行病虫害检查和预防；做好水利项目的引进落实工作，配合区水利局搞好工程的规划设计；做好防汛工作；加强中小学生防溺水工作；做好小型水利工程确权发证有关工作。

【工业】 至 2017 年，落户沙潭江街道的企业有 55 家，其中规模以上工业企业 11 家。盛隆冶金、华晨矿业、源盛矿渣、富味乡油脂、十九冶结构、天睦化工、宝兴工艺、昌海木业、杭氧气体、捷康生物等工业企业生产销售态势继续保持良好势头，辖区工业发展形成钢铁、建材、磷化、矿产、食品等五大大工业体系。

【城镇化建设】 围绕市委、市政府关于生态乡村、宜居乡村建设的工作目标，抓好乡村垃圾治理工作，新增垃圾箱 60 个，钩臂垃圾车 3 台，电动三轮垃圾车 25 台，人力三轮垃圾车 30 台；全年开展市容市貌环境整治 35 次共出动 421 人次，其中市、区、街道联合行动 5 次共出动 238 人次；开展地质灾害防治与巡查工作 18 次 54 人次；配合国土分局划定基本农田保护区 8.27 公顷；受理不动产土地登记权属调查 86 宗；整理垭港二期搬迁安置材料局待审；开展"两违"动态巡查 97 次出动 310 人次；发现违法建设 258 宗，发现率 100%，报送"两违"案件 258 宗，违法建筑面积 50521 平方米；受理申请拆旧维修建房 23 宗，批准 12 宗，面积 3895 平方米。

【社区"两委"换届】 认真贯彻落实《中国共产党章程》《中国共产党基层组织选举工作暂行条例》及《中华人民共和国城市居民委员会组织法》的规定，按照市、区有关换届选举工作的文件精神，制定工作方案并组织实施。2017 年沙潭江街道设立四个社区，同时完成各社区"两委"选举工作，其中金海湾社区在市行政中心区设置市直机关投票站，80 多名市直机关领导干部以普通选民身份参加投票。至 9 月 18 日，各社区"两委"选举工作全面完成，选举产生沙潭江街道第一届社区"两委"班子。

【征地拆迁】 2017 年，按照区委、区政府关于征地搬迁工作的决策部署，沙潭江街道配合市、区推进中心区统征统拆的园博园、江山大道西线、白龙街西段、三都路、伏波大道、恒大城、中央商务中心、将军山路、桂海世贸广场、新华幼儿园、棚户区改造等项目。其中中心城区土地统征工作现场指挥部完成签订房屋 670 户，拆除房屋 640 户，迁移坟山 850 座，交地 4810 亩，已经完成 35 个项目征拆交地任务，其中，重点项目有：北部湾高级中学、缪屋二期安置住宅区、豪丫市场配套安置住宅区、维二线西段、港湾街、万山路、原冲孔村全部生产组集体预留用地的办证等。沙潭江征地拆迁工作现场指挥部完成房屋协议签订 131 户、搬迁房屋 87 户、迁移坟山 108 座、交地 1167 亩。

【脱贫攻坚】

特色产业扶贫 贯彻落实扶贫特色产业开发项目政策，扶持贫困户发展特色养殖产业。7 月 12 日发放一批光坡鸡苗给 35 户贫困户发展特色养殖产业，每户 42 羽，合计 1470 羽，折合人民币每户 630 元，合计人民币 21735 元，覆盖率达到 100%；11 月 28 日发放第二批光坡鸡苗给 30 户贫困户发展特色养殖业，每户 18 羽，合计 540 羽，折合人民币每户 360 元，合计人民币 10800 元。

小额贷款 推进金融扶贫项目，宣传小额贴息政策。年内街道 2 个社区 33 户贫困户已有 24 户享受小额贷款政策，发放金额达 109.30 万元，其中 17 户贫困户委托广西港湾投资有限公司经营，7 户贫困户自主经营。

教育帮扶 跟踪落实教育帮扶资助政策，实现 12 年免费教育政策对贫困户进行 2017 年春季、秋季"雨露计划"宣传，动员 6 名符合条件的贫困户子女申请"雨露计划"补助，其中 5 名学生符合雨露计划申请条件。年内 5 名学生的雨露计划补助金额已发到学生账户，每名学生补助人民币 1500 元，累计金额 7500 元。根据有关资助政策，街道协助符合条件的 4 名贫困户子女申请免除高中学费与幼儿保教费。

结对帮扶 2017 年元旦、春节和国庆节期间，24 名帮扶干部对辖区贫困对象进行走访慰问，为他们带去慰问金、生活必需品，折合 6220 元。5 月 19 日副市长蔡兴超对沙潭江新兴组贫困残疾户进行慰问；5 月 22 日区委副书记邱祖猛对沙潭江坛稳组贫困残疾户进行慰问；7 月 19 日协助区委组织部慰问街道 15 户贫困户，每户 300 元，合计发放金额 4500 元。

【社会保障事业】 享受低保待遇213 户 369 人，月保障金额 79870 元。其中农村低保 175 户 306 人，月保障金额 59040 元。城市低保38 户 63 人，月保障金额 20830 元；符合孤儿供养条件儿童 5 人，定期发放抚恤金共计 36000 元；为五保供养对象 35 人定期发放生活救助金、水电费及燃气费，共计205800 元；审批城乡医疗救助 33人 228564 元，资助困难群众 120人缴纳医疗保险费和新农合共计 18000 元；优抚对象 49 人定期发放救助金，共计 159273 元，在"八一"建军节期间发放慰问金共计 4800 元；对 175 名高龄老人定期发放生活补贴，共计 95400 元；为 141 名残疾人发放两项补贴，共计 62900 元。实现农村劳动力转移 310 人，新增就业 1596 人；城乡居民社会养老保险新增参保人数39 人；领取养老保险待遇 868 人；年内死亡 15 人；进行人脸建模人员 426 人，异地纸质认证 29 人，合计认证 455 人；城镇居民医疗保险参保人数共 251 人；其中续保 73人，新参保 178 人。

【教育文化卫生计生】 2017 年，街道已婚育龄妇女 2654 人，沙潭江出生 186 人，其中：政策内生育170 人，出生政策符合率 91.30%，人口自然增长率 10.50‰。出生人口性别比 113。截至 10 月底，共办理计划生育服务手册 192 本，独生子女父母光荣证 2 本，再生证 3本，流动人口婚育证明 2 本；共发生违法生育案件 18 例，立案 18 宗，其中往年违法生育立案 4 宗，违法生育立案率 100%。

【维稳与安全生产】 2017 年，沙潭江街道成立 2 个接访工作领导小组，建立领导干部包抓重点信访事项制度，做到每月一排查，及时发现各种纠纷隐患。共排查各类矛盾纠纷 16 件，其中：农村土地征用纠纷 7 件，山林权属纠纷 3 件，村务管理纠纷 1 件，劳动保障纠纷1 件，其他纠纷 4 件，共调处 16 件，调处率 100%；成功调结 14 件，调结率 87.50%。无矛盾纠纷转化为重大刑事、治安案件和群体性事件的情况，未发生越级进京上访和大的维稳事件。　　（蒙　燕）

王府街道

【概况】 王府街道位于港口区东北部，是港口区与防城区结合部，是通往龙门港、企沙渔港、核电、钢铁、金川的交通咽喉。2017 年，辖公车、沙港、王府 3 个社区和白沙 1 个行政村，64 个村（居）民小组，2017 年末户籍人口 1.30 万，居住有汉、壮、瑶、京、仫佬、毛南等多个民族。行政区域 a 面积 68平方千米，其中，耕地面积 445 公顷，林地面积 2943.47 公顷，浅海滩涂面积 466.67 公顷。街道办公地址在公车社区办公楼。

【征地工作】 2017 年开展华晨矿业、密尔克卫仓储、茅企一级公路等 43 个项目征拆工作，共完成项目土地征收 3437 亩，搬拆迁房屋 30 多间，交地 841 亩，迁移坟山271 座。

【扶贫工作】 实施扶贫产业建设，打造扶贫产业示范点，建有 50 亩芋蒙种植示范基地、120 亩红米种植示范点、蜜蜂养殖基地及 8 亩3500 株牛大力种植基地，向 175户贫困户发放五黑鸡、光坡鸡种苗支持他们发展养殖业，同时打造白沙村五黑鸡绿壳鸡蛋品牌，因地制宜引导贫困群众发展产业，增加贫困群众收入。年内新增贫困户 1 户 3 人、返贫 2 户 9 人；认真落实教育帮扶政策，共有 15名贫困学生获得雨露计划补助；指导街道扶贫助学爱心协会开展"中国梦·关爱儿童成长""金秋助学"公益晚会系列活动，共资助贫困家庭学生 75 人，发放助学金56000 多元。

【城镇化建设】 2017 年，王府街道按照"宜居街道"的标准，大力推进城镇化建设，积极改善人居环境。加快推进城镇化建设，棚改项目顺利推进，茅企一级公路王府段和沙港路征拆工作取得进展，小龙门 A 线全线贯通。大力推进生态乡村建设，扎实推进农村生活垃圾治理两年攻坚工作，建成 3 个垃圾集中收集点并投入使用；落实领导干部包村包组责任制，规范环卫队伍管理，保洁员实现村组、重点区域全覆盖，垃圾清理清运做到日产日清，共清理清运垃圾超过 600 吨。强化农村基础设施建设，硬化白沙村牛栏水、白沙村石子坳至垌口、白沙村三角井等农村道路 7 条 2.87 千米；打造三角井宜居乡村建设示范点，建设三角井水利维修项目。加强城乡建设宣传，做好"两违"管控和审批群众合规建房申请工作，对违法建设实行"零容忍"，全年共拆除违法建设面积 3000 多平方米，依法审批群众建房 11 户。

【基层组织】 2017年，按照村（社区）两委换届工作部署和要求，完成4个村（社区）"两委"换届选举工作，"两委"班子成员知识、年龄结构得到优化。

【廉政工作】 强化廉政建设，组织党员及干部职工集中学习《中国共产党廉洁自律条例》《中国共产党纪律处分条例》及警示教育等4次，修订完善《王府街道开展查处发生在群众身边的"四风"腐败问题专项工作方案》，印发宣传资料2000多份，营造反腐倡廉良好氛围。加强腐败案件查处工作，年内查处发生在群众身边的腐败案件5起，对5名责任人进行党纪政纪处分。

【社会保障事业】 2017年，王府街道全力抓好社会保障工作，共有226户496人享受农村低保，五保供养、孤儿养育分别为45人和225人，累计发放保障金42万元；加强双拥工作，落实优抚抚恤

和生活救助，参战民兵、老游击队员共7人获得补助18960元，优抚对象共27人获得补助146832元；抓好老龄工作，累计发放高龄补贴18.95万元。落实残疾人补贴政策，累计发放两项补贴19.93万元。完成全民参保登记10850人，录入信息1338人；认真抓好城乡居民养老保险工作，城乡居民养老保险续保率85.30%；新增城镇就业人员150人，新增农村劳动力转移就业750人。

【教育文化卫生计生】 2017年，积极落实国家教育方针政策，支持辖区小学和民办幼儿园办学教学活动，沙港小学新校区正式开工建设；2017年，新农合村组覆盖率100%；计生政策全面落实，发放独生子女保健费50户共1.20万元，发放率100%，孕前优生健康检查33人，为农村独生子女家庭购买医保4.10万元；推进国家公共文化服务体系示范区创建工作，规范建设街道文化站和村（社

区）"四室一屋"，送戏下乡20场次，放映电影40场次，专场晚会5次，加强文化队伍建设，街道本级、各村（社区）分别成立文化志愿者服务队，并配备文化协管员4人。

【维稳与安全生产】 2017年，认真落实领导干部包村（社区）等工作责任制，围绕涉农纠纷、征地拆迁、涉军群体等社会维稳重点，开展群众安全感宣传调查活动，抓好问题信访和社会矛盾调处力度，年内共调处和化解广西碧昇生态有限公司讨薪事件、沙港住宅区疑似枪击事件等矛盾纠纷36件。贯彻落实新修订《安全生产法》，开展铁路安全、防溺水等系列安全进校园、进社区活动，提升公众安全意识；加强重点企业、学校和食品等重点区域专项安全生产检查52次，消除安全隐患点6个，辖区无重大安全生产事故发生。

（黄　腾　陆光辉）

大 事 记

1月

8日 经国家督导评估认定,港口区实现义务教育均衡发展。

18日 副市长罗真在副区长王华的陪同下,到港口区开展节前商贸流通、水上交通、旅游安全生产督查检查。

24日 常务副市长唐轶昂在区委书记黄炳利、区长朱靓的陪同下,到港口区开展落实党风廉政建设"两个责任"检查考核工作。

2月

13日 自治区实行最严格水资源管理制度考核工作组在副区长钟恒栋的陪同下对港口区2016年度实行最严格水资源管理制度情况进行现场检查。

20—23日 中国人民政治协商会议第五届防城港市港口区委员会第二次会议召开。

21—24日 港口区第六届人民代表大会第二次会议召开。

23日 企沙镇一艘渔船在企沙渔港偏南方12~13海里处沉没,船上7名人员成功获救。

27日 市委副书记班忠柏在区委书记黄炳利、区长朱靓的陪同下到防城港经济开发区调研重大项目。

3月

2日 市政协主席赵发旗在区委书记黄炳利、常务副区长陈乐的陪同下到港口区开展"大力发展县域经济"专题调研工作。

3日 自治区党委组织部发文通报光坡镇中间坪村党支部被评为五星级村党组织,光坡镇栏冲村党支部被评为四星级村党组织,企沙镇南港社区党支部和光坡镇大坡社区党支部被评为三星级村党组织。

6日 港口区委组织部、区创建国家公共文化服务体系示范区工作领导小组在区委七楼会议室举办港口区创建国家公共文化服务体系示范区专题培训班,培训班邀请北京大学教授李国新作培训报告,区四套班子领导、各镇(街道)主要负责人、文化系统干部共80余人参加。

8日 自治区海洋局党组书记、局长张创智一行在常务副市长唐轶昂、副区长钟恒栋的陪同下到港口区开展重大涉海项目调研。

10日 港口区540多名干部职工到光坡镇核电大道两旁及港口区渔民转产转业综合服务中心大院开展义务植树绿化活动。当天种植大树520棵、灌木450株、球类植物24株、竹600株,铺种草皮1250平方米。
△ 共青团港口区教育系统工作委员会成立。

13日 防城海关驻企沙办事处、防城港出入境检验检疫局企沙港办事处、防城边检站企沙分站、防城港企沙海事处等四个口岸基层党支部签订联创联建协议。

23日 港口区完成全区152个事业单位2016年度报告工作。

27日 港口区2017年"壮族三月三·八桂嘉年华"系列活动在桃花湾广场开幕。

28日 自治区编办副巡视员苏文豪一行在常务副区长陈乐的陪同下到港口区开展乡镇"四所合一"改革总结评估和深化乡镇机构改革工作调研。

1—3月 港口区规模以上工业实现总产值285亿元,同比增长25.10%。其中3月份实现产值123.97亿元,同比增长38.80%。区本级规模以上工业实现总产值45.24亿元,同比增长21.15%。

4月

5日 常务副市长唐轶昂在区委副书记邱祖猛的陪同下到防城港生态铝工业基地项目和微藻项目进行现场调研。

10—18日 区长朱靓率港口区招商分队赴广东省开展招商推介活动。本次招商活动签约2个协议项目,签约金额66亿元。

11日 区委组织部荣获2016年度自治区组织信息系统先进单位。

△ "盛隆杯"港口区第十届职工运动会在市第四中学体育馆开幕。

12日 由中国十九冶集团(防城港)设备结构有限公司制造的首批2200吨钢结构件在防城港码头集港完成,等待装船运往马来西亚的马中关丹产业园350万吨钢铁项目部。

是月 广西文物保护与考古研究所公布皇城坳遗址考古调查试掘工作的报告,称皇城坳遗址属于南宋城址,具有重要的学术研究价值。

△ 位于港口区的广西金川有色金属有限公司进出口4月单月创历史新高,进出口额2.76亿美元。

1—4月 港口区多措并举,积极谋划,克服经济运行面临的困难和存在的问题,实现财政收入4.89亿元,增长8.9%。

△ 港口区规模以上工业实现总产值386.21亿元,同比增长24.80%。其中4月实现产值101.13亿元,同比增长23.90%。

5月

1日 中国南海进入为期3个半月的伏季休渔期。企沙渔港停泊休渔的渔船1000多艘,全市的大中型渔船全部在企沙渔港休渔。

5日 自治区副主席陈刚在常务副市长唐轶昂、副市长张海以及区委书记黄炳利的陪同下到港口区调研防城港钢铁基地和生态铝工业基地项目。

△ 渔洲坪街道桃花湾社区作为全市2017年村(社区)"两委"换届试点社区。

18日 中国十九冶集团(防城港)设备结构有限公司分别与广西工业技师学院、攀枝花技师学院签订校企合作协议,共同培养200名符合企业需求的技能人才。

△ 新疆驻广西工作组在白沙沥街道三楼会议室举行"民族团结一家亲"暨"结一户亲、联五户友"活动签字仪式。

19日 市委副书记班忠柏、市人大常委会副主任廖汝奋在副区长钟恒栋的陪同下到广西滨海公路企沙至茅岭段项目进行现场调研。

25日 自治区工商局局长张虹一行在副区长、公安分局局长韦更望的陪同下到港口区现场检查打击传销工作及宣传情况。

26日 市委书记、市人大常委会主任金湘军率队到港口区官山辽水库、企沙镇牛路村九龙寨海堤、企沙镇大船岭不稳定斜坡以及企沙渔港检查防汛防台工作。

△ 市委政法委书记李玉振在区委政法委书记刘盛礼,副区长、公安分局局长韦更望的陪同下到白沙沥街道仙人湾社区调研社区网格化、社区综治中心建设工作。

28日 由市文促会主办的防城港市2017年海上国际龙舟赛在西湾海域举办,19支龙舟队参赛。

是月 国家知识产权局下发《关于确定新一批国家知识产权强县工程、传统知识产权保护示范、试点县(区)的通知》,防城港市港口区被认定为国家知识产权强县工程试点县,试点时限为2017年3月—2019年3月。

6月

8日 市海洋局港口区分局到光坡镇红沙码头,开展"扬波大海,走向深蓝"为主题的宣传活动。

20日 国务院第四次大督查自治区第三督导组到港口区检查,副区长钟恒栋陪同检查。

21日 民政部副部长宫蒲光率专项工作组到渔洲坪街道桃花湾社区调研社区建设开展情况,自治区民政厅厅长韩元利、市民政局局长于德林、区委书记黄炳利陪同调研。

23日 港口区2017年6个边海经济带重大项目开工仪式在盛隆码头集中开工。本次集中开工的项目有防城港榕木江西港点1~6#泊位工程、富民综合批发市场、微藻养殖、东湾红树林修复工程、企沙古镇风貌改造、明华粮油商贸物流中心,总投资约16.8亿元。

30日 广西首个海水"渔光互补"光伏发电项目在光坡镇正式并网发电。

是月 港口区综合执法局首次引入小型无人飞机,助推执法全景式记录,完善港口区综合执法系统行政执法程序。

△ 港口区出台《港口区农村籍普通高中学生免学费教育实施方案(试行)》,明确从2017年秋季学期起,实施农村籍普通高中学生免学费教育。

1—6月 港口区规模以上工业实现总产值624.12亿元,同比增长30%,占全年目标1215.8亿元的51.3%;港口区规模以上工业增加值为120.74亿元,同比增长5.8%。

△ 港口区为农民工追讨回工资1861.36万元。

△ 上半年港口区实现农林牧渔业总产值16.76亿元,完成全年任务的58%,同比增长4.5%。其中渔业总产值为14.25亿元。

7月

9日 王府街道办事处处置沙港社区大坑组一处山塘险情,确保居住在周边的群众生命财产安全。

11日 港口区食品药品监督管理局举办违法食品集中销毁活动,销毁一批价值近2万元的过期、劣质食品、药品。

14日 自治区国土资源厅副厅长郑杰忠一行在市国土资源局局长苏维成、副区长钟恒栋的陪同下到企沙镇大船岭、王府街道公车村云插组等地质灾害隐患点检查指导地质灾害防治工作。

21日 防城港市宣讲团分别到企沙镇和十九冶集团(防城港)设备结构有限公司开展"走基层"活动,广泛深入地宣传阐释党的十八届六中全会、自治区第十一次党代会和市第六次党代会精神。

25日 市纪委组织20名市人大代表、政协委员、民主党派和无党派人士到港口区巡查调研扶贫领域监督执纪问责专项工作开展情况,查找港口区在专项工作中存在的问题和不足。

26日 市长何朝建在区长朱靓、副区长钟恒栋的陪同下,到港口区棚改项目、蓝色海湾整治项目现场开展督查、调研。

27日 由崇左市住房和城乡建设委员会副主任赵日光为组长,自治区政协委员、巡查专员凌军,自治区人大代表、巡查专员周丽为成员的自治区保障性安居工程第六组督查组现场检查港口区旧公车安置住宅区。

28日 厄瓜多尔驻华大使馆领事 Ronnie Almeida 先生及其助理陈晓斌先生一行在市政府副秘书长谢电、副区长刘晓红的陪同下到港口区考察。

△ 港口区四家班子领导带领慰问团深入驻地部队开展"八一"慰问活动,向广大驻地官兵致以节日的问候和祝福。

1—7月 港口区外贸进出口额完成 39.41 亿美元,同比增长 93.76%,创单月增速新高。

8月

4日 自治区安监局局长黎志送一行 3 人在副市长张海、市安监局局长黄洪海、副区长钟恒栋的陪同下到港口区开展安全生产大检查工作。

15日 副市长黄强余等一行在副区长、公安分局局长韦更望的陪同下,到防东铁路等项目现场调研。

16日 为期三个半月的 2017 年南海伏季休渔期正式结束。当日 12 时许,企沙渔港的 1500 多艘渔船陆续出海开展捕捞作业。

18日 市委宣传部组织 44 个部门到光坡镇开展文化科技卫生"三下乡"集中示范活动。

22日 市委副书记班忠柏一行在区委书记黄炳利的陪同下到港口区检查纬二线西段、江山大道西段等项目建设工作。

24日 广西盛隆冶金有限公司入选全国工商联发布的 2017 中国民营企业 500 强榜单,以营收总额 285.95 亿元排第 197 位,是广西唯一上榜的民营企业。

是月 国家教育部下发通知,防城港市港口区被确认为全国第二批义务教育教师队伍"县(区)管校聘"管理体制改革示范区。此次全国共有 30 个县(区)被确定为示范区,港口区是广西唯一入选的县(区)。

9月

4日 市委书记、市人大常委会主任金湘军,常务副市长唐轶昂等市领导在区委书记黄炳利、副区长钟恒栋的陪同下到港口区现场检查项目违规用海情况。

6日 自治区海洋和渔业厅党组书记席扬在区长朱靓的陪同下到企沙镇簕山古渔村了解群众举报事项落实情况。

8日 港口区召开 2017 年度入伍青年欢送大会。

△ 沙潭江街道金海湾、冲孔、沙潭江、和平等 4 个新设立社区完成第一届居民委员会选举工作,选举出居委会主任、副主任和委员。

9日 港口区村(社区)"两委"换届选举结束,选举产生新一届村级党组织成员 204 名。

21日 港口区举行社会保障工作新闻发布会,就 2017 年港口区的社会保障工作中的重点和亮点进行信息发布。

22日 市长何朝建等一行在区长朱靓的陪同下,深入港口区现场检查景昇隆年产 50 万吨高端合金新材料、大龙安置点、华侨渔民上岸工程等项目建设情况。

30日 市建筑装饰协会组织协会 20 多个成员单位到港口区白沙 323 良伟学校(白沙小学)开展爱心捐赠活动,捐赠一批价值 68800 元的学习电脑。

是月 港口区在第 14 届中国-东盟博览会上成功签约 1 个项目,总投资额 16 亿元人民币。

1—9月 港口区规模以上工业产值突破 900 亿元。

10月

18日 中国共产党第十九次全国代表大会胜利召开,港口区广大党员、群众收看十九大开幕盛况,聆听习近平代表第十八届中央委员会向大会作报告。

31日 市长何朝建、常务副市长唐轶昂、副市长张海及河北胜宝钢铁集团董事长蔡志生一行在区长朱靓的陪同下到港务集团20万吨码头、钢铁20万吨码头、核电项目等地考察调研。

11月

13日 常务副市长唐轶昂在区长朱靓的陪同下,深入微藻科技项目现场调研。

17日 中国共产党防城港市港口区第六届委员会第三次全体会议召开。

20日 中国共产党防城港市港口区第六届纪律检查委员会第三次全体会议召开。

21日 市长班忠柏等一行在区长朱靓的陪同下到防城港经济开发区调研中铝、中电新灰厂、钢铁等重大项目。

22日 常务副市长唐轶昂在区长朱靓的陪同下到港口区检查蛇纹石综合利用、微藻科技等项目建设情况。

23日 港口区举行民政"惠民服务"新闻发布会。介绍港口区民政"惠民服务"有关情况并回答媒体记者的提问。

24日 港口区大龙口生态旅游项目投资意向书签约仪式在区政府四楼第二会议室举行。

25日 港口区籍青年画家钟德的"丝路蓝光——钟德水墨画作品展"在甘肃美术馆开展。

29日 广西防城港核电有限公司荣获防城港市首届市长质量奖,一次性获得人民币30万元奖励。

是月 民革港口区总支部成立,并召开第一次党员大会。

12月

3日 港口区文联组织部分作家和文学爱好者到企沙镇渔港码头、天堂滩等地开展"学习贯彻十九大精神,深入生活扎根人民"主题实践采风活动。

4日 港口区"12·4"全国法制宣传日大型法律宣传咨询活动在桃花湾广场举行。

6日 港口区召开县域经济发展、项目推进暨工业产业百日攻坚动员会。

8日 自治区统计局局长吴建新一行在区长朱靓的陪同下到港口区开展经济运行情况调研。

11日 港口区人民法院新审判综合楼正式揭牌启用。新建审判综合楼总耗资1500余万元,占地约1000平方米,总建筑面积5200平方米。

△ 港口区19名"河长"全部上任履职,标志着辖区内的每条河流都有专门的管护责任人。

△ 港口区远程办在2017年拍摄制作的党员电教片《港城铁军》入选自治区优秀电视片优秀奖。

22日 《防城港市港口区志》审查验收会议在港口区召开,广西地方志学术委员会部分成员及市地方志学术委员会代表共13位专家通过评分,《防城港市港口区志》以82.96分通过审查验收。

△ 港口区教育局召开"学科工作室"成立大会,首次成立"学科(德育)工作室"。

26日 港口区举办打造"广西一流经济强区"发展情况新闻发布会,介绍港口区经济建设发展相关情况。

28日 落户市经济开发区的广西凯玺有色金属有限公司固体废弃物综合利用项目正式竣工投产。

先进集体和先进个人

（获地厅级以上先进集体和先进个人）

先进集体

序号	获表彰单位名称	表彰名称 （含称号、奖项、奖次等）	表彰单位	表彰时间	备注
1	港口区人民法院	涉诉信访工作一等奖	防城港市中级人民法院	2017 年 2 月	
2	港口区人民法院	综合工作绩效考评二等奖	防城港市中级人民法院	2017 年 2 月	
3	港口区人民法院	新闻宣传报道和舆情导控工作一等奖	防城港市中级人民法院	2017 年 2 月	
4	港口区人民法院民事审判第二庭	2016 年度全市法院先进集体	防城港市中级人民法院	2017 年 2 月	
5	防城港市公安局港城派出所	2016 全区优秀公安基层单位	自治区公安厅	2017 年 2 月	
6	港口区人民检察院反贪污贿赂局	2016 年度全区检察机关反贪污贿赂工作三等奖	自治区人民检察院	2017 年 2 月	
7	港口交警大队西湾女子示范岗	全国维护妇女儿童权益先进集体	全国妇联、全国妇女儿童权益暨平安家庭创建协调组	2017 年 3 月	
8	港口交警大队西湾女子示范岗	2015—2016 年度全国青年文明号	共青团中央、公安部	2017 年 3 月	
9	港口区	广西人民广播电台 2016 年通讯报道"先进县（市、区）"	广西人民广播电台	2017 年 3 月	
10	港口区委组织部	自治区组织系统 2016 年度信息工作先进单位	自治区党委组织部	2017 年 5 月	
11	港口区基督教聚会点	第三届全区创建和谐寺观教堂先进集体	自治区党委统战部、自治区民宗委	2017 年 6 月	
12	港口区人民法院	自治区维护妇女儿童权益先进集体	自治区妇联	2017 年 6 月	

续表

序号	获表彰单位名称	表彰名称 （含称号、奖项、奖次等）	表彰单位	表彰时间	备注
13	港口区委宣传部	广西第二十四届青少年"百年追梦 全面小康"爱国主义读书教育活动 组织特等奖	广西青少年爱国主义读书教育活动组委会	2017 年 7 月	
14	港口交警大队	青少年维权岗	共青团广西区委、自治区公安厅	2017 年 8 月	
15	港口区委宣传部	2017 年"新春走基层"活动先进集体	防城港市委宣传部	2017 年 8 月	
16	港口区农业机械化管理局	2016—2017 年全区"平安农机"示范县（区、市）	自治区农机局 自治区安监局	2017 年 8 月	
17	港口区人民检察院	2017 年全国检察宣传先进单位	最高人民检察院 检察日报社	2017 年 8 月	
18	港口区国税局	广西国税系统法治基地	自治区国税局	2017 年 9 月	
19	港口区国税局	营改增试点工作集体三等功	自治区国税局	2017 年 11 月	
20	企沙镇山新村	全国文明村镇	中央建设文明指导委员会	2017 年 11 月	
21	企沙镇牛路村	全国文明村镇	中央建设文明指导委员会	2017 年 11 月	
22	港口区政协	2017 年度政协报刊宣传工作先进单位二等奖	自治区政协	2017 年 11 月	
23	港口区人民法院民事审判第二庭	"百日清案"专项活动先进集体	自治区高级法院	2017 年 12 月	
24	港口区人民法院	全市法院学习宣传贯彻党的十九大精神知识竞赛二等奖	防城港市中级人民法院	2017 年 12 月	
25	渔洲坪街道桃花湾社区	第二批全区民族团结进步创建活动示范社区	自治区民宗委、自治区党委宣传部、自治区党委统战部	2017 年 12 月	
26	防城港市金湾小学	第二批全区民族团结进步创建活动示范学校	自治区民宗委、自治区党委宣传部、自治区党委统战部	2017 年 12 月	
27	港口区人民武装部	全面建设先进团级单位	广西军区	2017 年 12 月	
28	港口区工商联	2017 年广西"五好"县级工商联	自治区工商联	2017 年 12 月	
29	港口区工商联	2017 年全国"五好"县级工商联	全国工商联	2017 年 12 月	
30	渔洲坪街道桃花湾社区党支部	党代会代表工作室示范点	自治区党委组织部	2017 年 12 月	
31	渔洲坪街道桃花湾社区	民族团结进步创建活动示范社区	自治区党委宣传部	2017 年 12 月	
32	渔洲坪街道桃花湾社区	妇女之家	自治区妇联	2017 年 12 月	

先进个人

序号	受表彰人姓名	获奖时工作单位	表彰名称（含称号、奖项、奖次等）	表彰单位	表彰时间	备注
1	韦万武	港口区人民检察院	侦破海关缉私系统系列特大贿赂犯罪窝案个人三等功	防城港市人民检察院	2017 年 1 月	
2	刘华君	港口区人民检察院	侦破海关缉私系统系列特大贿赂犯罪窝案个人嘉奖	防城港市人民检察院	2017 年 1 月	
3	吴学军	港口区人民检察院	侦破海关缉私系统系列特大贿赂犯罪窝案个人嘉奖	防城港市人民检察院	2017 年 1 月	
4	刘文贵	港口区人民检察院	侦破海关缉私系统系列特大贿赂犯罪窝案个人嘉奖	防城港市人民检察院	2017 年 1 月	
5	刘冠男	港口区人民法院	全市法院先进个人	防城港市中级人民法院	2017 年 2 月	
6	皮祀昭	港口区人民法院	全市法院先进个人	防城港市中级人民法院	2017 年 2 月	
7	徐祖英	港口区人民法院	全市法院先进个人	防城港市中级人民法院	2017 年 2 月	
8	刘敬佳	港口区人民法院	优秀人民陪审员	防城港市中级人民法院	2017 年 2 月	
9	林业就	港口区人民法院	优秀人民陪审员	防城港市中级人民法院	2017 年 2 月	
10	唐国团	公车中学	"2016 年广西中小学安全知识网络竞赛"获"优秀校长"	自治区教育厅	2017 年 3 月	
11	张振锋	港口区司法局沙潭江司法所	2016 年度全区"三大纠纷"调处工作先进个人	自治区调处办	2017 年 4 月	
12	肖　超	港口区委组织部	全区组织系统 2016 年度优秀信息员	自治区党委组织部	2017 年 5 月	
13	刘文镇	港口区委组织部	全区组织系统 2016 年度优秀网宣员	自治区党委组织部	2017 年 5 月	
14	李　宾	港口区委组织部	全区组织系统 2016 年度优秀网宣员	自治区党委组织部	2017 年 5 月	
15	肖绍辉	港口区国税局	2016 年度广西优秀共青团员	共青团广西区委	2017 年 5 月	
16	钟恒清	港口区信访局	全国信访系统优秀信访局长	国家信访局	2017 年 7 月	
17	李林霞	港口区委宣传部	2017 年"新春走基层"活动先进个人	防城港市委宣传部	2017 年 8 月	
18	邓荣林	港口区委宣传部	2017 年"新春走基层"活动先进个人	防城港市委宣传部	2017 年 8 月	
19	聂卫权	港口区政协	"迎十九大·感恩祖国"主题歌咏汇演三等奖	自治区党委宣传部	2017 年 9 月	
20	李　慧	港口区国税局	2017 年广西"最美家庭"	自治区妇联	2017 年 9 月	
21	宁　菲	港口区人民法院	"百日清案"专项活动先进个人	自治区高级法院	2017 年 11 月	
22	陈　燕	港口区人民法院	"百日清案"专项活动先进个人	自治区高级法院	2017 年 11 月	
23	叶汪绿	港口区人民法院	"百日清案"专项活动先进个人	自治区高级法院	2017 年 11 月	
24	杨榆珺	港口区人民检察院	全区检察机关优秀通讯员	自治区人民检察院	2017 年 11 月	
25	莫超艳	港口区统计局	全国统计系统先进个人	国家统计局	2017 年 12 月	
26	谭美文	港口区台办	2017 年度全区社科联工作成绩突出个人	自治区社科联	2017 年 12 月	
27	张　伟	港口区办公室	《广西人大》2017 年度优秀通讯员	自治区人大常委会办公厅	2017 年 12 月	

统计资料

2017 年港口区国民经济和社会发展统计公报

港口区统计局

（2018 年 6 月）

2017 年，在国内外经济形势依然复杂严峻的环境下，区委、区政府坚持稳中求进的工作基调，全力推进各项工作，积极应对经济运行中的困难和挑战，全区经济总体基本平稳，但受市场、政策等多重因素叠加影响，部分经济指标发展速度有所回落。

一、综合

全年全区实现生产总值 415.31 亿元，增长 6.8%（按可比价格计算，同比，下同），按常住人口计算，人均地区生产总值 23.94 万元，增长 5.1%。

从三次产业看，与上年同期比，第一、三产业增幅有所提高，第二产业增幅有所回落。全年全区生产总值 415.31 亿元，其中，实现第一产业增加值 17.68 亿元，增长 3.9%，同比提高 0.2 个百分点；第二产业增加值 277.41 亿元，增长 6.0%，同比回落 5 个百分点；第三产业增加值 120.22 亿元，增长 9.3%，同比提高 2.9 个百分点。

从对经济增长的贡献率看，第二产业对经济增长的贡献同比回落。三次产业对经济增长的贡献率分别为 2.2%、59.9%、37.8%，第二产业同比回落 19 个百分点，第一、第三产业同比分别提高 0.6 个百分点、18.3 个百分点。三次产业分别拉动经济增长 0.2 个百分点、4.1 个百分点、2.6 个百分点。

从结构看，与上年同期比，第二产业比重下降，第一、第三产业比重提高。三次产业结构由上年的 4.2∶67.1∶28.7 调整为 4.3∶66.8∶28.9。

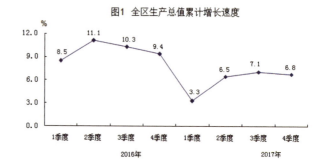

图1 全区生产总值累计增长速度

全年全区财政收入完成 15.09 亿元，增长 11.2%，增幅比去年同期提高 0.8 个百分点；实现税收收入 13.83 亿元，增长 11.8%；公共财政预算收入 6.39 亿元，增长 5.3%；公共财政预算支出 11.06 亿元，下降 10.9%，其中，八项支出 9.51 亿元，增长 4.8%。

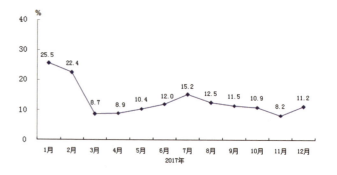

图2 全区财政收入累计增长速度

据就业部门统计，全区新增城镇就业人数 5021 人，增长 0.02%，其中下岗失业人员再就业 301 人，增长 29.2%。农村剩余劳动力转移就业 2862 人，增长 4.5%。城镇登记失业率 1.19%。全区城镇单位在岗职工（含劳务派遣人员）年平均工资 7.73 万元，同比增加 0.94 万元，增长 13.8%。

二、农业

全年农作物总播种面积 7341 公顷,同比减少 77 公顷。其中:粮食种植面积 4265 公顷,同比减少 220 公顷;经济作物种植面积 1079 公顷,同比增加 64 公顷,其中花生种植面积 807 公顷,同比增加 51 公顷;蔬菜种植面积 1984 公顷,同比增加 78 公顷;果园面积 706 公顷,同比增加 4.13 公顷。

全年粮食总产量 17811 吨,同比减少 800 吨,下降 4.3%。其中,稻谷产量 10423 吨,同比减少 1238 吨,下降 10.62%;玉米产量 4559 吨,同比增加 286 吨,增长 6.7%;红薯产量 10583 吨,同比增加 588 吨,增长 5.9%。花生产量 1591 吨,同比增加 80 吨,增长 5.3%;水果产量 1692 吨,同比增加 88 吨,增长 5.5%;蔬菜产量 21660 吨,增长 3.8%。

肉类总产量 2333 吨,增长 1.7%,生猪出栏 1.02 万头,增长 2.0%。全年水产品产量 22.27 万吨,增长 3.7%,其中海水产品产量 21.86 万吨,增长 3.9%。未成林抚育 902 公顷;原木采伐 0.73 万立方米,增长 5.8%。

年末,农业机械总动力 13.28 万千瓦,下降 5.9%,其中柴油发动机动力 13.28 万千瓦,下降 5.9%。拥有小型拖拉机 92 台,同比减少 233 台;农用排灌电动机 511 台,同比减少 7 台;农用排灌柴油机 532 台,同比减少 16 台;捕捞渔船 1745 艘,数量与上年保持一致。农村用电量 795 万千瓦时,增长 0.3%;全年化肥施用折纯量 1260 吨,下降 0.6%;农田有效灌溉面积 624 公顷,旱涝保收面积 358 公顷。

年末,村通汽车率为 100%;村通电话率为 100%;农村改水受益率为 100%。

表1 2017年主要农副产品产量

产品名称	单位	产量	增长 %
粮食	吨	17811	-4.3
其中:稻谷	吨	10423	-10.6
薯类(折粮)	吨	2617	5.6
油料作物	吨	1591	5.3
其中:花生	吨	1591	5.3
蔬菜	吨	21660	3.8
水果	吨	1692	5.5
肉类总产量	吨	2333	1.7
其中:猪肉	吨	786	2.3
禽肉	吨	1359	1.3
水产品总产量	吨	222725	3.7
其中:海水产品产量	吨	218600	3.9

三、工业

全年全区规模以上工业产值增长 24.2%,规模以上工业增加值完成 250.56 亿元,增长 6.4%,对 GDP 贡献率保持在 60.3%,拉动 GDP 增长 4.1%。

图3 全区规模以上工业累计增长速度

规模以上经济运行特点:

(1)重工业仍是拉动工业增长的主动力。从占比看,轻、重工业实现增加值分别占规模以上工业增加值的 35.6% 和 64.4%。从拉动力看,轻、重工业对规模以上工业增加值增长的贡献率分别为 23.0%、77.0%,分别拉动规上工业增加值 1.5 和 4.9 个百分点。

(2)股份制企业贡献大,外商及港澳台投资企业增长迅速,是工业经济增长的主要驱动力。股份制企业完成增加值 125.19 亿元,下降 1.9%,外商及港澳台投资企业完成增加值 121.27 亿元,增长 16.4%,分别实现增加值占规模以上工业增加值的 50.0% 和 48.4%,分别对规模以上工业增加值增长的贡献率达 -16.1% 和 115.2%;国有企业实现增加值 4.10 亿元,增长 3.2%。

(3)三大行业成为支撑工业增长的主要力量。从行业上看,全区 16 个行业中,有 9 个行业实现增长,增长面为 56.3%。其中,煤炭开采和洗选业最快,增速为 94%;农副食品加工业、黑色金属冶炼和压延加工业和有色金属冶炼和压延加工业共实现增加值 196.50 亿元,占规上工业增加值比重 78.4%,贡献率达 18.1%,共同拉动增加值增长 1.2 个百分点。

(4)近 7 成产品实现增长。全区 22 个工业产品中,16 个产品实现增长,增长面为 72.7%。其中冷冻水产品实现三位数增长,铁矿石原矿、饲料、油渣饼、食品添加剂、磷酸(含量 85%)、商品混凝土及农用氮、磷、钾化学肥料(折纯)7 种工业产品实现两位数增长。

(5)工业产品出口值增长回落。今年全年实现出口交货值 16.18 亿元,下降 19.5%。

表2 2017年规模以上工业增加值及贡献率、拉动率

项目	单位	增加值	增长 %	贡献率	拉动百分点
总计	亿元	250.56	6.4	100	6.4
#轻工业	亿元	89.31	3.8	23	1.5
重工业	亿元	161.25	8.1	77	4.9
#国有企业	亿元	4.10	3.2	1	0.1
股份制企业	亿元	125.19	-1.9	-16.1	-1
外商及港澳台商投资企业	亿元	121.27	16.4	115.2	7.4
#国有控股企业	亿元	104.35	15.7	95.2	6.1
#非公有工业	亿元	132.02	-3.4	-30.4	-1.9
#大中型工业企业	亿元	93.36	7.4	41.7	2.7
#国有大中型企业	亿元	0	-100	0	0

表3 2017年主要工业产品产量及其增长速度

产品名称	单位	产量	比上年增长 %
铁矿石原矿	万吨	71.26	34.3
镍金属含量	万吨	1.87	100.0
饲料	万吨	53.00	14.2
精制食用植物油	万吨	241.86	4.6
油渣饼	万吨	650.78	21.2
冷冻水产品	万吨	2.13	112.6
食品添加剂	万吨	0.96	47.3
人造板	万立方米	11.56	-30.9
硫酸(折100%)	万吨	162.39	0.4
磷酸(含量85%)	万吨	87.38	91.4
农用氮、磷、钾化学肥料(折纯)	万吨	18.64	70.5
化学试剂	万吨	0	上年同期6.17万吨
管道氧气	亿立方米	15.87	0.5
合成香料	吨	191	-59.8
塑料制品	万吨	3.45	-8.7
商品混凝土	万立方米	615.73	42.1
粗钢	万吨	680.19	1.7
钢材	万吨	631.00	-3.4
十种有色金属	万吨	48.90	8.2
铜材	万吨	4.85	100.0

续表

产品名称	单位	产量	比上年增长 %
钢结构	万吨	21.10	0.8
自来水生产量	亿立方米	0.24	-3.9

四、固定资产投资和建筑业

全年全区固定资产投资完成348.80亿元,增长11.9%,同比降低10.9个百分点。

投资运行特点:

(1)从管理渠道看,项目投资增幅有所提高,房地产开发投资小幅回落。项目投资完成303.66亿元,增长17.5%,同比回落2.5个百分点,房地产投资完成45.14亿元,下降15.7%,同比落54.6个百分点。

(2)分行业看,第三产业投资较快增长,延续了今年以来增速超第二产业的态势。第二产业投资210.94亿元,增长1.0%;第三产业投资135.30亿元,增长31.5%,同比回落10.9个百分点,对全区固定资产投资增长贡献率达87.5%。

(3)5000万以上项目继续保持投资主导地位。全年5000万以上项目共174个(含房地产),5000万以上项目数量比去年同期增加24个,其中投资项目108个,房地产项目66个,共完成投资额340.39亿元,增长12.6%,占全部固定资产投资比重高达97.6%。

(4)非公投资全年保持增长势头,但增速回落。全年全区非公投资完成111.99亿元,下降6.2%,但降幅分别比一季度、上半年、前三季度收窄34.3个百分点、31.9个百分点和27.4个百分点。

表4 2017年固定资产投资额

指标名称	单位	投资总量	增长 %
固定资产投资额	亿元	348.80	11.9
#项目投资	亿元	303.66	17.6
5000万元及以上项目投资额	亿元	296.37	18.6
房地产开发投资	亿元	45.14	-15.7
分产业固定资产投资			
#第一产业	亿元	2.57	去年同期数为0亿元
第二产业	亿元	210.94	0.98
其中:工业投资	亿元	210.94	0.98
第三产业	亿元	135.30	31.5

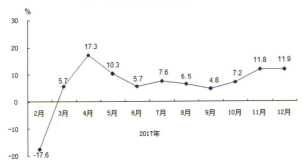

图4　全区固定资产投资累计增长速度

2017年

表5　2017年按行业分固定资产投资（不含农户）及其增长速度

指标名称	单位	投资额	去年同期	同比增长 %
自年初累计完成投资	万元	3488025	3117987	11.9
农、林、牧、渔业	万元	25687	2225	1054.5
采矿业	万元	0	0	0
制造业	万元	584970	598548	-2.3
电力、热力、燃气及水生产和供应业	万元	1524416	1490313	2.3
批发和零售业	万元	18245	8075	125.9
交通运输、仓储和邮政业	万元	494131	178770	176.4
住宿和餐饮业	万元	0	0	0
房地产业	万元	126450	130896	-3.4
租赁和商务服务业	万元	2460	1600	53.8
水利、环境和公共设施管理业	万元	123460	165311	-25.3
教育	万元	560	1830	-69.4
卫生和社会工作	万元	1045	0	100.0
文化、体育和娱乐业	万元	117736	0	100.0
公共管理、社会保障和社会组织	万元	0	3790	-100.0

全年房地产业实现增加值7.67亿元，增长13.2%。房地产投资完成45.14亿元，下降15.7%，同比回落54.6个百分点。其中，住宅投资完成36.11亿元，下降7.7%。全年商品房屋新开工面积75.87万平方米，下降46.8%，其中住宅60.64万平方米，下降33.1%；竣工面积21.72万平方米，下降66.8%；商品房销售面积181.7万平方米，增长40.6%，其中住宅销售面积占92.5%；商品房销售额78.92亿元，增长44.1%，其中住宅销售额占89.9%。

表6　2017年房地产开发和销售主要指标完成情况及其增长速度

指标	单位	绝对数	比上年增长 %
投资额	亿元	45.14	-15.7
其中：住宅	亿元	36.11	-7.7
其中：90平方米以下	亿元	16.72	-13.1
房屋施工面积	万平方米	492.12	1.2
其中：住宅	万平方米	350.40	-1.3
房屋新开工面积	万平方米	75.87	-46.8
其中：住宅	万平方米	60.64	-33.1
本年房屋竣工面积	万平方米	21.72	-66.8
其中：住宅	万平方米	14.67	-75.9
本年商品房销售面积	万平方米	181.70	40.6
其中：住宅	万平方米	167.97	43.6
本年资金来源	亿元	48.54	8.7
其中：国内贷款	亿元	0.73	-38.5
其中：个人按揭贷款	亿元	2.9	19.7
本年购置土地面积	万平方米	0.00	0.00
土地成交价款	亿元	0.00	0.00

建筑业增速回暖。全年全区有资质总承包和专业承包建筑企业25家，同比增加3家，共完成产值41.43亿元，增长80.7%；实现增加值25.72亿元，增长3.3%。房屋建筑施工面积202.97万平方米，增长28.0%。

图5　主要年份建筑业增加值及增长速度

五、国内贸易

全年社会消费品零售总额完成24.72亿元，增长11.2%，增幅分别比一季度、上半年和前三季度增长1.1个百分点、1.3个百分点、0.4个百分点。其中，限额以上批零住餐业零售总额完成17.75亿元，增长15.0%，增幅分别比一季度、上半年和前三季度增长6.7个百分点、5.6个百分点、3.1个百分点。

批发业和零售业销售额、住宿业和餐饮业营业额增速实现全增，分别增长 20.1%、13.1%、13.2%、11.9%；其中，批发业销售额增幅分别比上半年和去年提高 1.6 个百分点、10.6 个百分点；零售业销售额增幅比上半年提高 2.1 个百分点、比去年提高 0.3 个百分点；住宿业营业额增幅分别比上半年和去年回落 2.8 个百分点、10.8 个百分点，餐饮业营业额增幅比上半年回落 3.4 个百分点、比去年提高 1.7 个百分点。

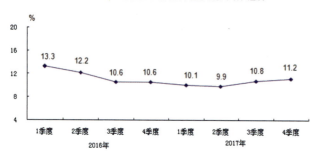

图6 全区社会消费品零售总额累计增长速度

图7 主要年份社会消费品零售总额及其增速

六、对外贸易和招商引资

全年外贸进出口总额完成 67.13 亿美元，增长 69.3%。其中，进口总额 65.54 亿美元，增长 75.0%，出口总额 1.59 亿美元，下降 28.4%。全区边贸成交额 0.81 亿元，增长 278.8%。

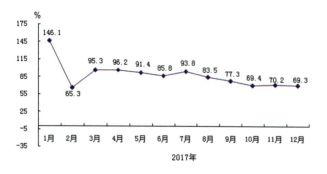

图8 全区外贸进出口累计增长速度

按招商部门统计，全年全区完成实际利用外资额（招商口径）0.4 亿美元，增长 33.7%；新引进外来投资项目 12 个；项目总投资 78.3 亿元，增长 888.1%。其中：区外境内合作项目 10 个；项目总投资 75.8 亿元，增长 856.9%。新增招商引资到位资金 111.06 亿元，其中，内资到位资金 108.53 亿元。外商到位资金 2.54 亿元。

七、交通、邮电和旅游

全年全区交通运输、仓储及邮电通信业实现增加值 38.59 亿元，增长 6.8%，增幅同比提高 3.4 个百分点。

全年各种运输方式完成客、货物运输周转量 269.56 亿吨公里（含市直），增长 2.4%。其中，公路运输周转量 31.84 亿吨公里，增长 15.0%；水路运输周转量 237.72 亿吨公里，增长 0.9%。

全年中小港口货物吞吐量（企沙港）达 802.47 万吨，同比提高 13.9%，从货物流向看，出口 538.73 万吨，增长 83.3%；进口 263.74 万吨，下降 35.8%。

全年全区完成邮电业务总量 10.58 亿元（含市直，下同），增长 74.1%。其中，邮政业务总量 0.77 亿元，增长 17.8%；电信业务总量 9.81 亿元，增长 80.9%。

按旅游部门统计，全年全区旅游人数 304.16 万人次（含市直，下同），增长 80.1%，旅游总收入 24.79 亿元，增长 57.5%。

八、金融和保险

全年全区金融业实现增加值 15.83 亿元，增长 11.5%。年末金融机构人民币存款余额 411.01 亿元（市辖区，下同），比上年净增 35.61 亿元（简称净增，下同），比上年增长 9.5%（简称增长，下同），其中，住户存款 199.61 亿元，净增 16.57 亿元，增长 9.1%。年末金融机构人民币贷款余额 496.01 亿元，净增 97.98 亿元，增长 24.6%。新增金融机构本外币贷款 93.22 亿元，净增 27.39 亿元，增长 41.6%。

全年全区保险公司保费收入增长 16.6%。

表7 2017 年金融机构人民币存贷款余额及其增长速度

指标	单位	年末数（市辖区）	同比增长 %
金融机构存款余额	亿元	411.01	9.5
其中：住户存款	亿元	199.61	9.1
金融机构贷款余额	亿元	496.01	24.6
新增金融机构本外币贷款	亿元	93.22	41.6

九、教育和科学技术

年末区镇(街)村各类学校32个,专任教师1116人,在校学生19303人。其中,普通中学5个,专任教师294人,在校学生4082人;小学27个,专任教师822人,在校学生15221人。幼儿园52所,在园幼儿8001人。学龄儿童入学率99.6%,小学毕业生升学率99.4%,初中毕业生升学率89.5%。

表8　2016—2017年各类教育发展情况

指标名称	单位	2017年	2016年	2017年比2016年增长%
学校数(含教学点)	个	32	33	−3.0
普通中学	个	5	5	0.00
小学(含教学点)	个	27	28	−3.6
专任教师数	人	1116	959	16.4
普通中学	人	294	226	30.1
小学	人	822	733	12.1
在校学生数	人	19303	17053	13.1
普通中学	人	4082	3468	17.7
其中:女生	人	1827	1512	20.8
小学	人	15221	13585	12.04
其中:女生	人	6974	6494	12.59
招生数	人	4639	3983	16.5
普通中学	人	1597	1312	21.7
小学	人	3042	2671	13.9
毕业生数	人	2944	2938	0.2
普通中学	人	989	780	26.8
小学	人	1955	1673	16.9
学龄儿童入学率	%	99.63	99.61	0.1
其中:女童入学率	%	99.61	99.59	0.1
小学毕业生升学率	%	99.43	99.41	0.1
初中毕业生升学率	%	89.53	89.52	0.1

科技事业取得新成果。全区共组织实施科技项目15项,其中自治区级项目3项,科技经费698万元。全年取得科技成果79项,获得鉴定科技成果4项;全年专利申请受理量484件,其中发明专利受理385项,实用新型专利95项,外观专利4项;获得授权专利数79项,其中发明专利14项,实用新型专利61项。

十、文化和卫生

全区有区级文化馆1个,档案馆1个,艺术表演团体41个(含业余),电影发行放映单位1个,乡级广播电视站3个,农家书屋32个。村级公共服务中心26个,村级篮球场40个。年末全区广播节目综合人口覆盖率为97.3%,电视节目综合人口覆盖率为98.6%。全区广播电视类新闻累计播出1002条,增长1.6%;全区报纸类新闻累计刊发1206期,增长7.3%;全区在中央级媒体累计刊播新闻331条,增长5.1%。

全年共开展各类群众文化活动135场次,惠及群众25万人次。开展的活动主要有"2017年'壮族三月三·八桂嘉年华'活动""2017年第十届职工运动会"。

年末全区拥有医院、卫生院5个,其中,疾病预防控制中心1个,乡镇卫生院3个。全区共有卫生技术人员674人,卫生机构医生数(全社会)299人。

十一、人口、人民生活和社会保障

年末常住人口17.49万人,比上年末增加0.29万人,其中城镇人口14.93万人,比上年末增加0.54万人。据公安部门统计,年末全区户籍人口13.97万人,比上年末增加0.17万人。据计生部门统计,全年出生人口2028人,出生率为12.0‰;死亡人口359人,死亡率为2.1‰;自然增长率为9.9‰。

表9　2017年户籍人口数及其构成

指标	年末数(万人)	比重(%)
全区总人口	13.97	100.0
其中:男性	7.24	51.8
女性	6.73	44.7
其中:0~17岁	3.84	27.5
18~34岁	3.45	24.7
35~59岁	4.99	35.7
60岁及以上	1.69	12.1

2017年,全区城镇居民可支配收入34137元,增加2529元,增长8.0%。农村居民可支配收入14310元,增加1348元,增长10.4%。

图9 主要年份城镇居民人居可支配收入及其增长速度

图10 主要年份农村居民人均可支配收入及其增长速度

年末全区基本养老保险参保人数18644人，净增3244人；医疗保险参保人数103834人；失业保险参保人数12692人，净增93人；企业职工参加工伤保险人数10710人，净增87人；生育保险参保人数6100人，净增90人；五项保险参保人数突破15万人，达到151980人。征缴五项保险费共计22204.4万元。全区共有最低生活保障对象3187人，其中城市最低生活保障对象735人，农村最低生活保障对象2452人。

注：

1.本公报中数据均为初步统计数，正式数据以《港口区统计年鉴》(2017)为准；

2.本公报中2017年数据均为初步统计数。部分数据因四舍五入的原因，存在与分项合计不等的情况。

3.地区生产总值、各产业增加值、人均GDP、农林牧渔业总产值及其分项绝对数按当年价格计算，增长速度按可比价格计算；

房地产业投资除房地产开发投资外，还包括建设单位自建房屋以及物业管理、中介服务和其他房地产投资。

4.常住人口指在广西居住半年以上的人口，以及户口在广西、外出广西不满半年或在境外工作学习的人口。

5.人均收入中位数是指将所有调查户按人均收入水平从低到高顺序排列，处于最中间位置的调查户的人均收入。

资料来源：本公报中城镇新增就业、登记失业率、社会保险数据来自区人力资源和社会保障局；户籍总人口数据来自市公安局；财政数据来自区财政局；城乡居民收入和支出、来自国家统计局防城港市调查队；进出口数据来自区商务局；旅游数据来自区旅游局；教育数据来自区教育局；专利数据、技术合同等数据来自区科技局；文化馆、农村书屋、互联网上网服务营业场所(网吧)、非物质文化遗产、广播电视数据来自区文化体育广播电影电视局；新闻数据来自区宣传部；卫生数据来自区卫生局；低保数据来自区民政局；金融数据、保险数据、邮政业务数据、电信业务数据、交通数据来自市统计局反馈的GDP核算基础资料；其他数据均来自区统计局。

索引

H

J

M

N

X